# 요즘 어른을 위한

# 최소한의 세계사

**일러두기**

- 맞춤법과 외래어 표기는 국립국어원의 용례를 따랐다. 다만 국내에서 이미 굳어진 인명과 지명, 용어의 경우에는 익숙한 표기를 썼다.
- 국립국어원 표준국어대사전에 등재되지 않은 인명, 지명은 원어명을 부기했다. 다만 태국어, 아랍어 등 일부 언어의 경우 원어가 아닌 영문으로 부기했다.
- 중국어 표기는 국립국어원의 용례를 따랐으나, 신해혁명(1911년)을 기준으로 그 이전은 한자음 표기, 그 이후는 중국어 발음 표기를 원칙으로 했다.
- 도서와 논문은 《》, 잡지, 신문 등의 간행물과 영화, 드라마의 작품명은 〈〉로 표기했다.

펼치는 순간
단숨에
6,000년 역사가 읽히는

# 요즘 어른을 위한

임소미 지음 ✤ 김봉중 감수

# 최소한의
# 세계사

빅피시
BIG FISH

# 더 나은 삶을 살기 위한
# 최소한의 역사 교양

6,000년 세계 역사를 단 한 권의 책으로 압축해 읽을 수 있다면, 이 책에는 어떤 이야기가 들어 있을까요? 어느 페이지를 무심코 넘기다 보면 탐욕이 빚어낸 전쟁, 광기로 물든 비극적 학살, 권력 다툼과 끔찍한 배신, 고향을 잃고 떠도는 사람들이 보입니다. 한편으로는 전쟁 중에도 기꺼이 타인을 돕는 인류애, 적들의 침입에 맞서 장렬하게 전사한 영웅들, 신대륙을 찾아 떠나는 흥미진진한 모험이 빼곡히 적혀 있지요.

탐욕부터 광기, 배신, 모험, 사랑, 그리고 죽음까지 역사는 결국 우리의 평범한 인생이 촘촘하게 쌓여 만들어진 총합이라 할 수 있습니다. 화려한 문명의 번성이나 거대한 제국의 흥망성쇠,

끔찍한 전쟁과 같은 거대한 역사의 물줄기도 모두 과거에 울고 웃으며 살았던 한 사람 한 사람이 모여 만든 것이지요.

제가 역사의 재미에 처음 눈뜨게 된 계기가 바로 이 지점입니다. "역사가 반복된다"라는 말, 다들 들어보셨지요? 사실 역사가 반복되는 이유는, 인간의 본성이 변하지 않기 때문이 아닐까 싶습니다. 욕심으로 인한 이기적인 선택은 반드시 후회를 불러일으키고, 양자택일의 상황에서 고심해서 내린 결정이 돌이킬 수 없는 역사의 변곡점을 만들기도 합니다. 반복되는 것은 역사가 아니라 '인간의 본성'이고, 그렇기에 이 관점으로 과거의 사건을 본다면, 현재의 우리에게 아주 유용하게 쓰일 귀중한 통찰력을 얻을 수 있습니다.

더불어 세계사의 장대한 이야기 속에는 인류의 모든 전략과 지식이 응축되어 있습니다. 그래서 우리는 세계사를 통해 더 나은 삶을 위한 최선의 선택지를 발견하는 힘을 키울 수 있습니다.

이런 이유 때문인지, 최근 들어 역사는 단지 시험을 보기 위해 억지로 연도를 외워야 하는 과목이 아니라, 지금 우리가 살고 있는 이 세상을 제대로 알기 위해 반드시 배워야 하는 필수 교양으로 자리 잡았습니다. 당장 뉴스를 켜서 들리는 소식만 떠올려 봐도 이스라엘은 언제부터 미국과 우방국이 된 것인지, 러시아는 무슨 이유로 전쟁을 일으키는지, 미국과 중국의 패권 다툼 과정은 어떻게 흘러갈지 등이 궁금해집니다. 현재의 정치·사회·경제 상황과 아주 유사한 과거의 역사를 돌아보면 어떤 선택이 무슨 결과를 가져왔는지를 알 수 있습니다. 이처럼 세계의 역사는 알면 알수록 미래를 내다보는 강력한 무기가 됩니다.

세계사를 알아두면 쓸모 있다는 사실은 누구나 알고 있지만 6,000년이라는 방대한 역사를 어디서부터 어떻게 공부해야 할지 막막하기만 합니다. 그래서 교양 세계사를 편안히 탐닉하고 싶은 분들을 위해, 입문에 도움이 될 최소한의 핵심을 쏙쏙 골라 이 책에 담았습니다. 빠른 시간에 효율적으로 독서를 즐길 수 있도록, 세계사의 빠져서는 안 될 결정적인 장면을 추려 정리했습니다.

《요즘 어른을 위한 최소한의 세계사》는 방대한 세계사의 큰 맥락을 쉽고 빠르게 이해할 수 있도록 돕는 데 가장 최적화된 안내서입니다. 각 장 마무리에 배치한 연표를 통해 굵직한 전체 흐름을 한눈에 파악할 수 있도록 했고, 본문 중간중간에 그림과 사진 자료를 풍성히 넣었습니다. 시각적 자료를 통해 그 시대 분위기나 상황을 더 생생하게 떠올릴 수 있을 것입니다.

무엇보다도 흥미를 느끼고 역사적 사건에 몰입할 수 있도록 스토리텔링에 집중했습니다. 전쟁사는 한 편의 첩보 영화를 보듯 그때의 긴박함이 느껴지도록, 왕실의 치열한 권력 다툼은 흥미진진한 드라마 한 편을 보듯이 복잡하게 얽힌 사건도 쉽게 읽히도록 했습니다. 특히 이 책은 유연한 독서를 원하시는 독자분들에게 도움이 될 것입니다. 책을 순서대로, 한 번에 읽지 않아도 괜찮기 때문입니다. 목차를 펼친 후 가장 궁금한 이야기부터 읽기 시작하셔도 좋습니다. 손에 잡히는 대로 거대한 퍼즐 조각을 하나씩 맞추다 보면, 그 속의 다양한 연결고리가 점점 선명히 드러나며 읽는 재미를 더해줄 것입니다.

총 4장으로 구성된 이 책의 1장에서는 놀라운 문명을 이룩한 나라를 모았습니다. 나일강의 축복 속에서 신비한 문명을 꽃피운 이집트, 아메리카 대륙의 주요 문명으로 손꼽히는 태양의 나라 아스테카왕국, 황하문명으로부터 출발한 중국을 만날 수 있습니다.

2장에서는 세계사에 지각변동을 일으킨 주요 전쟁사를 만나 봅니다. 1·2차 세계대전과 태평양전쟁, 베트남전쟁과 중동전쟁을 담았습니다. 특히 전쟁이 초래한 비극과 국제사회에 끼친 영향을 전반적으로 파악할 수 있습니다.

3장에서는 세계 패권을 차지했던 국가들의 역사를 다뤘습니다. 중세 이후 이슬람 문명을 대표하며 유럽까지 압도했던 오스만제국, 세계적인 제국을 건설해 해가 지지 않는 나라로 불렸던 영국과 스페인, 요즘의 국제 정세 파악에 큰 도움이 될 미국과 러시아의 역사를 담았습니다. 패권국의 흥망성쇠를 되짚다 보면 세계사와 국제 관계에 대한 새로운 통찰을 얻는 데 도움이 될 것입니다.

4장에서는 우리가 잊지 말아야 할 비극적인 역사의 순간을 소개합니다. 최초의 흑인 공화국인 아이티공화국이 어쩌다 좀비의 근원지가 되었는지, 19세기에 벌어진 '마약과의 전쟁' 격인 아편전쟁, 20세기 최악의 사건 중 하나로 손꼽히는 캄보디아 킬링필드, 역사 속으로 사라진 오키나와의 류큐 왕국과 홍콩의 구룡성채의 이야기를 담았습니다. 비교적 잘 알려지지 않은 역사를 통해 여러분의 교양과 상식을 더욱 확장할 수 있기를 바랍니다.

　이 책이 나오기까지 많은 분의 보이지 않는 노력과 수고가 있었습니다. 역사적 사실관계를 날카롭게 짚어주신 전남대학교 사학과 김봉중 교수님의 감수 덕분에 오류 없이 완성도를 높일 수 있었습니다. 또한 제가 깊이 존경하는 최태성 선생님께서 추천사를 써주셔서 더없이 기뻤습니다. 대중에게 역사를 알리고자 늘 고군분투하시는 모습을 보며 많은 영감을 받는데, 이 책에 주신 응원과 격려를 발판 삼아 저 또한 앞으로 대중에게 쉽고 재밌는 역사 이야기를 전하는 데 더욱 정진해야겠다는 다짐을 해봅니다. 그리고 노련한 편집력으로 책에 생명을 불어넣어 주신 빅피시 허주현 이사님과 김다영 과장님, 모든 관계자분께 진심으로 감사드립니다. 함께 책을 만드는 과정에서 소중한 배움을 얻었습니다. 언제나 곁에서 따뜻한 응원과 지지를 보내주는 가족과 친구들, 동료들에게도 감사의 인사를 전합니다.
　마지막으로 이 책을 만난 독자분들이 낯선 세계로 산책을 떠나듯 즐거운 마음으로 책장을 펼쳐보시면 좋겠습니다. 대륙과 시대를 넘나드는 역사의 여정 속에서 그동안 알지 못했던 다채로운 세계를 만날 수 있기를, 마지막으로 이 책이 여러분의 지적 호기심을 자극하는 데 작게나마 도움이 되기를 바랍니다.

# 목차

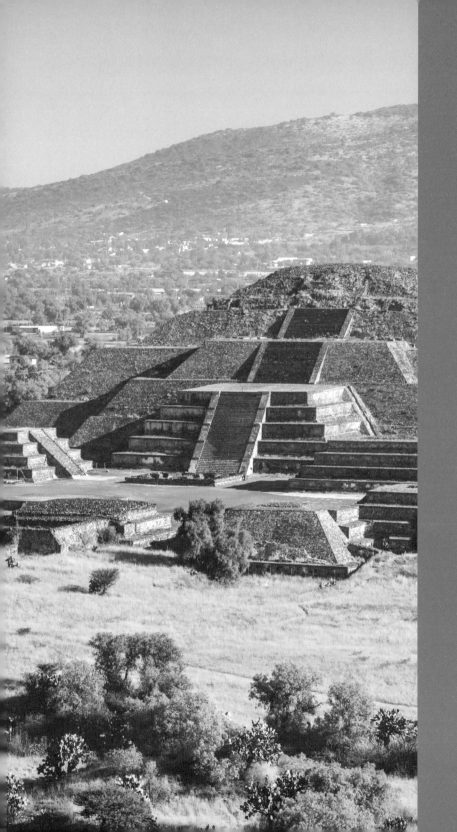

# PART 01

# 인류 문명의 탄생,
# 고대사

# 비밀에 싸인 고대 문명이
# 하루아침에 멸망한 이유

## 아스테카 문명

태양신에게 인간의 피와 심장을 대규모로 바치는 인신 공양을 하고, 인육을 먹는 국가가 있었다면 믿으시겠어요? 현대인의 시선으로 보면 잔혹하기 그지없는 행위를 했던 나라는 바로 멕시코 중앙 고원 일대에서 문명을 꽃피웠던 '아스테카왕국'입니다. 아스테카인에게 인신 공양이란 세상의 소멸을 막기 위한 신성한 종교의식이자 공포를 통해 제국을 운영하기 위한 정치적 수단이었습니다. 이 때문에 아스테카왕국을 떠올리면 흔히 야만적인 면이 부각되곤 하지만, 수도 테노치티틀란Tenōchtitlan을 처음 본 스페인인이 충격에 빠졌을 정도로 수준 높은 문명을 이룩했습니다.

테노치티틀란은 호수 위의 인공섬에 아름다운 궁전과 주택들이 조직적으로 건설된 도시로 당시 유럽에 전혀 밀리지 않을 정도로 번화한 곳이었지요. 게다가 예로부터 발달한 천문학과 달력, 상형문자 체계는 물론, 선진적인 교육제도와 농업 시스템까지 갖추고 있었습니다. 이렇게 발전한 문명은 피로 물든 신전 계단과 대비되어 더 기묘한 느낌을 주죠. 지구 반대편에 있어 생소했던 중앙아메리카 고대 문명의 신비로운 이야기를 이번 장에서 들려드릴게요.

현생인류가 아프리카를 떠나 세계 각지로 흩어진 뒤 가장 마지막으로 도착한 대륙이 아메리카입니다. 현재까지 밝혀진 바에 의하면, 약 2만 년 전에서 1만 5,000년 전 사이에 북아메리카로 건너온 인류가 점차 중앙아메리카와 남아메리카 전역에 걸쳐 정착했어요. 그중에서도 아스테카왕국이 자리했던 지역은 현재 멕시코와 중앙아메리카 일대를 가리키는 '메소아메리카'로 메소 Meso는 그리스어로 중앙을 뜻합니다. 인류 발상지에서 가장 멀리 떨어진 아메리카의 중앙에서 아스테카왕국을 비롯한 화려한 고대 문명이 뒤늦게 번성했습니다.

메소아메리카의 대략적인 시기 구분은 전고전기(기원전 2000년경부터 기원후 200년경까지), 고전기(200년경부터 900년경까지), 후고전기(900년경부터 1521년까지)로 나눌 수 있는데요. 아스테카왕국이 번성한 시기는 후고전기입니다.

아스테카왕국을 잘 이해하기 위해 메소아메리카의 초기 문명인 '올멕Olmec 문명'부터 알아가는 게 좋겠습니다. 전고전기에 등장한 올멕 문명은 기원전 12세기경부터 기원후 2세기경을 전후로 번성했던 신비한 문명으로, 상형문자와 천문학, 종교와 조형예술, 건축이 고도로 발달해서 이후에 등장하는 모든 메소아메리카 문명의 모태 문명으로 불립니다. 올멕 문명에서 가장 미스터리한 것은 13개의 거대한 석조 두상인데요. 하나당 14톤가량에 최대 3미터에 달하는 이 거대한 예술 작품을 남긴 채 올멕 문명은 홀연히 자취를 감추었습니다. 무엇 때문에 올멕 문명이 멸망했는지는 여전히 미스터리로 남아 있어요.

이어서 2세기경, 멕시코 중부 고원지대에 새로 등장한 문명은 바로 '테오티우아칸Teotihuacan 문명'입니다. 메소아메리카의 고전기(200년경~900년경)에 나타난 뛰어난 문명이지요. '테오티우아칸'이란 신들이 계신 곳을 뜻하며 멸망 후에도 메소아메리카 거의 모든 문명의 종교적 중심지로 여겨졌습니다. 테오티우아칸의 전성기였던 300년경에서 700년경에는 인구가 약 12만 명에서 20만 명에 이르렀던 것으로 추정되는데, 이 정도면 중세 초기였던 유럽의 웬만한 도시들을 압도할 만한 메소아메리카의 대도시였습니다.

이렇게 번성했던 테오티우아칸은 멕시코의 자랑인 거대한 유적 '달의 피라미드'와 '태양의 피라미드'를 남겼습니다. 보통 피라미드는 이집트에만 있다고 생각하기 쉽지만, 아메리카 대륙의

올멕 문명의 거대한 석조 두상과
테오티우아칸 문명의 달의 피라미드 유적지

멕시코에도 수많은 피라미드가 존재합니다. 가장 큰 피라미드는 아파트 22층 높이인 65미터에 달하는데, 이것을 건설하기 위해 20년 동안 매년 만 명 정도의 인력이 동원된 것으로 추정됩니다.

## 신이 계시한 장소에
## 뿌리를 내리다

신비로운 고대 도시, 테오티우아칸이 700년경 멸망한 이후 멕시코 일대를 차지한 것은 톨텍족이었습니다. 톨텍족은 8세기부터 12세기 말까지 멕시코 일대에서 문명을 일구었는데, 이 당시 톨텍족과 함께 치치메카Chichimeca족도 같이 살아가고 있었죠. 북쪽에서 내려온 치치메카족은 주로 수렵·채집으로 생활하던 유목민 출신이라 흔히 거칠고 야만적인 오랑캐로 취급됐습니다. 그러나 선진 문명을 접한 치치메카족은 서서히 톨텍족에 동화되었죠. 12세기경, 톨텍이 자연재해로 쇠퇴하는 틈에 북방에서 많은 이민족이 이주했는데, 그 이민족 중 하나가 바로 앞으로 메소아메리카를 호령할 아즈텍족입니다.

원래 아즈텍족은 아스틀란Aztlán이라는 수수께끼의 도시국가에 살다가 신의 계시를 받아 남쪽으로 계속 이동했습니다. 약 200년 동안 수많은 전투를 벌이며 멕시코 고원지대까지 내려오는 동안 아즈텍족은 더 강인한 전사로 업그레이드되었지요. 아즈텍족은 나우아틀어를 사용하며 스스로를 '멕시카'Mexica라고 불렀습니다. 여러분 눈치채셨나요? 멕시카는 오늘날 멕시코 국명의 어원입니다.

아즈텍족은 톨텍족이 남긴 문명의 토대 위에 그들만의 문화를 만들기 시작했고 스스로를 톨텍족의 후예라고 여겼습니다. 아즈텍족이 믿는 수호신은 '우이칠로포치틀리'Huītzilōpōchtli였는데요. 이 수호신이 아즈텍족에게 계시한 내용은 이러했습니다.

**"날아가는 독수리가 뱀을 물고 선인장 위에 앉는 곳에 정착하거라."**

마침내 신이 계시한 장소를 찾아낸 아즈텍족은 1325년, 오늘날 멕시코 수도인 멕시코시티의 전신이 되는 테노치티틀란을 건설합니다. 테노치티틀란은 정말 아름답고 독특한 도시였습니다. 아즈텍족은 텍스코코 호수 위에 인공 섬을 만들고 그 위에 테노치티틀란을 건설했는데요. 호수 바닥에 갈대로 튼튼하게 엮어 만든 틀을 고정하고 그 위에 흙을 덮고 또 덮어서 인공 섬을 만든 것으로, 면적은 여의도의 약 네 배 수준이라고 합니다. 아즈텍족이 현재의 멕시코시티에 정착하게 된 이 기원 설화는 오늘날 멕시코의 국기에도 고스란히 남아 있습니다.

한편 아즈텍족의 새로운 정착지에는 이미 자리 잡은 세력이 있었으니 바로 '아스카포찰코'Āzcapōtzalco였습니다. 강력한 도시 국가였던 아스카포찰코를 어떻게 몰아낼 수 있을까요? 아즈텍

아즈텍족의 신화가 고스란히 담겨 있는 현재 멕시코 국기

족은 1428년에 텍스코코, 타쿠바와 삼각동맹을 맺고 일인자를
내쫓는 데 성공해요. 이후 이 삼각동맹은 거대한 아스테카왕국
으로 발전하게 됩니다.

　　1440년경 아스테카왕국을 통치한 황제는 아즈텍(멕시카)의
몬테수마Montezuma 1세였습니다. 몬테수마 1세 치하에서는 자꾸
만 악재가 쏟아졌는데요. 한파, 홍수, 심지어 메뚜기 떼까지 도
시를 덮쳤습니다. 끝을 모르는 재앙에 좌절하던 몬테수마 1세는
이 모든 게 신의 노여움을 산 탓이라고 결론지었습니다. 그렇다
면 신의 노여움을 어떻게 풀 수 있을까요? 몬테수마 1세는 주변
민족과 전쟁을 벌여 신에게 제물로 바칠 포로를 잡기 시작했습
니다.

　　아즈텍 사람들은 신의 제물로 바쳐지는 포로를 그저 적군이

라고 생각하지 않고, 신에게 보내는 사자使者라고 여겼습니다. 이런 사고방식 때문인지, 아즈텍인에게 전쟁의 의미는 좀 남달랐죠. 그들에게 전쟁이란 신의 노여움을 풀어 국가를 유지하기 위함이고, 신에게 바칠 제물을 준비하는 행위였으니 그야말로 신명 나는 게임과도 같았습니다. 아즈텍인의 전쟁을 '꽃의 전쟁'이라고 부르는데요. 이 전쟁은 포로를 잡는 것 외에도 공포감을 조성해 주변 종족을 철저히 통제하려는 목적도 갖고 있었습니다.

1502년이 되자 몬테수마 2세가 왕위를 이어받는데요. 그의 치하에서 아스테카왕국은 최대의 영토를 갖게 됩니다. 아스테카왕국의 광활한 땅은 현재 과테말라 국경에까지 이르렀죠. 몬테수마 2세는 더 많은 땅을 정복하고, 약탈하며 정복지로부터 착취한 수많은 공물을 통해 엄청난 부를 축적했습니다. 아즈텍인은 수호신 우이칠로포치틀리의 예언이 실현되었다고 여기며 자신들이 세상의 중심이라고 믿었습니다.

"내 너희들을 이 세상 어디서나 왕으로 만들 것이니, 너희가 왕이 되는 날 모든 족속이 공물을 바치리라."

몬테수마 2세 시대, 아스테카왕국은 중앙아메리카 대부분을 지배하는 강력한 제국으로 성장합니다. 특히 아스테카왕국의 수도인 테노치티틀란의 위용은 대단했습니다. 섬의 중앙에는 황제가 사는 궁궐과 화려한 신전이 늘어서 있었고, 드넓은 광장에서는 하루 2만 명의 시민이 왕래하는 대규모 시장이 형성되어 있었습니다.

섬의 특성상 식량 조달이 어려운 점을 해결하기 위해, 땅 사이로 수로를 만들어 옥수수나 호박을 키우는 농사법을 개발했습니다. 아즈텍인의 이런 수경 농법을 '치남파'Chinampa라고 부르는데 매우 생산적인 경작법으로 평가됩니다. 또한 아름다운 인공 섬은 사방으로 외적의 침입을 막을 수 있는 천연 요새이기도 했습니다. 그래서 훗날 스페인 정복자들은 테노치티틀란을 '아메리카의 베네치아'라고도 불렀습니다.


## 피로 얼룩진
## 태양신에게 바치는 제사

아스테카왕국의 제사 의식은 대규모로 진행되는데, 현대인인 우리가 보기엔 굉장히 충격적입니다. 먼저 수많은 군중이 모여 지켜보는 가운데 신전에는 발가벗은 인간 제물들이 줄지어 늘어섭니다. 집행자는 차례가 된 제물의 손과 다리를 하나씩 붙들고 날카로운 돌로 제물의 등을 찍어 고정합니다. 그러면 마지막 제사 집행자가 흑요석으로 만든 날카로운 칼로 살아 있는 포로의 가슴을 가르고, 그 속에서 피가 뿜어져 나오는 심장의 온기를 태양에 바치려는 듯 심장을 두 손 높이 들어 올립니다.

의식이 끝나면 만신창이가 된 희생자의 육체를 신전 계단 밑으로 굴려 떨어뜨립니다. 신전의 층계는 뚝뚝 떨어진 피로 빨갛게 물들고, 그 현장에는 시체 썩는 냄새가 진동했다고 전해집니다. 줄줄이 서 있던 모든 제물이 다 바쳐지고 제사 의식이 종료되면, 희생자의 시체는 보통 그 포로를 잡아온 전사가 가져가 인육을 삶아 먹었습니다. 이들의 식인 풍습은 신에게 바쳐진 신성한 인육을 먹음으로써 신과 하나가 된다는 일종의 특권적 의식이었습니다.

식인 풍습은 인류 역사 속 세계 곳곳에서 꾸준히 존재했지만, 시대나 지역에 따라 그 행위의 명분은 다르게 발현되었는데요. 고대 아즈텍인은 어떤 세계관으로 인신 공양과 식인 풍습을 행했던 걸까요? 1790년, 멕시코시티 시청 공사 중에 아즈텍인이 만든 거대한 태양석이 발굴됐습니다. 24톤이 넘는 이 태양석에는 고대 아즈텍인의 신앙과 우주 창조론, 달력 체계가 새겨져 있었는데요. 태양석 중심에는 인간의 피와 심장을 갈구하며 혀를 내민 태양신이 있습니다.

고대 아즈텍인은 이 태양신이 스스로 희생함으로써 이 세계가 창조됐으며, 52년 주기로 세상은 파괴되고 다시 생성된다고 믿었습니다. 태양석에는 이미 소멸한 네 개의 태양이 새겨져 있는데 이것은 세계가 이미 네 번 파괴됐음을 의미합니다. 이 태양석을 만들던 당시 아즈텍인들은 다섯 번째 태양 아래 살아가고 있던 것이죠.

아즈텍인이 만든 거대한 태양석에 새겨진 혀를 내민 태양신

다섯 번째 태양의 소멸을 지연시키기 위해, 즉 세상의 종말을 피하고자 아즈텍인은 제물을 바쳐야 한다고 믿었습니다. 그 제물은 바로 산 사람의 막 꺼낸 심장에서 나오는 붉은 피. 아즈텍인은 정복 전쟁에서 잡은 포로를 신에게 바침으로써 신들의 생명을 유지시킨다는 사명감으로 전쟁을 끊임없이 벌였습니다.

이렇게 아즈텍인이 신에게 바치기 위해 잡아 죽인 포로는 많게는 연간 2만 명에 달했습니다. 이런 인신 공양 시스템은 거대 제국을 통치하기 위한 수단이기도 했는데요. 이 끔찍한 제사 의식을 지켜보는 군중은 눈앞에서 벌어지는 살육의 공포에 압도됐습니다. 공포감을 통해 군중을 손쉽게 통치할 수 있었고 한편으로는 정복지의 지배 세력과 같은 위험인물을 제거하기 위한 좋은 명분이 되기도 했지요.

## 찬란한 아스테카문명의 허무한 종말

왕성하게 전쟁을 벌이며 번성하던 아스테카왕국은 정말 허무하게 종말을 맞이했습니다. 대항해시대가 시작된 이래로 유럽인은 바다를 건너 신대륙을 찾아 나섰는데요. 1492년에 크리스토퍼 콜럼버스가 신대륙에 도착한 것은 인류 역사에서 정말 획기적인 사건이었습니다. 비록 콜럼버스는 죽을 때까지 그곳이 인도라고 믿었지만, 훗날 아메리고 베스푸치에 의해 신대륙임이 알려지게 되며 아메리고의 이름을 따서 아메리카라고 불리게 됩니다.

아메리카 땅에서 아스테카문명이 최고의 황금기를 구가하던 16세기, 잠시 바다 건너 스페인으로 시선을 옮겨봅시다. 1485년 코르테스라는 한 귀족이 태어납니다. 성인이 된 그는 1504년 현재 도미니카 공화국이 위치한 히스파니올라섬으로 첫 원정을 떠나게 되고, 1511년에 쿠바를 정복해서 세상에 이름을 떨치게 됩니다. 이때 쿠바를 같이 정복하여 세운 공으로 쿠바 총독이 된

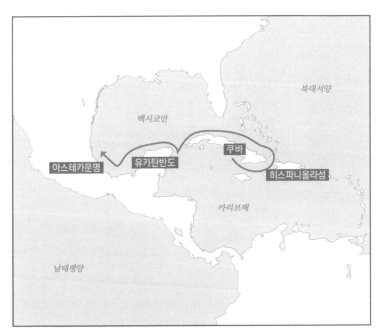

히스파니올라섬부터 아스테카왕국까지 코르테스의 탐험 경로

디에고 벨라스케스는 유카탄반도에 식민지를 세우기 위해 누굴 탐험대로 보낼지 고민하다 야망이 큰 코르테스를 보내려고 하죠. 그러나 코르테스를 견제하던 정적들의 방해로 코르테스 말고 다른 사람이 원정을 가는 것으로 결정되었습니다.

그런데 눈치 빠른 코르테스가 한발 빨리 움직였습니다. 직접 탐험대를 꾸린 코르테스는 1519년, 유카탄반도로 불쑥 침입합니다. 유카탄반도를 여기저기 탐험하던 코르테스는 말린체Malinche 라는 한 여인을 만나게 됩니다. 말린체는 아스테카 토박이라 마야어는 물론 나우아틀어도 유창했습니다. 코르테스는 말린체와 연인 사이로 지내며 그녀로부터 여러 도움을 받았는데요. 그녀는 유능한 통역가이자 현지 정보통이기도 했습니다.

코르테스는 말린체를 통해 황금이 넘친다는 아스테카왕국의 존재와 호수 위의 도시에서 군림하는 몬테수마 2세에 대해 알게 됐습니다. 이전 문명을 흡수하며 놀라운 속도로 성장한 아스테카는 메소아메리카 대부분의 지역에 영향력을 행사하고 있었습니다. 수도 테노치티틀란을 중심으로 엮인 수많은 중소 도시가 하나의 공동체로 유지되고 있었죠. 그러나 아스테카왕국에 복속된 부족들은 엄청난 공물과 희생자를 바쳐야 해서 불만이 절정에 달해 있었습니다. 약점을 파악한 코르테스는 불만 세력과 손잡고 아스테카왕국의 심장에 쳐들어가기로 합니다.

한편 몬테수마 2세는 한 가지 예언을 믿고 있었습니다. 아스테카의 '케찰코아틀'Quetzalcohuātl이라는 신이 언젠가 금발에 흰 턱수염을 기른 모습으로 다시 돌아오겠다는 신화인데요. 바로 이때, 몬테수마 황제의 앞에 금발의 백인인 코르테스 일행이 나타난 겁니다.

"어서 오십시오. 이곳이 바로 당신의 고향입니다!"

몬테수마 2세의 눈앞에서 신화가 현실이 되고 있었습니다. 코르테스 일행은 몬테수마 2세의 극진한 대접을 받으며 1519년

11월 8일, 테노치티틀란에 입성했습니다. 아즈텍인은 말을 타고 총을 든 스페인인을 보며 신화를 떠올렸지만, 사실 그들보다 더 놀란 것은 코르테스 일행이었습니다. 코르테스는 문명화된 호수 위의 대도시와 웅장한 궁전을 보며 충격을 받았죠.

이윽고 본색을 드러낸 코르테스는 몬테수마 2세를 인질로 잡고 수많은 사람을 학살했습니다. 수호신으로 둔갑했던 정복자들이 정체를 드러내면서 몬테수마 2세가 처참한 최후를 맞이하자 아즈텍인은 피가 끓었습니다. 이윽고 아스테카왕국 전사들의 총공세가 이어지자 결국 코르테스는 도시 밖으로 간신히 도망쳐 전열을 재정비해야 했습니다. 몇 번의 충돌이 더 이어지던 중, 생각지도 못한 비밀 병기가 찾아와 아즈텍인을 초토화하는데요. 그것은 바로 공포의 전염병 '천연두'였습니다. 스페인 정복자들이 옮긴 전염병이 아스테카왕국에 창궐하면서 면역이 없던 아즈텍인은 속수무책으로 죽어나갔고 제국의 내부에선 분열이 일어나 국운이 위태로웠습니다.

상황이 이렇게 흘러가자 코르테스는 다시 군사를 모아 총공세를 벌입니다. 이때 스페인군 병력은 약 900명으로 늘어났고 벌 떼처럼 모인 원주민 반란군은 10만 명을 넘어섰습니다. 스페인-원주민 연합군과 아즈텍군 사이에 피 튀기는 혈전이 이어지다가 마침내 테노치티틀란이 함락되고 말았습니다.

끝까지 저항했던 아스테카왕국의 마지막 황제 쿠아우테목 Cuauhtémoc은 코르테스에게 자신을 죽여달라고 부탁했습니다.

하지만 코르테스 일행은 아스테카왕국의 보물이 숨겨진 곳을 말하라며 황제를 약 2년간 모질게 고문합니다. 쿠아우테목이 끝까지 입을 열지 않자 결국 코르테스는 1523년에 그를 처형했고, 아스테카 최후의 황제는 결국 마지막 자존심을 지키지 못한 채 교수형으로 생을 마감했습니다. 이렇게 아스테카왕국은 짧은 번영을 뒤로하고 역사의 뒤안길로 사라졌습니다.

보통 아스테카왕국은 소수의 스페인 정복자에게 허망하게 당했다고 여겨지지만, 천연두와 원주민 연합군 또한 결정적인 역할을 했음을 부인할 수는 없습니다. 폐허가 되어버린 메소아메리카 최후의 대도시 위에는 멕시코시티가 새롭게 건설되었고, 이후 아즈텍인은 스페인의 지배하에 살아가게 됩니다.

## 🦎 아스테카왕국의 역사 🦎

**1000년경**
톨텍족이 멕시코 일대를 차지

**1200년경**
톨텍족이 멸망, 아즈텍족을 비롯한
북방 민족들이 멕시코로 이주

**1325년**
테노치티틀란(지금의 멕시코시티)에
새 수도를 건설

**1440년**
몬테수마 1세가 황제로 즉위

**1502년**
몬테수마 2세가 왕위를 계승,
최대 영토를 확보

**1519년**
스페인의 코르테스가
유카탄반도에 상륙

**1521년 8월 13일**
스페인과의 혈전 끝에
테노치티틀란 함락

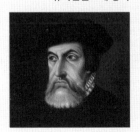

# 나일강의 비옥한 토지를
# 차지하기 위한 전쟁의 역사

## 이집트문명

　약 8천 년 전 나일강에서 시작된 국가, 고대이집트는 수천 년 동안 비옥한 강가에서 농사를 지었기 때문에 고대 지중해 일대에서 가장 부유한 식량원을 가진 나라였습니다. 서쪽의 광대한 사막, 북쪽과 동쪽의 바다로 둘러싸인 안정적인 환경 덕분에 고대이집트인은 낙관적인 세계관을 바탕으로 소박하고 평화로운 삶을 살고 있었죠. 이처럼 풍족한 환경 덕분에 위대한 문명이 꽃필 수 있었고, 피라미드와 같은 불가능에 가까운 고대 건축물이 탄생했습니다.

　이집트인이 꽃피운 찬란한 문화만 놓고 보면 이집트는 전쟁과 같은 어려움을 별로 겪지 않았다고 생각할 수도 있습니다. 하지만 이집트의 역사를 살펴보면 결코 마냥 평화롭지만은 않았어요. 주변 국가부터 멀리 유럽의 강대국까지 이집트의 비옥한 대지를 호시탐탐 노리고 있으니까요.

고대이집트는 힉소스, 바다 민족, 히타이트, 페르시아, 마케도니아, 로마 등 온갖 민족의 침략을 끊임없이 받았습니다. 다양한 전략으로 침입자를 물리치긴 했지만, 여러 차례 치러진 숱한 전쟁으로 이집트는 비용과 인력을 너무 많이 소진한 상태였습니다. 이제부터 이집트의 운명을 이끈 약 5,000년 문명의 여정과 외세 침략에 시달린 약 2,400년의 시기를 단숨에 따라가 보겠습니다.

## 나일강의 축복 속에서
## 탄생한 신비의 문명

여러분, 세계에서 제일 긴 강은 어디일까요? 남아메리카 대륙을 가로로 가로지르는 아마존강과 아프리카 대륙을 세로로 지나는 나일강은 수 세기 동안 세계 1위 자리를 놓고 대결했는데, 미국 정부와 기네스 세계기록에서는 나일강을 세계 1위로 인정하고 있습니다. 나일강의 총길이는 약 6,700킬로미터에 달하는데, 한반도 남북의 총길이가 약 1,100킬로미터니까 한반도 전체

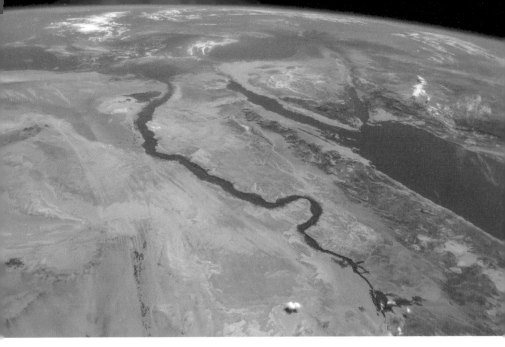

위성사진으로 본 세상에서 가장 긴 나일강

를 세로로 여섯 번 이어붙인 정도의 길이인 셈입니다.

거대한 길이의 나일강은 고맙게도 주기적으로 홍수와 범람을 반복하면서 주변의 토양을 흠뻑 적셔주었습니다. 그때마다 영양소를 듬뿍 머금은 땅은 비옥해졌고 각종 농작물을 수확하기 좋은 환경이 만들어졌어요. 그렇기에 나일강 주위에 정착한 사람들은 강의 범람이 두렵지 않았습니다. 오히려 강이 범람하는 정확한 시기를 예측해서 적절한 농사 계획을 세울 수 있으니까요.

정기적인 홍수와 범람은 고대이집트인에게 안정적인 식량 생산을 보장했을 뿐만 아니라 정확한 예측을 위한 천문학과 달력과 같은 학문의 발전도 이끌어냈습니다. 나일강의 정기적인 범람을 통해 시간의 흐름을 측정하는 방법을 개발해 1년을 365일로 정하는 태양력을 만든 게 무려 5,000년 전이라니 놀라울 따름이지요.

또한 이집트인은 나일강을 통해 다른 지역과 물자나 문화를 교류하며 더욱 번성하게 됩니다. 게다가 서쪽으로는 광활한 사막이 펼쳐지고 북쪽과 동쪽으로는 바다가 둘러싸니 외세의 침략으로부터 비교적 안전한 환경까지 갖췄던 셈입니다.

이집트인들의 삶은 평화롭고 여유로웠기 때문에, 이 행복을 죽음 이후에도 누리고자 했어요. 사후 세계를 믿으며 영혼 불멸 사상을 가진 이집트인들의 세계관을 '내세적 세계관'이라고 합니다. 반면 외적이 사방에서 침입하기 좋은 개방적 지형에서 살던 메소포타미아문명인은 사후 세계까지 생각할 여유도 없이 당장 먹고살기가 바쁘고 힘들었기 때문에 현생의 행복에 집중하는 '현세적 세계관'을 가지게 되지요.

시간이 흘러 이집트에는 도시와 계급, 국가가 형성됐는데요. 기원전 4천 년경에 이르자 남쪽의 상이집트와 북쪽의 하이집트라는 두 개의 왕국이 탄생했고, 기원전 3000년경에는 메네스가 이집트를 통일하며 본격적인 초기 왕조시대를 열었습니다. 그 뒤의 이집트 통일 왕조는 크게 고왕국, 중왕국, 신왕국 시대로 나뉘는데요. 고왕국 시대는 피라미드가 건설되기 시작한 이집트 최초의 융성기라 피라미드 시대라고도 불립니다.

피라미드는 가장 대표적인 고대이집트의 아이콘이자 왕의 무

이집트인의 사후 세계와 영혼 불멸 사상을 잘 보여주는 '사자死者의 서書'

덤이지만 그렇다고 고대이집트의 모든 왕묘가 피라미드였던 것은 아닙니다. 피라미드는 고대이집트 역사 속에서 특정 시기에만 왕의 무덤으로 사용되었고 12왕조 시대 이후엔 피라미드가 더 이상 왕묘로 사용되지 않았어요. '파라오'라고 불리던 고대이집트의 왕은 통치자를 넘어 신적인 존재였기 때문에 절대적인 권력을 누렸는데, 파라오의 권력이 강해지고 사회가 안정될수록 피라미드는 더 거대해졌습니다.

이집트 최초의 피라미드는 고왕국 시대 파라오인 조세르Djoser의 피라미드입니다. 우리에게 익숙한 모양과는 다르게 계단식으로 만들어졌지요. 조세르의 피라미드를 설계한 주인공은 유능한 재상이었던 임호테프Imhotep입니다. 그 뒤로 피라미드의 모양은 변화를 거듭해 기원전 2600년경의 고왕국 제4왕조 파라오인 스네프루Sneferu 시대에는 독특한 굴절 피라미드가 건설되었고, 이후 공학적 경험을 풍부하게 쌓은 건축가들이 좀 더 안정적으로 끝이 뾰족한 모양의 붉은 피라미드를 완성합니다.

스네프루의 뒤를 이은 파라오인 쿠푸, 카프레Khafre, 멘카우레 Menkaure는 기자Giza에 거대한 피라미드를 건설했는데 이 피라미드 단지는 가히 걸작으로 평가됩니다. 이집트의 현존하는 피라미드 중 가장 큰 피라미드는 평균 2.5톤의 돌 230만 개를 쌓아올린 높이 146.5미터의 쿠푸왕 피라미드입니다. 중장비도 없던 시대에 이토록 웅장한 규모의 석조 건물을 정밀하게 건축한 방식에 대해선 아직도 명확하게 밝혀지지 않았습니다.

이집트인이 가장 거대한 피라미드를 한창 건설하던 4,500년 전은 지구상에 아직 매머드가 걸어 다니고, 한반도에선 단군왕검이 고조선을 세우지도 않은 정말 먼 옛날이었습니다. 기자 지역 카프레왕의 피라미드 앞에는 사람 머리에 사자의 몸이 달린 거대한 스핑크스가 위용을 뽐내며 피라미드 옆을 수호하고 있는데, 수많은 파라오가 이 스핑크스를 따라서 짓기도 했습니다. 그 뒤로 피라미드 건축은 고왕국 제5왕조부터 점차 쇠퇴하게 됩니다.


## 파라오가 이끈
## 이집트문명의 황금기


고왕국 시대가 저물며 뒤이어진 중간기에는 이집트에 대혼란이 빚어졌습니다. 나라가 남북으로 갈라진 상태에서 찾아온 극심한 가뭄으로 나일강이 마르고 기근이 심각해져 일부 지역에선 인육을 먹는 사태까지 벌어졌습니다. 그러다 제11왕조 멘투호테프Mentuhotep 2세가 혼란을 수습하고 이집트를 재통일하면서 중왕국 시대를 열었습니다. 기원전 1674년경, 청동 무기와 불의 전차를 몰고 쳐들어온 힉소스인이 100년 정도 파라오의 자리를 꿰차며 야만적인 통치를 이어갔는데 이 시기를 제2중간기로 구분합니다.

그러다 제18왕조의 아흐모세Ahmose 1세가 힉소스인을 완전히 내쫓으면서 기원전 1550년경, 고대이집트 역사상 최고의 전성기인 신왕국 시대가 열립니다. 신왕국 시대는 이집트의 국력이 정점에 달한 시대로 투탕카멘, 람세스 2세, 하트셉수트Hatshepsut와 같은 유명한 파라오가 등장합니다.

신왕국 시대에는 오랜 시행착오 끝에 수준 높은 미라 제작이 이뤄졌습니다. 만물에 영혼이 담겼다고 믿은 이집트인은 죽은 자의 영혼이 돌아와 부활할 수 있도록 육체를 정성껏 보존했습니다. 거의 5,000년간 이어진 미라 제작 기술은 이집트문명의 핵심 전통 중 하나입니다.

신왕국 시대의 왕들은 대부분 영토를 넓히기 위해 피와 땀을 흘렸습니다. 투트모세Thutmose 1세는 누비아인과의 전쟁에서 승리를 거두며 힉소스인에게 짓밟혔던 이집트인의 명예를 회복했습니다. 신왕국 파라오 중 영토를 많이 넓힌 사람은 유일한 여왕인 하트셉수트입니다. 하트셉수트는 군사력이 아닌 광범위한 무역으로 이집트의 영향력을 확장해갔는데, 전쟁에 무심한 하트셉수트에게 불만이 쌓인 반대파가 반란을 일으키면서 투트모세 3세가 등극했습니다.

투트모세 3세는 훌륭한 18왕조 파라오 중에서도 가장 뛰어난 전사로 이 시기 이집트는 아프리카 북동부와 중동의 많은 부분을 아우르는 최대 영토를 차지하게 됩니다. 이집트 전성기의 왕권은 거대한 신전을 통해 확인할 수 있는데, 현존하는 가장 거대한 이집트 신전은 카르나크신전입니다. 대략 2,000년 동안 증축을 거듭했기 때문에 다양한 왕조와 통치자들의 역사와 문화가 녹아 있습니다.

기원전 대략 1330년경에는 현대인에게 가장 유명한 파라오 투탕카멘이 아홉살 나이로 등극하지만 별다른 업적 없이 18살에 요절합니다. 소년왕 투탕카멘은 1922년에 영국인들이 그의 온전한 무덤을 발견하면서 지금처럼 인지도가 높아졌어요. 미라가 된 투탕카멘의 얼굴은 황금 가면으로 가려져 있었고 무덤 속의 수많은 보물이 발굴되었습니다.

기원전 1279년경에는 신왕국 전성기의 대표 파라오인 람세스 2세가 등장해 66년간 수많은 업적을 남겼습니다. 람세스 2세 재위기의 가장 대표적인 유산은 아부심벨신전으로 20미터 높이의 거대한 람세스 2세 조각상 네 개를 산에 있던 바위를 그대로 깎아 만들었습니다.

또한 람세스 2세는 아시아의 새로운 강적 히타이트와의 카

아부심벨신전의 람세스 2세 조각상

데시Qadesh 전투에서 이집트를 이끌었고 인류 역사상 최초의 평
화조약으로 평가받는 카데시 조약을 체결했습니다. 람세스 2세
이후로 이집트는 점차 쇠락하면서 기원전 1069년경, 찬란했던
500년의 신왕국 시대가 저물었습니다.

# 클레오파트라의 죽음과 함께 끊긴
# 파라오의 명맥

신왕국 시대 이후 이집트에는 제3중간기라고 불리는 암흑기가 이어집니다. 왕권이 추락하고 외세의 침입에 시달렸죠. 특히 기원전 7세기경, 고대 오리엔트 신흥 강자로 떠오른 아시리아가 메소포타미아에 이어 이집트까지 무릎 꿇리며 최초로 오리엔트 전역을 평정합니다. '오리엔트'는 서양에서 바라본 동쪽의 세계를 이르는 말로 고대이집트와 메소포타미아를 포함합니다.

영토를 넓히는 것보다 중요한 것은 통치 시스템을 갖춰 제국을 잘 운영하는 것인데요. 아시리아는 거대해진 땅을 효율적으로 통치하지 못했고 폭정을 휘두르며 민심을 얻지도 못해 반란에 시달렸습니다. 이집트가 아시리아를 금세 내쫓고 독립을 쟁취하면서 기원전 7세기에서 기원전 4세기에 이르는 후기 왕조 시대가 열립니다. 이때 이집트는 인류 역사상 최초의 대제국이라 불리는 페르시아 아케메네스왕조의 지배를 받게 됩니다. 정복자의 피를 타고난 키루스 2세가 페르시아 일대에 이어 서아시아를 평정하다 죽은 뒤, 그의 아들 캄비세스 2세가 기원전 525년에 이집트를 정복하며 오리엔트를 재통일한 것입니다.

그 뒤에 페르시아의 전성기를 이끈 다리우스 1세는 이집트에서 인더스강에 이르는 거대한 제국을 효과적으로 통치하기 위해 제국을 20개 주로 나누고 각 주에 총독을 파견해서 중앙집권 정책을 펼쳤습니다. 게다가 세금만 잘 내면 정복지의 종교와 고유의 전통을 인정해 준다며 너그러운 정책을 선보였습니다. 마치 영화 〈300〉에 나오는 페르시아 황제의 "나는 관대하다"라는 명대사처럼요. 하지만 페르시아는 그리스와의 전쟁에서 패배한 이후 점점 쇠퇴하다가 결국 기원전 330년에 마케도니아 알렉산드로스대왕에 인해 멸망했습니다.

기원전 332년부터 이집트는 마케도니아의 지배하에 놓이게 되지요. 알렉산드로스대왕은 똑똑한 리더였습니다. 이집트인들에게 자신을 해방자라고 선언하며 이집트인이 숭배하는 신들을 향해 정중히 경의를 표했지요. 이집트의 신과 전통을 존중하는 모습에 마음이 열린 이집트인들은 알렉산드로스를 기쁜 마음으로 섬겼습니다.

알렉산드로스의 동방 원정으로 광활해진 제국에서 동서양의 다채로운 문화가 서로 뒤섞이며 이집트를 포함한 제국 전역에 헬레니즘 문화가 꽃을 피웠습니다. 헬레니즘 시대란 '기원전 4세기 알렉산드로스의 동방 원정으로 오리엔트 문화와 그리스 문화가 만나 탄생한 동서양 문화 융합의 시대'라고 정리할 수 있겠습니다. 알렉산드로스는 정복지 곳곳에 자신의 이름을 딴 도시 '알렉산드리아'를 건설했는데, 약 70개의 도시 중 가장 번성한 곳이 바로 이집트 북부에 건설된 알렉산드리아입니다.

알렉산드로스가 죽은 뒤에는 그의 최측근이던 프톨레마이오스 1세가 이집트를 통치하는데요. 프톨레마이오스 왕조 시대에

세계 7대 불가사의로 꼽히는 파로스 등대를 상상해 그린 요한 베른하르트 피셔 폰 에를라흐의 그림

알렉산드리아가 수도로 선정되면서 당대 최고의 선진 문명을 이룩했습니다. 알렉산드리아의 상징으로는 방대한 양의 국제적 자료가 보관된 알렉산드리아 도서관과 세계 7대 불가사의로 꼽히는 100여 미터 높이의 파로스 등대가 대표적입니다. 하지만 통치 말기에 이르러 왕실 내부에 정변이 일어나고 부정부패가 심해지자 이집트인은 수차례 폭동을 일으키게 됩니다.

이집트인의 폭동에 겁먹은 프톨레마이오스 왕조는 동맹국 로마에 의존하게 됩니다. 프톨레마이오스 왕조의 마지막 왕이었던 우리에게 잘 알려진 클레오파트라 7세는 권력을 위해서 로마의 영웅 카이사르를 사로잡았고, 그가 죽은 후에는 안토니우스를 통해 자신의 왕위와 이집트의 독립을 다시 지켜냈어요.

클레오파트라와 카이사르를 그린 장 레옹 제롬의 그림

    안토니우스와 클레오파트라의 연합군이 악티움해전에서 옥
타비아누스에게 패배한 이후 안토니우스와 클레오파트라는 스
스로 생을 마감했고 이로써 이집트에서는 파라오의 명맥이 완
전히 끊겼습니다. 이집트가 로마의 속주屬州로 편입된 기원전 30
년에 고대이집트는 종말을 고했습니다. 고대이집트 종교가 점차
사라지면서 이집트에는 기독교가 전파되기 시작했고, 이로써 상

형문자의 사용도 점차 줄어듭니다.

비옥한 곡창지대를 품은 이집트는 로마의 든든한 곡물 창고였습니다. 이렇게 풍요를 안겨주는 이집트는 로마 이후에도 강대국들의 먹잇감이 되기 쉬웠죠. 고대 지중해의 최강자가 된 로마는 1~2세기에 최고의 전성기인 '팍스로마나'를 누렸습니다. 그러나 375년에 로마가 동서로 분열되고 약 100년 후 서로마제국이 멸망하는데, 서양사에서는 보통 서로마제국이 멸망한 476년에 고대가 끝나고 중세가 시작됐다고 봅니다. 이후 이집트는 동로마제국, 즉 비잔틴제국의 지배를 받게 됩니다.


## 이슬람부터 영국까지,
## 외세에 흔들리다

비잔틴제국의 다음 타자는 이슬람 제국이었습니다. 641년부터 이슬람 제국의 지배를 받기 시작한 이집트 사회에는 큰 변화의 물결이 일었습니다. 이집트 전통문화에 로마와 그리스, 기독교와 이슬람 문화가 뒤섞이면서 현재 이집트 문화의 뿌리를 다지게 되죠. 이슬람 지배자는 피정복민에게 종교를 강요하지 않았지만 수많은 사람이 자발적으로 이슬람 개종을 시작합니다. 이게 대체 어떻게 된 일일까요?

이슬람 지배자들은 이집트인의 신앙의 자유를 존중해 주었지만 대신 이슬람교로 개종하면 세금을 조금만 걷어갔어요. 그러자 이집트인은 원래 믿던 종교를 버리고 너도나도 이슬람교로 종교를 갈아타기 시작하는 일이 벌어집니다. 생각보다 많은 이집트인이 이슬람교로 개종해서 나중엔 세금 걷기가 어려워지니 오히려 이슬람 지배자들이 이집트인에게 개종하지 말라고 말하기에 상황이 이르렀죠. 이렇게 아랍어와 이슬람은 이집트인 다수의 언어와 종교로 자리 잡게 됩니다. 오늘날에도 이집트 국민의 90퍼센트가 이슬람교를 믿고 있으며, 10퍼센트만이 기독교를 믿고 있지요.

한편 튀니지에 세워진 파티마왕조가 풍요의 땅 이집트를 호시탐탐 노리기 시작했습니다. 마침내 이집트가 극심한 기근으로 약해진 틈을 노려 969년에 이집트 정복에 성공했죠. 파티마왕조는 이집트를 새로운 중심지로 삼고 수도를 알렉산드리아에서 카이로로 옮겼습니다. 카이로가 대도시로 발전하면서 세계에서 오래된 대학 중 하나로 꼽히는 '알 아즈하르'Al-Azhar가 세워지는 등 문화의 중심지로 번영을 누립니다. 하지만 파티마왕조는 십자군 전쟁에서 받은 타격으로 쇠락하다가 살라딘에 의해 멸망합니다.

1169년에 살라딘이 아이유브왕조를 열었지만, 아이유브왕조의 군인이었던 맘루크 군사들이 십자군 전쟁에서 크게 활약한 이후 1250년에 왕권을 넘겨받습니다. 노예가 세운 이슬람 왕조인 맘루크왕조의 시대가 200년쯤 지속되었을 때, 맘루크왕조에도 위기가 찾아오는데요. 치명적인 전염병이 창궐하면서 매일 만

명 이상이 죽어 나가는 상황에서도 과도한 세금 징수와 왕실의 사치가 계속됩니다. 결국 세력이 약해진 맘루크왕조는 1516년 오스만 튀르크군의 공격을 받고 이듬해 무너집니다.

이제 이집트는 오스만제국의 속주가 됐습니다. 그런데 시간이 갈수록 오스만제국의 지배가 약해지면서 남아 있던 맘루크 세력이 득세하게 됩니다. 1798년 나폴레옹의 원정으로 이집트가 잠시 프랑스의 영향권에 들어가기도 했는데요. 짧았던 프랑스 점령 기간에 민중 혁명 사상이 이집트로 흘러들면서 이집트의 민중들이 봉기하는 계기가 됩니다.

이집트가 중세에서 근대의 문턱을 넘는 이 시기에 현대 이집트의 아버지라고 불리는 '무하마드 알리'Muhammad Ali가 등장합니다. 1801년 프랑스가 이집트에서 물러난 이후 다양한 세력의 눈치 게임이 시작됐는데, 그중에서도 오스만제국의 사령관이었던 무하마드 알리가 민중의 지지를 등에 업고 4년 뒤 이집트 지배자로 올라선 것입니다.

무하마드 알리는 지난 수백 년간 이집트를 지배해온 맘루크 세력을 숙청하고 자신의 권력을 안정시키기 위해 군대를 기반으로 대대적인 개혁을 단행했습니다. 무하마드 알리가 적극적으로 나라를 뜯어고치자 이집트는 중동에서 가장 빠르게 서구화되기 시작했습니다. 1869년에는 세계 최대의 수에즈운하가 화려하게 개통됩니다. 하지만 빛이 있으면 그림자도 짙은 법, 무리한 강제 노역으로 인해 수많은 이집트인이 과로와 영양실조로 죽어갔고,

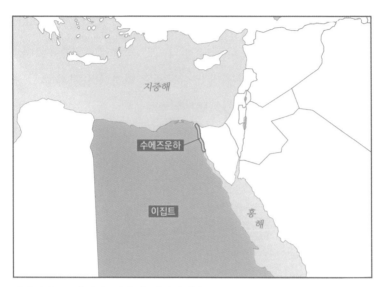

세계 최대 규모인 이집트의 수에즈운하의 위치

정부는 파산에 이르렀습니다.

결국 수에즈운하를 탐내던 영국에게 주식을 팔아야 했는데요. 수에즈운하의 경영권을 쥐게 된 영국은 이집트 내정에 깊게 개입하기 시작합니다. 1914년, 영국은 급기야 이집트를 왕령 식민지로 병합하려 합니다. 이집트인의 격렬한 반대로 겨우 무산됐지만, 이집트는 영국의 보호국 신세가 되고 말았죠.

영국의 간섭과 이집트인에 대한 차별과 폭력은 이집트인의 분노를 일으켰고, 이때 세계에 불어닥친 민족자결주의 열풍에 힘입어 이집트에도 격렬한 독립운동이 일어납니다. 5년 뒤인 1919년 영국의 간섭에 분노한 이집트인들이 일으킨 독립 혁명을 시작으로 3년 뒤 마침내 이집트 왕국으로 독립하게 됩니다. 하지만 10년도 더 지난 1936년에도 수에즈운하에는 영국군이 계속 주둔했고, 제2차 세계대전 기간에도 계속해서 영국에 끌려 다니면서 독립국의 지위를 거의 누리지 못합니다.

## 갈등과 전쟁으로
## 물든 풍요의 땅

제2차 세계대전이 끝난 후 영국은 팔레스타인에서 손을 뗐지만, 이제는 아랍인과 유대인이 팔레스타인을 서로 가지려고 싸우기 시작했어요. 이스라엘의 독립선언에 반발한 시리아, 레바논, 이라크, 이집트, 요르단이 아랍 연합군을 결성하여 공격을 개시한 이른바 제1차 중동전쟁이 발발합니다. 보잘것없는 전력의 이스라엘군과 영국식 군사 교육을 받은 아랍 연합의 싸움. 언뜻 봐도 게임이 안 될 것 같지만 놀라운 반전이 일어납니다.

이스라엘군은 절박감이라는 최종 병기로 결국 도시를 지켜냈고, 이집트가 속한 아랍 연합군은 분열되며 결국 전쟁에서 패배합니다. 당시 이집트의 국왕 파루크 1세는 사치에 빠져 있고 나랏일에 관심이 없었는데, 이 와중에 전쟁에서 패전까지 하니 나라가 시끄러웠죠. 이 틈을 타 이집트 군인 출신 가말 압델 나세르가 쿠데타를 일으켜 1956년 대통령에 취임합니다. 이로써 이집트의 군주제는 사라지고 공화국의 역사가 시작됩니다.

이집트 초대 대통령 나세르는 수에즈운하의 국유화를 선언했습니다. 이에 반발한 영국과 프랑스, 그리고 선박 통과를 금지당해서 뿔이 난 이스라엘이 이집트를 공격합니다. 이것이 1956년에 일어난 제2차 중동전쟁입니다. 당시 미국 정부는 자신들과 상의도 없이 과격한 전쟁을 벌인 세 국가에 분노했고, 유엔의 중재로 1년 뒤 전쟁이 종결됩니다. 전쟁의 결과로 영국과 프랑스는 수에즈운하의 소유권을 완전히 상실했고, 나세르를 중심으로 아랍민족주의가 단결하게 됩니다.

1958년에는 이집트와 시리아가 한 나라로 합쳐 아랍연합공화국이 됩니다. 그러나 서로 다른 국가를 무리하게 합치려니 통합 운영에 문제가 발생했고, 3년 뒤 시리아의 독립선언으로 다시 분리됩니다. 이후 1967년 이스라엘이 이집트, 요르단, 시리아에 선제공격을 감행한 뒤 단 6일 만에 대승을 거둔 '6일 전쟁'이라 불리는 제3차 중동전쟁이 일어나지요.

1971년에는 나세르에 이어 안와르 사다트가 대통령이 됩니다. 사다트는 잃어버린 수에즈운하 동쪽, 시나이반도를 되찾기 위해 이를 갈고 복수를 계획했어요. 2년 뒤 제4차 중동전쟁이 발생합니다. 이 전쟁으로 중동의 석유수출국기구OPEC 국가들이 석유 수출을 줄이고 원유 가격을 인상하면서 오일쇼크가 일어나죠.

1981년 사다트는 이슬람 과격파에 의해 암살당하고, 부통령인 호스니 무바라크Hosni Mubarak가 대통령이 되어 철권을 휘두릅니다. 2011년 '아랍의 봄' 민주화 시위로 무바라크가 축출되고 민주주의 정부가 세워지는데요. 하지만 이슬람주의를 강조하며 종교와 정치를 결합하려는 세력과 정치와 종교를 분리하려는 세속주의 세력 사이의 긴장이 계속되었습니다. 결국 집권 1년 만에 대규모 반정부 시위가 일어나면서 이슬람주의인 무르시 정권이 축출되고, 2014년 세속주의 세력의 지지를 등에 업은 압델 파타 엘시시Abdel Fatah al-Sisi가 대통령에 당선되고, 오늘날에 이르게 됩니다.

고대이집트의 찬란한 문명 이후로 네 차례의 중동전쟁을 겪으며 격동의 현대사가 펼쳐진 이집트. 피라미드에 새겨진 이집트의 신들은 지금의 이집트를 보면 무슨 생각을 하고 있을까요?

## ✷ 이집트의 역사 ✷

**기원전 3150년**
초기왕조 시대

**기원전 2686년**
고왕국 시대

**기원전 2181년**
제1중간기

**기원전 2055년**
중왕국 시대

**기원전 1782년**
제2중간기

**기원전 1570년**
신왕국시대

**기원전 332년**
마케도니아 알렉산드로스대왕의
등장으로 헬레니즘 시작

**641년**
이슬람 제국이 이집트를 정복

**1517년**
오스만제국의 속주가 됨

**1805년**
무하마드 알리가 이집트의 총독이 됨

**1869년**
세계 최대의 수에즈운하 개통

**1914년**
영국의 보호령이 됨

**1922년**
이집트 왕국으로 독립

**1948년**
제1차 중동전쟁

**1952년**
가말 압델 나세르의 쿠데타

**1958년**
이집트와 시리아가 한 나라로 합쳐져
아랍연합공화국이 됨

**1961년**
시리아의 탈퇴로 나라가 다시 분리됨

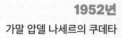

**2011년**
'아랍의 봄'으로 민주주의 정부가 들어섬

**2014년**
압델 파타 엘시시가 대통령에 당선

# 천하 패권을 차지하기 위한
# 중국의 역사

## 황하문명

《삼국지》를 읽어본 사람이라면 중국 역사를 흥미진진하게 기억하고 있을 텐데요. 사실 삼국지가 그린 시대는 중국 역사에서 극히 일부에 속할 정도로, 중국의 넓은 영토에서 정말 많은 국가가 흥망을 거듭했습니다. 아주 길고 복잡한 중국 역사를 지금부터 명료하게 정리해볼게요.

세계에서 인류의 문명이 가장 먼저 꽃피운 곳을 흔히 4대 문명이라고 부르는데요. 4대 문명의 발상지는 큰 강과 온화한 기후라는 공통점을 가지고 있습니다. 메소포타미아의 티그리스와 유프라테스강, 이집트의 나일강, 인도의 인더스강에 이어 중국의 황하강 지역에서도 동아시아에서 가장 오래된 황하문명이 시작됩니다.

북중국을 가로지르는 황하강의 이름은 누런 색깔에서 비롯됐는데, 유난히 강물이 황토색인 이유는 작은 미립자의 황토가 섞여 있기 때문입니다. 황토의 비율이 40~60퍼센트에 이르는데 이것은 다른 지역의 강보다 대략 10배 정도 많은 수준이라고 해요. 기원전 8,000년경에 사람들이 황하강 유역의 비옥한 토지에서 농사를 짓기 시작했고, 기원전 2,000년경 무렵에는 청동기시대로 접어들게 됩니다.

학창 시절에 배웠던 청동기 문화의 특징이 기억나시나요? 도구와 농경의 발달로 생긴 잉여생산물로 인해 사유재산과 계급이 생깁니다. 부족을 이끄는 지도자는 종교의식까지 주관하며 더 강력한 권력을 움켜쥐게 되었지요. 이런 황하강 유역 청동기 문화의 초기 단계에 처음 등장한 왕조는 전설 속의 왕조인 하왕조입니다.


## 황하에서 탄생한
## 고대 동아시아 문명

중국의 신화에 의하면 농사, 불, 사냥 기술을 발명한 세 명을 '삼황'이라 하고 그 이후 다섯 명의 황제를 '오제'라 하는데요.

삼황오제의 마지막 순왕에게 왕위를 넘겨받은 우왕이 세운 하나라는 기원전 2070년에서 기원전 1600년경 세워진 것으로 추정합니다. 하지만 확실한 고고학적 증거가 없다는 이유로 대부분의 학자들은 하나라를 전설 속의 나라로 여깁니다.

하나라 이후 등장한 상나라는 기원전 1600년에서 기원전 1046년 사이에 실존했다는 사실이 확실히 고고학적으로 증명됐습니다. 1928년부터 시작된 유적 발굴 작업 끝에 상나라의 도시였던 은허가 발견된 거죠. 그래서 '은허'라는 이름을 따서 상나라를 은나라라고도 부르는 것입니다. 실존 여부가 입증된 중국 최고最古의 나라인 상나라에서는 주로 거북이 배딱지와 짐승의 뼈에 새긴 갑골문자를 사용했습니다.

상나라의 마지막 왕이자 폭군의 아이콘인 주왕은 '달기'라는 여성에게 푹 빠져 나라를 말아먹기 시작하는데요. 그녀를 위해 호화로운 궁궐을 짓고 거대한 연못은 향기로운 술로 가득 채우며 연못가의 나무엔 고기를 잔뜩 매달아 고기 숲을 이루었다고 하니, '술은 연못을 이루고 고기는 숲을 이룬다'라는 뜻의 사자성어인 주지육림酒池肉林이 여기에서 유래했습니다.

천하의 보물을 모두 거둬 흥청망청 왕이 사치를 즐기는 와중에 백성들은 과중한 세금에 시달려야 했습니다. 결국 민심을 잃고 휘청이던 상왕조는 주나라 무왕에 의해 패망하는데요. 지배층의 부정부패와 과도한 세금 징수는 자연재해나 외세의 침략과 함께 망국의 전형적인 패턴으로 앞으로 나올 중국사에서 끊임없이 반복됩니다.

주나라 때는 중국 문화의 근간이 되는 뼈대가 형성된 시기였습니다. 주나라 때 토지를 우물정# 모양인 9등분으로 나누어 경작하는 중국 최초의 토지제도인 정전법井田法이 실시됐고, 하늘의 명을 받은 천자가 천하를 통치하기 위해 나라를 세웠다는 천명天命사상으로 왕권을 정당화했습니다. 천명사상이 발전하면서 이후 왕이 민심을 잃으면 덕이 있는 다른 사람이 새로운 왕조를 세우는 역성易姓혁명의 좋은 근거로 활용되지요.

또한 주나라는 넓어진 영토를 효율적으로 지배하기 위해 봉건제도를 실시했습니다. 봉건제도는 왕에게 영토를 받은 제후가 그 지역을 다스리는 개념인데 서양의 봉건제와는 약간의 차이가 있습니다.

서양 봉건제도의 핵심은 계약관계인데 주나라 봉건 제도의 핵심은 혈연적 유대 관계라고 할 수 있지요. 그러나 세대가 변하면서 왕실과 제후들의 혈연관계는 점점 멀어지고, 주나라 왕실의 권위가 무너지자 각지의 제후가 스스로 독립적인 세력이 되어 패권 싸움을 시작합니다. 피 튀기는 중국 역사의 서막을 알리는 약 550년간의 춘추전국시대가 도래한 것입니다.

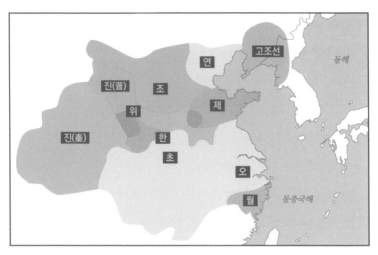

춘추전국시대의 지도

## 야만의 시대를 끝낸
## 제자백가의 출현

　배신과 살인이 만연한 혼란 속에서 난세를 극복하기 위해 들고 일어난 사람들이 있었는데요. 유가, 법가, 도가 등의 학파를 형성한 제자백가諸子百家입니다. 공자, 맹자, 순자, 노자 등 이름만 들어도 걸출한 사상가들이 속한 제자백가는 살육이 난무하는 세상 속에서 사상과 문화의 최대 번영기를 꽃 피우게 됩니다. 또한 이 시기 중국 발전의 원동력 중 하나는 철제 농기구의 발명이었는데요. 이를 통해 농업 생산력이 점차 증가하게 됩니다.

　춘추시대의 다섯 개의 강국을 '춘추오패'라고 하며, 전국시대에 서로 세력을 떨치던 일곱 나라를 '전국칠웅'이라고 합니다. 전국칠웅이 차례로 자신을 왕으로 칭하고 오로지 천하 통일을 향해 질주하죠. 그러다 기원전 221년, 영정이 마침내 중국 본토를 통일하며 천하 통일이라는 대업을 이룩합니다. 이로써 중국 최초의 중앙집권적 통일 국가 진나라의 시대가 시작됩니다.

대신들은 영정에게 천하 통일의 새 시대에 어울리는 새로운 칭호를 가지라고 건의하는데요. 결국 왕의 칭호를 폐지하고 황제의 직위를 취하니, 그가 바로 중국 최초의 황제 진시황입니다. '첫 황제'라는 뜻으로 시황제 또는 진시황으로 불리지요.

진시황은 이전 주나라 때의 지방분권적인 봉건 제도가 어떤 비극을 초래했는지 잘 알고 있었기에 강력한 중앙집권적 지방 통치제도인 군현제를 실시했어요. 전국의 행정구역을 군과 현으로 나눈 뒤 중앙 정부에서 임명한 관리를 각지에 파견해서 나라를 다스렸습니다. 또한 전국시대에 제각각이었던 문자나 화폐도 통일하면서 체제를 표준화했습니다.

또한 진시황은 황제의 권위를 만방에 알리고자 화려한 건축물을 건설하기 시작합니다. 특히 수백만 백성의 피와 땀으로 건설한 만리장성이 대표적이죠. 하지만 진시황의 업적만 있는 것은 아닙니다. 진시황은 사상 통제를 위해 자신에게 비판을 일삼는 선비들을 생매장했고, 자신의 정치에 방해가 된다고 여겨지는 책을 불태워버리니, 이것이 '분서갱유'입니다.

기원전 210년 진시황이 죽자 또다시 각지에서 반란이 일어

진시황 시절 쌓기 시작한 만리장성

납니다. 이때 유방과 항우가 연합하여 진을 무너뜨린 다음, 서로 전국 통일을 향한 사투를 시작합니다. 초나라 항우와 한나라 유방의 싸움, 그 기록이 바로 그 유명한《초한지》입니다. 초와 한의 싸움은 한의 승리로 끝나고, 중국 최초의 평민 출신 황제 유방이 이끄는 한나라의 시대가 열립니다.

한나라는 200년 넘게 중앙집권 국가를 유지하는데, 특히 무제 때는 아시아에서 최고로 부강한 다민족 국가로 부상합니다. 무제는 장건을 서역으로 파견했고, 이를 통해 동서 교역을 위한 실크로드를 개척하게 됩니다. 한나라는 외척 왕망이 세운 신나라에 의해 잠시 명맥이 끊기는데요. 유수(광무제)가 신나라를 멸하고 다시 새롭게 한을 재건합니다. 이를 '후한'이라고 해요. 후한의 국방력은 크게 강화되고 영토가 확장됩니다.

후한 말에는 국가 권력이 약화되면서 지방분권인 호족의 통치가 강화되었고, 심지어 호족이 사병을 소유하는 군사력까지 갖추니 사회가 불안정해집니다. 부패한 정치를 보다 못한 농민들이 일으킨 '황건적의 난' 이후 후한이 쇠퇴하고 수많은 영웅이 각자 나라를 세우려 나서면서 후한은 '위·촉·오'의 삼국으로 분열되고 그 유명한 삼국시대가 열립니다.

삼국시대는 위나라의 조조와 촉나라의 유비 그리고 오나라의 손권이 대립하다 결국 촉나라는 위나라에 멸망하고, 위나라는 사마염이 새롭게 진나라를 세우며 멸망합니다. 280년에는 마침내 진나라가 오나라를 멸망시키며 천하를 통일하고 삼국시대가 막을 내립니다.

그러다 갑자기 서북의 오랑캐가 진을 침략하여 남쪽으로 밀려나는데요. 이를 동진東晉이라고 합니다. 북쪽을 다섯 오랑캐가 차지해 16국을 세웠다는 의미로 '5호 16국'이라고 부릅니다. 이처럼 북쪽 이민족의 왕조와 남쪽 한족의 왕조가 남북으로 양립하던 시기를 '남북조 시대'라고 부르며, 위나라부터 진나라, 남북조 시대까지 이르는 이 시기를 통틀어 '위진남북조 시대'라고 합니다.


## 천하통일과 혼란,
## 침략과 전쟁이 난무하는 시기

혼란했던 남북조 시대는 수나라 황제인 양견에 의해 마무리되는데요. 남북조를 통일하는 데 성공한 수나라는 대규모 궁전 건축 공사나 대운하 건설을 시작합니다. 진나라 때와 마찬가지로 과도한 세금 징수로 민심이 돌아서니 금세 파국을 맞이하고 당나라로 이어집니다.

당나라는 수나라를 계승하며 중국을 재통일한 왕조로 주변 민족을 장악하며 세계적인 제국을 건설합니다. 당나라는 다양한 문화를 흡수하여 문화와 예술이 고도로 발달하는데요. 평화로운 것도 잠시, 미인 양귀비에 푹 빠진 황제 현종에 반발해 775년 안

녹산이 난을 일으킵니다. 또한 환관 정치와 세금 문제로 전국 각지에서 반란이 일어납니다. 특히 황소의 난이 10년이나 지속되면서 결국 당나라가 무너지고 또다시 중국은 여러 세력으로 분열됩니다.

그 결과 5대 10국 시대가 50여 년간 이어지다가 960년 조광윤이 송나라를 건국하는데요. 조광윤은 안정된 통일국가 건설을 위해 학문 중심의 정치를 강력히 선포하며 대부분의 군대를 해체합니다. 그래서 송은 비교적 평화로운 분위기 속에서 예술과 문화가 크게 발전합니다.

하지만 송의 철저한 문치주의는 결국 국력의 쇠퇴를 낳았는데요. 국방력이 약화되니, 주변 이민족들이 끊임없이 송을 침범하기 시작합니다. 송나라는 요나라, 금나라와 끊임없이 갈등을 겪었고 그 강력한 몽골 제국을 40년 넘게 버텨내지만, 결국 1279년 원나라가 중국을 장악합니다. 이렇게 중국 역사상 최초로 이민족이 다스리는 황국이 등장합니다.

원나라의 황제 쿠빌라이는 수도를 베이징으로 정합니다. 원은 몽골 제일주의를 취하면서 한족의 전통과 문화를 짓밟는데요. 이러다 보니 원나라 말기로 갈수록 비참한 삶을 살던 한족들의 반란이 잦아집니다. 결국 홍건적의 난이 일어나 원나라가 무너지고, 홍건적 출신의 주원장이 명나라를 건국합니다.

중국 역사상 두 번째 평민 출신 황제인 주원장은 백성을 편히 다스리기 위해 힘쓰고, 중앙집권을 강화합니다. 주원장은 몽골의

청나라와 8개국 연합군의 전투 장면을 그린 그림

풍습을 없애고, 원의 지배로 훼손된 한족 문화를 되살리고자 했으나, 후기로 갈수록 명나라에도 부정부패가 만연합니다. 명나라의 상황을 파악한 후금 황제 누르하치가 명나라 침략에 성공했고, 그의 아들 홍타이지는 후금에서 만주족과 한족, 몽골족을 지배하는 대제국을 만들며 1636년 국호를 '대청'大清으로 바꾸었습니다.

이렇게 한족은 다시 이민족의 지배를 받게 되는데요. 한족을 무조건 억압하던 몽골과는 달리 만주족은 당근과 채찍을 같이 줍니다. 청나라는 한족의 전통을 존중해 주었지만, 만주족의 풍습인 변발을 강요하고 한족을 탄압하기도 합니다. 청은 권력의 부패, 농민 반란, 지배층의 무능으로 점차 쇠퇴기에 들어서게 됩니다.

설상가상으로 영국을 통해 청나라로 아편이 밀려들었고 1830년대 말에는 아편 중독 환자가 500만 명을 넘어섭니다. 이에 청나라가 아편 수입을 금지하자 영국이 아편전쟁을 일으켰고, 청은 대패하고 맙니다. 청일전쟁 후에는 청나라를 돕고 서양을 물리치자는 부청멸양扶淸滅洋을 내세운 반제국주의 세력인 '의화단'이 형성돼요.

혁명의 기운이 고조되면서 1911년에 신해혁명이 일어났습니다. 결국 1912년에 쑨원이 청나라를 무너뜨리고 중화민국을 세우면서 2,000년간 존재했던 황제가 사라지고 중국사상 최초의 공화정부가 들어서게 됩니다. 이후 중국 국민당과 공산당 사이에 국공 내전이 벌어집니다. 1949년 내전에 패배한 장제스의 국민당은 타이완으로 쫓겨갔고, 마오쩌둥의 공산당이 중국 본토에서 중화 인민공화국을 건국한 이후 오늘날에 이르게 됩니다.

**기원전 1600년**

상나라 시대

**기원전 1046년**

주나라가 상나라를 멸망시킴

**기원전 770년**

주나라가 동쪽으로 옮겨 감,
춘추 시대 시작

**기원전 403년**

전국 시대 시작

**기원전 221년**

진나라가 중국 본토 통일

**기원전 210년**

최초의 황제 진시황의 죽음

**220년**

삼국시대 시작

**589년**

수가 진을 멸망시키고 통일

**755년**

안녹산의 난

**875년**
황소의 난

**907년**
5대 10국 시대 시작

**960년**
5대 10국의 혼란을 수습하고 송이 통일

**1271년**
원이 중국 본토 장악

**1368년**
주원장이 명을 건국

**1636년**
후금에서 대청으로 개칭

**1894년**
청일전쟁 발발

**1912년**
신해혁명 성공으로 중화민국 수립

**1949년**
내전에 패배한 장제스의 국민당이
타이완으로 철수

**1949년**
중화인민공화국 건국

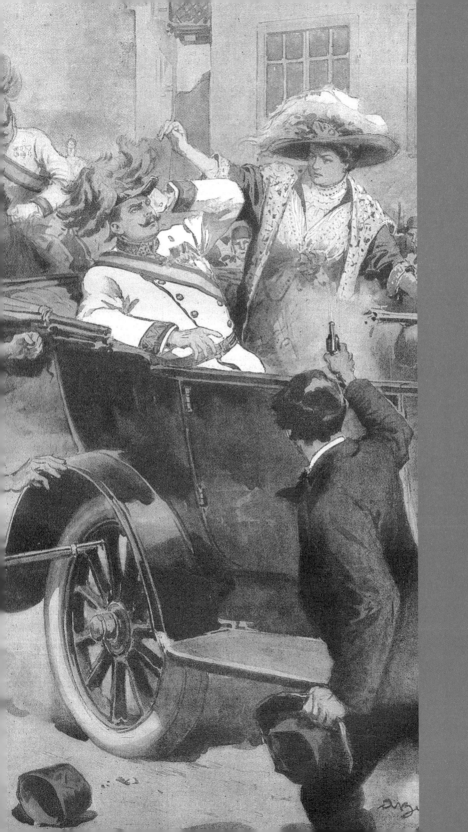

# PART 02

# 역사를 바꾼
# 결정적인 순간,
# 전쟁사

# 제국주의의 탐욕이 낳은
# 20세기 최초의 대규모 전쟁

# 제1차 세계대전

잠수함, 비행기와 같은 과학기술의 산물이 잔혹한 전쟁에 동원된 인류 최초의 대량 학살전. 제1차 세계대전은 그동안 인류가 겪어보지 못한 새로운 유형의 전쟁이었습니다. 단순한 군사력 경쟁을 넘어 국가의 모든 역량이 총동원되는 최초의 국제적인 총력전이었으며, 전사자가 약 1,000만 명에 이른 대규모 전쟁이었지요.

제1차 세계대전을 한마디로 요약하면 '참호전'입니다. 수천 킬로미터 이상 파놓은 좁다란 참호 속에서 전쟁이 이어졌어요. 참호는 오물과 시체 썩는 냄새로 진동했고, 그 속에서 4년 동안 지겹도록 대치하는 끔찍한 소모전이었습니다.

그야말로 생지옥이었던 제1차 세계대전은 어떻게 발발한 걸까요? 우리가 보통 알고 있는 제1차 세계대전의 발발 원인은 너무도 유명한 사라예보에서 울려 퍼진 두 발의 총성입니다. 하지만 1914년 6월 28일 오스트리아 황태자 부부가 사라예보에서 암살된 사건만으로는 설명이 부족합니다. 제1차 세계대전을 제대로 이해하기 위해서는 그에 앞선 당시 유럽의 상황을 자세히 들여다봐야 합니다.

## 제국주의와 민족주의로 인한 팽창정책

19세기 유럽을 세 단어로 정리하자면 '산업혁명', '제국주의' 그리고 '민족주의'입니다. 프랑스 나폴레옹이 유럽을 휩쓸고 다닐 때 유럽 전역에 민족주의가 퍼지기 시작했어요. 특히 독일의 민족주의는 정말 강력했어요. 중부 유럽을 느슨하게 묶고 있던 신성로마제국이 나폴레옹에 의해 결국 해체된 19세기, 제각각 쪼개진 나라들이 다시 민족주의 정신하에 독일연방으로 묶이게 됩니다.

당시 독일연방 중에 오스트리아가 힘이 제일 셌고, 그 뒤를 프로이센이 바짝 따라오고 있었죠. 느슨한 연방을 강력히 통일

1871년 꼬챙이가 달린 투구인 피켈하우베
Pickelhaube를 착용한 비스마르크의 사진

하자는 여론 속에서 프로이센의 빌헬름 1세는 오토 폰 비스마르
크를 수상 자리에 앉힙니다. 과격파 비스마르크는 연설을 통해
그 유명한 철혈정책을 발표했어요.

　"독일의 통일 문제는 철과 피, 즉 군대와 병력에 의해서만 해결할 수
　있다."

　프로이센 주도하에 독일 통일을 이루겠다는 집념으로 비스마
르크는 의회와 대립하며 군비를 확장해갔고, 이 모습이 상당히
거슬렸던 오스트리아가 전쟁을 선포했습니다. 그게 바로 1866년
6월 14일 발생한 '프로이센-오스트리아 전쟁'입니다. 이 전쟁에
서 프로이센이 승리하면서, 프로이센은 독일연방 내의 주도권을

거머쥐게 되었어요.

　모두가 잘나가던 오스트리아를 눌렀다는 승리감에 취해 있었지만 비스마르크는 냉정히 지금 상황을 계산합니다. 지금 오스트리아에 굴욕을 주는 것보다는 독립국으로 놔두고 자존심 좀 챙겨줘야 나중에 전쟁이 발발했을 때 프로이센을 돕거나 최소한 중립이라도 취할 것이라는 똑똑한 생각을 했던 거죠. 세계 정세 파악이며, 몇 수 앞을 내다보며 머리 돌아가는 것이 장난이 아니죠? 이미 눈치챘겠지만 비스마르크는 외교 천재였습니다. 그는 전쟁 전부터 이미 능수능란하게 오스트리아를 고립시켜둔 상태였죠.

　비스마르크의 물밑 작전 덕분에 결과적으로 오스트리아는 독일연방에서 퇴출됐습니다. 그리고 프로이센은 1867년 북독일연방을 수립해요. 유럽 국가들은 독일의 통일을 견제했습니다. 특히 이웃 나라 프랑스가 통일에 부정적이라고 파악한 프로이센은 먼저 프랑스부터 치기로 결정합니다. 3년 뒤에 일어난 '프로이센-프랑스 전쟁'에서도 프로이센은 승리를 일궈냈죠.

　이때 프랑스 황제 나폴레옹 3세가 포로로 잡히기도 합니다. 고작 여러 개로 쪼개진 독일연방 중 하나에 불과한 프로이센이 당시 유럽의 강대국 프랑스를 꺾어버리다니, 프랑스 자존심에 큰 스크래치가 납니다. 이렇게 프로이센은 독일 통일로 가는 마지막 장벽, 프랑스를 격파하면서 마침내 독일 통일을 완성해요. 1871년 1월 18일, 프로이센 국왕 빌헬름 1세는 침략한 프랑스의 베르사유궁전에서 황제로 즉위하며 독일제국을 선포합니다.

베르사유궁전의 거울의 방에서 열린 통일 독일제국의 초대 황제로서 빌헬름 1세의
선포식을 그린 안톤 폰 베르너의 그림

## 두 세력으로 분열된
## 유럽 제국주의 국가들

독일의 통일을 달성한 비스마르크는 이제 외교를 어떻게 펼쳐갈지 고민합니다. 그가 두려워한 것은 프랑스의 복수였기에 첫째, 프랑스를 철저히 고립시켜 전쟁 의지를 사전에 차단하고, 둘째, 유럽의 현 상황을 최대한 유지하는 게 이득이라고 판단합니다. 그리하여 비스마르크는 1872년 러시아, 오스트리아와 '삼제 동맹'을 맺는데요. 유럽 중앙에 위치한 독일은 프랑스와 러시

아에 쌍방으로 둘러싸여 있었기 때문에, 이 두 나라기 양쪽에서 동시에 공격해 오는 상황만큼은 반드시 피해야 했습니다. 그래서 독일에 적대적인 프랑스는 견제하고 오른쪽에 위치한 러시아와 손을 잡아서 양면전을 피하고자 했어요. 오스트리아는 이미 프로이센의 외교 전략 덕분에 우방이었고요.

또한 비스마르크는 신생 국가인 독일제국의 안정을 위해 주변 국가들, 특히 영국을 안심시킵니다. 독일은 너희 영국의 해양 패권에 도전할 욕심도 없고, 식민지 경쟁에도 별 관심 없다고 말이죠. 철저히 현실적으로 판단해서 최대한 적을 만들지 않고 지금은 독일제국의 내실을 다지는 게 더 중요하다고 생각한 거죠.

그런데 오히려 독일 대중은 이런 비스마르크에게서 등을 돌립니다. 세상이 변하고 있었기 때문인데요. 독일은 화학, 철강과 같은 산업 분야에서 눈부신 성장을 거듭하며 19세기 중반 이후 공업 국가로 급속도로 발전하고 있었어요. 이처럼 새로운 독일에서 눈부신 발전을 경험하며 성장한 젊은 층의 눈에 비스마르크의 현상 유지 정책은 그저 답답할 뿐이었어요.

"아니, 경제도 이만큼이나 성장했고, 프랑스나 영국 같은 열강들은 열심히 식민지 경쟁을 하는데 우리 독일은 뭐 하는 거지?"

이러한 민심을 반영해서인지 1890년 젊고 패기 넘치던 새 황제 빌헬름 2세는 75세의 늙은 비스마르크를 해고합니다. 비스마르크가 애써 유지해온 유럽의 균형과 평화가 와르르 무너지는 순간이었죠. 혈기 왕성한 빌헬름 2세의 야망은 세계 최강 대영제국에 맞서는 독일제국을 만드는 것이었어요.

이렇게 다짐한 그는 '우리도 해외 식민지를 키우자'며 해군력을 강화했습니다. 이런 행보는 세계 바다를 호령하던 영국에게 그야말로 도전장을 내미는 행위였습니다. 원래 꽤 우호적이었던 영국과 독일의 사이는 급격하게 나빠지기 시작합니다.

한술 더 떠 빌헬름 2세는 러시아를 손절합니다. 이전까지 비스마르크가 머리를 써서 프랑스를 고립시키려고 러시아와 손잡은 건데, 빌헬름 2세는 러시아에게 독일제국이 뭘 그렇게 눈치 보냐며 정반대의 행보를 이어간 거죠. 이러한 독일의 폭주에 어이가 없어진 러시아는 프랑스와 손을 덥석 잡았어요. 이게 1892년 맺은 '러·불 동맹'입니다. 양국의 동맹에는 경제적인 목적도 있었지만 프랑스 입장에선 비스마르크가 만들어둔 국제적인 고립에서 벗어날 절호의 기회였습니다. 비스마르크가 피하려 했던 최악의 상황이 고스란히 전개되며 독일은 두 나라 사이에 샌드위치처럼 낀 신세가 됩니다.

또한 폭주 기관차 같은 독일의 팽창정책에 영국은 위기감을 느끼기 시작했습니다. 그동안 영국은 '명예로운 고립'이라는 위치를 취했지만 '이젠 고립에서 벗어날 때가 됐구나'라고 판단하며 1902년 아시아에서 급부상 중인 일본과 동맹을 맺습니다. 이건 러시아를 견제하기 위함이었는데요. 당시 러시아가 동아시아에서 조선, 만주를 탐내며 남하정책을 펼치는데, 그 꼴이 영국 입장에서는 아니꼬웠던 거죠.

그다음 영국은 공동의 적 독일을 막기 위해 오랜 원수였던 프랑스와 1904년의 영불협상으로 손을 잡습니다. 만약 러시아와 일본 사이에 전쟁이 터지면 영국·일본 동맹과 프랑스·러시아 동맹의 싸움으로 번질 수 있으니, 그럴 일이 없도록 영국과 프랑스가 영불협상으로 뭉친 거였지요. 여기에 3년 뒤 러시아까지 동참하면서 영국·프랑스·러시아의 '삼국협상'이 체결됩니다.

이렇게 유럽 제국주의 국가들 사이에 두 개의 세력이 형성되는데요. 영국·프랑스·러시아와 독일·오스트리아의 대립은 곧 제1차 세계대전을 예고하는 것과 다를 바 없는 그야말로 일촉즉발의 상황이었어요.


## 두 발의 총성이 쏘아올린
## 전쟁의 신호탄

유럽 제국주의 국가들의 위험한 대립 구조는 유럽의 화약고라 불리게 된 '발칸반도'에서 폭발합니다. 예로부터 유럽과 아시아를 잇는 문명의 교차로였던 발칸반도에는 지리적 위치상 다양한 민족이 모여 있었어요. 발칸반도 대부분의 지역은 원래 오스만제국의 땅이었는데 오스만제국이 쇠락하면서 결국 20세기 전

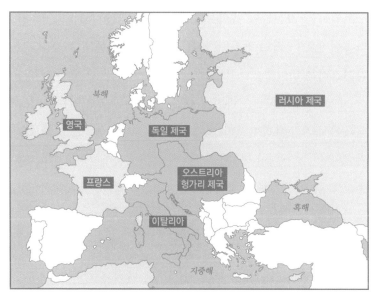

영국·프랑스·러시아의 삼국협상과 독일·오스트리아·이탈리아의 삼제동맹으로 두 개의
세력으로 나뉜 유럽

후로 많은 국가가 오스만제국에서 독립하게 됩니다.

특히 우리가 주목할 국가는 발칸반도에 나란히 위치한 세르
비아와 보스니아입니다. 분열된 독일에 민족주의의 광풍이 불어
왔듯 세르비아에도 민족주의가 불타고 있었습니다. 세르비아가
원하는 건 옆 나라 보스니아와 똘똘 뭉치는 거였어요. 보스니아
에도 세르비아인이 많이 살고 있었기 때문입니다.

세르비아인들의 통일국가를 꿈꾸던 그들에게 1908년, 청천
벽력 같은 일이 벌어집니다. 오스트리아가 보스니아를 식민지
로 만들어버린 거죠. 세르비아인들은 슬라브족입니다. 그런데 오

스트리아는 자신들이 슬라브족보다 우월하다고 생각하는 게르만족이지요. 그러니 세르비아가 오스트리아에 분노를 품은 것은 자연스러운 일이었습니다.

세르비아의 분노는 마침내 1914년 터져나오게 됩니다. 보스니아에서 오스트리아군의 군사훈련이 열리자 오스트리아 황태자 부부가 보스니아의 수도 사라예보에 방문했는데요. 두 번의 총성과 함께 사망하고 말았습니다. 이것이 제1차 세계대전의 도화선이 된 '사라예보 사건'이죠. 암살자는 바로 가브릴로 프린치프Gavrilo Princip. 그는 보스니아에 사는 세르비아계 청년이고 세르비아의 민족주의 지하 단체 '검은 손' 멤버였습니다. 19세 프린치프가 원했던 것은 식민지 조국 보스니아가 오스트리아에게서 독립하는 것, 그리고 같은 민족인 세르비아와 통합하는 거였습니다.

그런데 이 사건은 한 마디로 세르비아인 민족주의자가 오스트리아 황태자 부부를 암살한 것일 뿐, 단지 이것만으로 세계 각국이 피 튀기는 대전쟁을 벌였다는 건 시원치 않습니다. 오스트리아와 세르비아의 갈등 뒤에는 이미 골이 깊어진 민족주의 갈등이 있었습니다. 더 근본적으로는 독일의 혈기 왕성한 황제 빌헬름 2세가 비스마르크가 그렇게 막았던 제국주의적 팽창정책을 밀어붙이면서 영국·프랑스·러시아와 독일·오스트리아로 두 세력으로 나뉜 형국이 이미 전운을 짙게 만들고 있었던 거죠.

반란이 터졌다며 격분한 오스트리아는 동맹국 독일에 지원을 요청했고 빌헬름 2세는 군대를 지원하겠다고 약속합니다. 이에 1914년 7월 28일, 오스트리아가 세르비아에 전쟁을 선포합니다. 그러자 슬라브족의 큰형님 러시아도 세르비아를 보호하겠다며 총동원령을 내려요. 이를 본 독일과 프랑스 역시 총동원령을 내립니다. 줄줄이 엮인 각국의 군사 행위는 이미 돌이킬 수 없는 강을 건너게 됩니다. 이렇게 사라예보의 총성으로 시작해 연쇄적으로 터진 각국의 동원령 끝에 제1차 세계대전이 본격적으로 전개됩니다.

## 유럽을 넘어
## 전 세계로 확대된 전쟁

전쟁터로 향하는 수많은 병사는 마치 소풍 가는 기분으로 집을 나섰습니다. 응원과 환호를 받으며 전쟁터로 가는 열차에 올라탄 영국과 프랑스의 청년들은 전쟁이 금방 끝나서 아마도 크리스마스쯤엔 집으로 돌아올 수 있을 것으로 생각했습니다. 이 전쟁이 점차 더 크게 확대된다는 사실도, 끔찍한 참호 속 구덩이에서 장장 4년을 보내리라는 것도 미처 알지 못했죠.

프랑스와 러시아 사이에 낀 독일은 이 위험한 고립에서 벗어나기 위해 아주 치밀하게 전쟁을 준비했습니다. 전쟁이 터지면 누구보다 빠르게 군사를 집결시킬 체계적인 시스템을 구축했어요. 대표적인 작전이 바로 '슐리펜 계획'Schlieffen Plan입니다. 독일의 육군 참모총장 알프레트 폰 슐리펜이 만든 이 작전은 제1차 세계대전의 승패를 결정짓는 중요한 기점이 됩니다.

슐리펜의 전략은 이렇습니다. 러시아와 프랑스, 좌우 양쪽에 위치한 전선에서 위기 상황이 발생하면 독일은 먼저 프랑스가 있는 서부전선을 공략하기로 합니다. 독일군 병력 전체의 8분의 7을 서부전선에 퍼부어서 6주 안에 프랑스를 끝장내버리고, 그 다음 군사들을 동부전선으로 보내서 러시아군을 마저 격파한다는 계획이었어요. 어차피 러시아는 워낙 땅도 거대한데다가, 철도가 부실하니 군대를 동원하는 시간이 많이 걸릴 거라고 판단한 겁니다. 또한 슐리펜은 프랑스를 국경을 거쳐 정면 돌파하는 게 아니라 완충지대인 벨기에로 우회해서 파리를 공격하기로 합니다. 벨기에 쪽엔 프랑스군이 배치돼 있지 않으니 파리를 뚫기가 수월할 거라 생각한 거죠.

그런데 독일은 계획에 없던 난관에 부딪혔습니다. 만만하게 봤던 벨기에군이 엄청난 저항으로 맞서는 바람에 예상보다 시간이 너무 지체된 거죠. 슐리펜은 정해진 계획에 집착하며 연이은 돌발 상황에서도 자신의 계획을 고집했습니다. 결국 속전속결이 생명인 슐리펜 계획은 처참히 실패했고, 엎친 데 덮친 격으로 영국의 참전까지 유발하고 말았습니다. 사실 전쟁 전에 독일은 영국에게 중립을 지켜줄 수 있냐고 슬쩍 물어봤어요. 그러자 영국은 이렇게 되물었어요.

"우리가 중립을 지키면, 독일 너네는 벨기에의 중립을 지켜줄 거야?"

영국에게 벨기에의 중립은 중요한 문제였습니다. 벨기에가 다른 열강의 손에 떨어지면 영국 본토에도 곧장 위협이 되기 때문이죠. 그래서 영국은 벨기에를 직접 장악하기보다는 벨기에의 중립과 안보를 보장해주는 식으로 대처했습니다.

그런데 독일이 슐리펜 계획을 위해 벨기에를 침략하니, 결국 영국마저 독일에 선전포고를 합니다. 그러자 영일동맹을 맺은 일본도, 상황을 지켜보던 이탈리아도 가세해 영·프·러 연합국으로 참전하며, 전쟁은 유럽을 넘어 전 세계로 확장됩니다.


## 지옥 같은 참호전과
## 살상 무기의 개발

1914년 9월, 전쟁이 터진 지 약 한 달 만에 벌어진 '마른전투'는 제1차 세계대전의 흐름을 완전히 바꿔놓았습니다. 다시 돌아가 서부전선을 들여다보면 독일군과 영국·프랑스 연합군이 싸우고 있는데요. 벨기에를 예상보단 좀 늦게 점령한 독일군이 슐리펜 계획에 따라 프랑스 파리를 향해 계속 밀고 들어갑니다.

그런데 갑자기 러시아 쪽의 동부전선에서 벌써 전면전이 시작됐다는 겁니다. 독일은 급히 서부전선에 배치된 병력 일부를 동부전선으로 보내는데요. 지금까지 후퇴를 거듭하던 영·프 연합군은 이때다 싶어 돌연 공세를 퍼붓기 시작합니다. 이것이 프랑스 마른강 유역에서 벌어진 마른전투입니다.

독일의 진격 소식을 들은 파리 시민들은 그야말로 공포에 휩싸였습니다. 수도인 파리를 방어하기 위해서는 마른강을 반드시 사수해야 했어요. 비상이 걸린 파리에 방어사령관인 갈리아니 장군이 아이디어를 하나 떠올립니다. 바로 택시였죠. 1914년 9월 6일 밤 10시, 택시 동원령이 떨어지고 약 600대의 택시들이 6,000여 명의 병력을 마른 전선으로 실어 나르기 시작합니다.

택시로 군사들을 실어나르며 영·프 연합군 측엔 추가 병력이 계속 투입됐고, 가뜩이나 강행군에 지쳐 있던 독일군은 결국 전투에 패해 철수하게 됩니다. 프랑스가 마른강의 기적으로 기억하는 이 전투는 단순히 파리를 지킨 것 이상의 의미가 있습니다. 마른전투로 독일은 전쟁 초반에 승기를 잡지 못했고, 제1차 세계대전은 전혀 예상치 못한 방향으로 흘러가게 되거든요. 마른전투를 기점으로 이제 기동전은 끝나고 4년 내내 이어지는 지옥의 참호전이 시작됩니다.

독일군과 영·프군은 북해에서 스위스에 이르는 전선을 따라 참호를 파고 대치하기 시작합니다. 이들은 대체 왜 땅을 파고 참호 속으로 들어가게 된 걸까요? 예전까지만 해도 보통 유럽에선 전투를 시작하면 보병들이 우르르 소총을 들고 빠르게 진격하는 형태가 대부분이었어요. 하지만 19세기 전후, 산업혁명으로 인해 과학기술이 비약적으로 발전하면서 전쟁의 모습은 많이 바뀌어요. 산업혁명 시기에 등장한 증기기관과 철도로 대량 군수 보급이 가능해졌기에, 대규모 물자와 병력을 재빨리 쏟아붓는 쪽이 승기를 잡기 유리해집니다. 점차 전쟁은 국력을 총동원해 싸우는 총력전으로 바뀌었어요.

또한 과학기술은 독가스와 탱크, 항공기와 같은 다양한 신무기를 낳았습니다. 참호 속 병사들의 손에는 신무기인 기관총이 들려 있었어요. 이 기관총 하나면 분당 수백 발을 연사하며 다가오는 적군을 무더기로 죽일 수 있었습니다. 기관총은 그야말로 방어전에 최적화된 무기였죠.

그런데 양국의 현장 지휘관들은 이 새로운 방식의 전쟁을 제대로 이해하지 못했습니다. 이전에 하던 대로 병사들을 무조건 돌진시키면 적군에 도착하기도 전에 줄줄이 기관총에 맞아 사살되는 식이었죠. 신무기를 들고 구닥다리 전술을 이어간 겁니다. 어떤 곳에서는 양쪽 참호의 거리가 고작 몇 미터에 불과할 정도로 가까웠지만 상대편을 점령하질 못한 채 지독한 소모전만 계속 이어갑니다.

무엇보다 참호는 살아 있는 지옥이었습니다. 지형과 기후적 특성상 참호 속은 질척거리는 진창이었고, 병사들은 허리 위까지 고인 차가운 흙탕물 속에 며칠 내내 고립되는 일은 다반사였어요. 더러운 물에 담근 발은 썩어갔으며 포탄이 남긴 웅덩이 위에 시신이 쌓여 악취를 풍기며 부패했습니다. 시체로 배를 든든히 채운 거대한 쥐들은 잠든 병사들의 얼굴을 밟고 지나다녔고, 수백만 명의 병사가 질병으로 쓰러졌어요.

"인류는 미쳤다! 이 학살극을 보라! 이 공포와 주검들을 보라! 지옥도 이 정도로 끔찍하지는 않을 것이다!"

- 베르됭 전투에서 전사한 프랑스 육군 알프레드 주베르의 일기 중

물론 전쟁 중에 흙탕물과 피비린내 나는 이야기만 있었던 것은 아닙니다. 제1차 세계대전이 한창이던 1914년, 전쟁 중에도 어느새 시간이 흘러 크리스마스가 다가오자 기적처럼 '크리스마스의 휴전'이 일어나기도 했습니다. 12월 24일 밤, 가까운 독일군의 참호에서 노랫소리가 먼저 들려옵니다. 그날 밤늦게까지 양쪽 병사들은 함께 성가를 불렀지요. 이날 한 병사가 어머니에게 쓴 편지 중에는 이런 구절이 있습니다.

"악마 같은 저들도 나와 같은 사람이었고 성가를 부르는 기독교인임을 자각하자 서로 죽이려고 싸워야 하는 현실이 너무 슬퍼졌다."

혹독한 추위를 견디며 시체가 가득한 서로의 참호 속에서 그들은 함께 크리스마스를 맞이했고, 자발적으로 총을 내려둔 채 비공식적인 휴전을 약속합니다. 양측 병사들은 먹을 것을 나누고 전우의 시체를 함께 거두어 장례를 치러주고, 심지어 깜짝 축

맥심의 영국산 경량화 버전인 빅커스 기관총을 든 참호 속 병사들

구 경기까지 열렸는데요. 이 상황을 알게된 양쪽 사령관들은 화
가 나 펄펄 뛰었습니다. 적군을 죽이려면 상대에게 증오심만 가
져야 하는데 허락도 없이 휴전을 하다니, 군 기강이 자칫하면 해
이해지겠다 싶었던 것이지요.

이제 참호전에는 기관총뿐 아니라 새로운 살상 무기가 투입
됩니다. 1915년 4월, 이프르Ieper 전투에서는 독일군이 최초로
화학무기인 독가스를 살포합니다. 독가스의 위력을 맛본 양측은
곧장 전면적으로 독가스를 사용하기 시작하는데요. 독가스에 노
출된 병사들은 눈앞은 뿌예지고 얼굴이 파랗게 질려 숨을 헐떡
이다 그만 질식해 죽습니다. 이처럼 인류의 편의를 위해 발전한
과학기술이 인간을 살상하기 위해 무자비하게 사용됩니다.

끝나지 않는 소모전과 지겨운 교착상태를 깨려는 욕구는 또 다른 신무기의 발명으로 이어졌는데요. 1916년의 솜Somme 전투에서 영국은 역사상 최초로 탱크를 투입합니다. 총알을 튕겨내고 참호를 깔아뭉개는 탱크는 그야말로 무적의 살인 병기였어요. 이어서 전투기가 개발되기 시작하는데요. 전쟁 초기엔 주로 정찰용으로 쓰던 항공기에 기관포가 장착되는 등 점점 공격을 위한 전투기로 발전하면서 본격적인 공중전이 시작됐습니다.

1916년 2월 21일, 1차 대전 최악의 전투 중 하나로 꼽히는 베르됭 전투가 시작됩니다. 독일의 목적은 프랑스군이 물자와 병력을 죄다 소모하는 거였어요. 그래서 독일은 첫날부터 100만 발 넘는 포탄을 폭우처럼 쏟아냈죠. 그렇게 독일과 프랑스는 열 달 동안 4,000만 발가량의 포탄 세례를 서로 퍼붓게 됩니다. 베르됭 전투는 그저 공격과 방어를 반복하는 정말 끔찍한 소모전이었어요. 총알받이로 군인들이 계속 채워지고 또 죽어갔습니다. 베르됭 전투에서 사망한 인원은 약 100만 명에 이릅니다.


## 전쟁의 판도를 바꾼
## 미국의 참전

한편 애초에 고립주의를 표방하며 중립을 외치던 미국은 어쩌다 1차 대전에 참전하게 됐을까요? 첫 번째 계기는 루시타니아호사건 때문입니다. 영국은 독일의 해상을 봉쇄해서 바닷길을 막는데요. 식량의 5분의 1을 수입에 의존하던 독일은 직격탄을 맞아 75만 명 넘는 민간인이 굶주림과 질병으로 사망합니다.

열 받은 독일은 잠수함 '유보트'를 개발해냈고, 연합군의 선박이 보였다 하면 마구잡이로 격침합니다. 유보트는 놀라운 활약을 펼치며 연합군에게 공포심을 심어주었어요. 영국의 수상 처칠은 이런 말도 남길 정도였습니다.

**"나를 정말 두렵게 만든 단 한 가지는 유보트였다."**

그런데 1915년 5월 유보트가 영국 여객선인 루시타니아호를 격침하는 바람에 미국인 승객 128명이 사망하는 사건이 발생합니다. 이에 전 세계는 충격에 빠졌죠. 지금까지 그 어떤 문명국가도 민간인이 탄 선박을 일부러 침몰시킨 적은 없었으니까요. 1917년 1월 말에 독일은 이판사판이라며 무제한 잠수함 작전을 선언하고 적군 근처 해역에 있는 선박을 마구잡이로 공격합니다. 피해 선박 중에는 미국의 상선도 포함돼 있었죠. 민간인을 향한 도 넘은 공격에 극렬한 분노에 휩싸인 미국에서는 전쟁에 참전하자는 여론이 거세졌어요.

이런 와중에 미국의 제1차 세계대전 참전을 결정짓는 계기로 꼽히는 '치머만 전보 사건'이 발생합니다. 1917년 1월, 독일의 외무장관 치머만은 난데없이 멕시코를 향해 전보를 보내는데, 대충 이런 내용입니다.

"멕시코가 미국을 공격하면 우리가 멕시코 너네 지원도 해주고, 빼앗겼던 옛 땅도 찾게 도와주겠다."

이 암호문은 약 1,000개의 숫자로 만들어졌는데, 중간에서 영국이 전보를 가로채 해독하고 바로 미국에 알려주었어요. 전보를 받은 미국 입장에선 기가 찰 노릇이었습니다.

미국의 토머스 우드로 윌슨 대통령은 1917년 4월 2일 제1차 세계대전에 참전을 선언합니다. 참전 이후 미국은 14개조 평화 원칙을 발표하면서 앞으로 미국이 전쟁을 막는 강대국으로서 세계 평화를 주도하겠다고 다짐하게 돼요. 독일군과 연합군 모두 지칠 대로 지친 상황에서 미군의 참전은 전쟁의 결정적인 변수로 작동하게 됩니다. 미국의 참전 덕분에 새로운 병력과 군수물자가 투입됐고, 상황은 연합국에 유리하게 흘러가는 것처럼 보입니다.

한편 기운 빠지던 독일에게 일말의 희망이 생깁니다. 바로 러시아가 동부전선에서 발을 뺀다는 소식이었습니다. 러시아의 모든 물자가 전쟁에 동원되자 러시아인은 쫄쫄 굶으며 사는 게 사는 거 같지 않았고, 결국 1917년에 볼셰비키 혁명을 일으키는데요. 스위스에서 망명 중인 급진 좌파 블라디미르 레닌은 독일의 은밀한 도움을 받아 러시아에 귀국하더니 러시아 황제를 쫓아내며 정권을 장악합니다. 레닌은 이 혼란 속에서 일단 살아남아 소비에트 정권을 지켜야 했기에, 결국 제1차 세계대전에서 그만 빠지겠다고 선언해요. 동부전선의 러시아가 빠지며 독일은 그나마 숨통이 트이며 이제 모든 병력을 서부전선에 투입할 수 있게 됩니다.

1918년 3월 봄, 독일은 서부전선에서 야심 차게 루덴도르프 공세를 개시합니다. 미국의 병력과 물자가 연합군에 도착하기 전에 서부전선을 제발 좀 격파해보자는, 사실상 최후의 발악이었지만 결과적으로 독일은 미·영·프 연합군을 꺾지 못했습니다. 전쟁은 이미 너무 길어졌고, 이제 독일이 패배하는 것은 시간문제로 보였습니다. 그런데도 병사들에게는 또다시 적군을 공격하라는 지시가 내려왔어요.

수병들은 자신들의 목숨을 지키기 위해 1918년 11월, 킬 군항에서 반란을 일으키게 되고, 혁명의 열기는 독일 전역으로 빠르게 번져갑니다. 결국 빌헬름 2세는 황제 자리를 내놓고 네덜란드로 망명하고, 독일에는 바이마르공화국이 세워지는데 이 사건이 바로 '독일혁명'입니다.

느니어 1918년 11월 11일, 독일이 항복하면서 인류 역사상 첫 세계대전이 종결됩니다. 두 달 뒤인 1919년 1월 18일, 프랑스 베르사유궁전에서 1차 대전 종결을 위한 파리강화회의가 열립니다. 이 날짜와 장소가 어딘가 묘하게 익숙하지 않으신가요? 지난 1871년 1월 18일, 프로이센의 빌헬름 1세가 자신들이 침략한 이곳, 프랑스 베르사유궁전에서 독일제국을 선포하며 프랑스에 굴욕을 주었던 곳이었지요. 패배의 쓴맛을 보게 된 독일은 1,320억 마르크, 지금으로 치면 300조 원이 넘는 거액을 금으로 배상해야 했습니다.

천문학적인 배상금 때문에 제1차 세계대전 이후 독일 경제가 나락으로 떨어지면서 최악의 인플레이션을 맞이하게 됩니다. 인플레이션이 가장 극심했던 1923년쯤에는 독일 물가가 무려 10억 배 정도 상승하는데요. 은행에 저축한 전 재산이 하룻밤 사이에 휴지 조각이 되는 초유의 사태가 발생하자 독일인들의 거센 분노는 당시 금융업을 장악하던 유대인에게 향했습니다.

이 혼란의 시기 속에서 정치권에는 새로운 세력이 등장하는데요. 그중 특히 뛰어난 연설로 독일인을 사로잡은 인물이 있었으니, 그가 바로 제2차 세계대전을 일으킨 아돌프 히틀러입니다. 전쟁을 막 끝낸 그들 앞에는 또다시 새로운 세계대전이 기다리고 있었습니다.

**1866년 6월 14일**
프로이센-오스트리아 전쟁에서
프로이센이 승리

**1871년 1월 18일**
프로이센 국왕 빌헬름 1세가
독일제국을 선포

**1873년 6월 6일**
독일, 러시아, 오스트리아가
삼제 동맹을 맺음

**1890년**
빌헬름 2세가 비스마르크를 해고

**1892년**
러시아와 프랑스가 러·불 동맹을 맺음

**1902년 1월 30일**
영국과 일본이 러시아를
견제하기 위해 동맹을 맺음

**1904년 4월 8일**
영국이 독일을 견제하기 위해
프랑스와 영불협상을 맺음

**1907년**
영불협상에 러시아까지 동참하면서
삼국협상 체결

**1908년**
오스트리아-헝가리 제국이
보스니아를 점령

**1914년 6월 28일**
사라예보사건 발생

**1914년 7월 28일**
오스트리아-헝가리 제국이
세르비아에 전쟁을 선포

**1914년 9월 5일**
마른전투 시작

**1915년 4월**
독일군이 최초로 화학무기를 살포

**1915년 5월 7일**
루시타니아호사건으로
미국인 탑승객 128명이 사망

**1916년 2월 21일**
베르됭 전투 시작

**1917년 4월**
미국이 제1차 세계대전에 참전

**1918년 11월 11일**
독일이 항복하면서 제1차 세계대전 종결

# 한 사람의 광기가
# 부른 비극적인 전쟁

# 제2차 세계대전

1939년 9월 1일, 나치 독일이 폴란드를 침공하면서 제2차 세계대전은 시작됩니다. 1차 대전의 상흔이 채 아물지도 않은 시기에, 인류 역사상 최악의 대규모 전쟁이 펼쳐진 것입니다. 제1차 세계대전 이후 21년 동안 도대체 무슨 일이 벌어졌던 걸까요?

제2차 세계대전은 크게 독일이 주도한 유럽 전쟁과 일본이 시작한 태평양전쟁으로 나뉩니다. 이번 장에서는 먼저 유럽을 무대로 펼쳐진 전쟁의 흐름을 알아보고, 태평양전쟁 이야기는 다음 장에서 따로 들려드릴게요. 제2차 세계대전의 시작은 광기의 독재자, 아돌프 히틀러에서부터 출발합니다.

# 히틀러가 미대 입학에 성공했다면
# 역사는 바뀌었을까?

오스트리아 작은 마을에서 아름다운 풍경화를 그리던 한 소년이 있었습니다. 평범하게 화가를 꿈꾸던 소년이었던 아돌프 히틀러는 훗날 약 5,000만 명 이상의 생명을 앗아갈 세계대전을 일으키며 악명을 떨치게 되는데요. 유독 웅장한 건축물 그리기를 좋아했던 소년 히틀러는 미대 입시의 꿈을 이루기 위해 오스트리아 빈으로 떠나게 됩니다.

그러나 1907년부터 빈 국립 미술 아카데미에 입학하려던 히틀러는 번번이 불합격했고 히틀러를 낙방시킨 교수는 오히려 건축에 더 소질이 있는 것 같으니 건축가를 해보는 게 어떻겠냐고 조언하기도 했습니다. 좌절한 히틀러는 오스트리아 빈에서 그림엽서를 그리며 근근이 먹고 살았습니다.

그가 지낸 오스트리아 빈은 13세기부터 거의 700년 동안 중부 유럽 패권을 거머쥔 합스부르크 가문의 근거지이자 세계적인 예술 문화의 중심지였습니다. 빈에는 다양한 정치집단과 이념과 민족이 공존하고 있었고, 이런 환경 속에서 히틀러는 많은 책을 읽으며 자신만의 세계관을 만들기 시작했어요.

그렇게 히틀러의 마음속엔 게르만 민족주의와 반유대주의가 싹트고 있었습니다. 히틀러는 오스트리아인이었지만, 유대인과 슬라브족이 뒤섞인 오스트리아군에서 군 복무할 생각이 추호도

1938년 히틀러의 초상 사진

없었습니다. 그에게 오직 순수 게르만족의 나라, 독일제국이야말로 진정한 조국이었던 것이었지요.

결국 오스트리아에서 병역을 피해 도망친 히틀러는 1913년에 독일 뮌헨으로 갔습니다. 이듬해인 1914년, 제1차 세계대전이 발발하자 히틀러는 기쁜 마음으로 독일군에 자원입대했고, 전장에서 진정한 삶의 의미를 찾게 됩니다. 상병까지 진급한 독일군 히틀러는 제1차 세계대전에서 두 번의 훈장까지 받을 정도로 군 생활에 진심이었어요. 가난한 예술가에게서 전쟁광의 싹이 움트기 시작한 것입니다.

# 패전국 독일의
# 쓰라린 전쟁 후유증

제1차 세계대전이 끝난 이후 세계는 어떻게 돌아가고 있었을까요? 미국의 윌슨 대통령이 세계 평화를 위한 '14개 원칙'을 제시하면서 국제적인 문제를 평화적으로 해결하기 위한 국제연맹이 출범했는데요. 막상 판을 벌여놓은 미국은 의회의 반대에 부딪히면서 국제연맹에 가입하지 않았습니다. 결국 윌슨의 원대한 꿈은 무너지게 되고, 국제연맹도 사실상 유명무실한 상태였어요.

전쟁의 무대였던 유럽 각국이 다들 후유증에 시달리는 가운데, 공산주의와 파시즘 같은 다양한 사상이 고개를 듭니다. 독일의 상황은 어땠을까요? 1918년의 독일혁명으로 이듬해에 세워진 바이마르공화국은 당시의 가장 이상적인 헌법을 제정하고 있었지만, 온건한 중도파 연합으로 내각이 결성되어 극좌파와 극우파의 충돌 속에 정국이 혼란했습니다.

가뜩이나 내부 문제만 해도 어지러운데, 외부에서는 더 혹독한 압력이 들어왔습니다. 제1차 세계대전의 승전국들이 세계평화를 외치며 베르사유조약을 체결해 독일의 손발을 전부 묶어버렸습니다. 연합국 측은 독일이 다신 전쟁을 꿈꾸지도 못하도록 여러 조치를 가했는데요. 이제 독일은 화학무기든 탱크든 전부 폐기하고, 더 이상 무기를 만들거나 가질 수 없었으며, 육군 병력은 10만 명을 넘어선 안 됐습니다. 이런 군사적 제재는 독일에 굴욕을 안겨주었어요.

그러나 독일인을 정말 고통스럽게 만든 것은 바로 경제적 제재였습니다. 연합국이 부과한 1,320억 마르크의 전쟁배상금은 독일 국민 전체가 낸 세금을 단 한 푼도 쓰지 않고 약 20년을 모아야만 갚을 수 있는 수준의 무시무시한 금액이었습니다. 독일은 화폐를 미친 듯이 찍어내는 수밖에 없었고, 이로써 화폐가치가 폭락하며 급격한 인플레이션이 닥쳤습니다.

예컨대 1922년 1월에는 1달러당 약 192마르크였으나, 1923년 11월에는 1달러당 4,210,500,000,000마르크로 폭등하는 식으로 상상을 초월하는 수준이었어요. 0.5마르크 정도면 사 먹을 수 있던 빵이 800억 마르크가 되는 수준에 이르니 돈의 가치는 휴지 조각이 되고, 돈 주고 땔감을 사느니 지폐를 땔감 삼아 불을 피우는 게 나을 정도였습니다. 평생 모은 돈이 쓰레기가 되고, 온 가족이 굶주리는 절망의 시대에서 독일인들의 증오는 깊어졌습니다. 히틀러는 동요하는 대중의 분노에 기름을 부으며 자신의 야망을 실현하게 되지요.

## 극단적 인종주의와 전체주의의 만남

1차 대전이 끝난 후 히틀러는 군에서 계속 근무하게 됐고

1919년에는 작은 정당들과 정치 단체를 감시하는 업무를 맡게 됩니다. 그해 9월, 히틀러는 독일 노동자당을 조사하는 업무를 하기 위해 당 대회가 열린 뮌헨의 한 맥주홀에 들어가는데요. 독일의 패배와 가혹한 베르사유조약, 앞으로 독일의 미래에 대한 뜨거운 논쟁이 오가던 현장에서 히틀러는 듣다못해 그만 참지 못하고 한 당원의 논점에 조목조목 반박하기 시작했습니다.

히틀러가 자신의 강력한 신념을 신들린 듯 쏟아내자 순식간에 청중은 압도당하고 말았어요. 히틀러의 천재적인 연설 능력은 그를 독일의 권력 중심으로 이끌었습니다. 악마의 재능으로 독일 노동자당에 입당하면서 그의 본격적인 정치 인생이 시작된 것입니다. 뛰어난 선전 능력으로 인정받으며 세력을 키워가던 히틀러는 1920년에 독일 노동자당을 국가사회주의 독일 노동자당으로 바꿨습니다. 줄여서 '나치'라고 부르는 정당이지요.

독일의 나치즘은 이탈리아의 파시즘과 같은 전체주의 사상의 하나입니다. 히틀러는 1920년경, 이탈리아에서 파시즘을 들고 일어난 베니토 무솔리니에게 깊은 감명을 받았는데요. 파시즘은 국가의 이익을 최우선시한다는 특징 때문에 국가 사회주의라고도 부릅니다. 국가와 민족 전체를 위해 개인이 희생하는 것을 당연하게 여기는 사상이죠.

이탈리아는 제1차 세계대전 때 연합국 라인으로 갈아타며 승전국 지위를 얻게 됐지만 특별한 대가도 받지 못한 채 실업자가 늘고 사회가 혼란한 상황이었습니다. 이탈리아인들은 위기를 해

히틀러가 1923년 일으킨 뮌헨 폭동에서 반란군이 뮌헨 시내에서 퍼레이드하는 모습

결할 영웅을 원했고, 그렇게 등장한 인물이 파시스트 정당의 무솔리니였던 거죠.

이탈리아보다 더 처참했던 패전국 독일에서도 역시 위기를 타개할 강력한 지도자를 원하고 있었고, 그 속에서 나치즘이 등장했습니다. 나치즘은 국가 전체의 이익을 최우선시하는 파시즘의 특성에 극단적 인종주의가 추가된, 한 마디로 한층 더 파괴적인 사상이었죠.

1923년에 히틀러는 새 정부를 수립한다며 뮌헨에서 폭동을 일으키다가 반역죄로 끌려가 감옥에 갇힙니다. 이때 나치 독일의 바이블과 같은《나의 투쟁》을 집필했지요. 이 책에서 히틀러는 기생충 같은 유대인을 짓밟고 우월한 게르만족의 대제국을 건설해서 세계 질서를 재편성해야 함을 외치고 있습니다. 히틀러는 재판을 받기 위해 참석한 법정에서 자신의 이념을 설파하며 대중의 뇌리에 단단히 각인되어 단숨에 인기 스타로 등극합니다. 히틀러의 신들린 연설은 독일인들의 울분을 자극했습니다. 지옥 같은 삶에서 어디로 향해야 할지 몰랐던 분노는 히틀러가 이끄는 대로 유대인에게 향하기 시작했어요. 경제적 고통과 사회적 불안정이 극심할수록 단순 명쾌한 해답을 제시하는 선동가에게 더 쉽게 설득되는 법입니다.

게다가 1929년에는 핵폭탄급 경제 대공황이 발생하면서 독일 경제는 엄청난 타격을 입습니다. 1차 대전 때 연합국에 군수품을 팔며 신흥 경제 대국으로 떠오른 미국의 주식시장 거품이 꺼지자, 은행과 기업이 줄줄이 파산한 것입니다. 그 충격은 유럽 전역으로 퍼졌지요. 미국은 1차 대전 후 유럽의 재건을 지원하기 위해 거액의 대출을 제공하고 있었는데, 미국이 투자 자금을 전부 회수하면서 유럽까지 휘청거리게 됩니다. 독일에서는 1929년에 130만 명이었던 실업자가 1932년에 510만 명까지 급증했습니다.

바이마르공화국의 정치적 내분도 한층 더 심해졌어요. 바이마르공화국이 민심을 잃어가는 사이에 히틀러는 새로운 희망의 빛이자 구원자로서 명성을 쌓아갔습니다. 사람들 내면의 숨겨진 증오심을 끌어내며 사람들을 결집한 것입니다. 나치의 폭력 조직인 돌격대는 제복을 맞춰 입고 거리에서 대규모 행진을 벌였는데, 이런 시위는 절망에 빠진 청년들에게 활력과 희망을 주었습니다. 결국 조그마한 과격파 정당에 불과했던 나치당이 1932년에 제1당으로 등극하고 이듬해에는 히틀러가 총리직에 오릅니다.

1934년에 힌덴부르크 대통령이 사망한 이후 독일에선 국민투표가 벌어졌습니다. 국가 원수인 대통령직과 내각을 총괄하는 총리직을 통합한 절대 권력을 히틀러에게 몰아주겠냐는 내용이었죠. 88.1퍼센트라는 압도적인 찬성표를 얻은 히틀러는 대통령직을 폐지하고 '총통'이 되었습니다. 드라마처럼 인생이 바뀐 히틀러는 독일의 독재자로 군림합니다.

## 나치즘의 광기에
## 휩싸인 독일

나치의 독재를 가능하게 만든 것은 바로 '수권법'이었습니다. 수권법이란 입법권을 행정부에 위임한다는 내용으로, 히틀러가 총리였을 때 이미 통과된 법률입니다. 이로써 히틀러는 삼권분립과 바이마르헌법을 무너뜨리고 합법적인 독재권을 휘두르게 되지요. 국가와 민족이 최고의 가치를 가진다는 나치즘에 따라 국가는 강력한 권력으로 개인, 기업, 언론과 군대까지 모든 것을 통제했습니다.

한편 히틀러는 집권하자마자 독일인에게 빵과 일자리를 주며 무너진 독일 경제를 적극적으로 일으켜 세웠는데요. 자동차 천재였던 포르쉐 박사에게 가격이 저렴한 국민차 개발을 맡겨 폭스바겐 비틀을 대량생산합니다. 또한 값싼 라디오를 만들어 가정마다 라디오 방송을 들을 수 있게 했습니다.

과연 히틀러가 정말 국민의 삶의 질을 높이기 위해 했던 일이었을까요? 국민 라디오에선 나치의 선동 메시지가 매일같이 흘러나왔어요. 또한 아우토반이라 부르는 고속도로를 만들며 실업 문제를 해결함과 동시에 신속한 물자 수송도 가능하게 했습니다. 겉으로는 각종 사회보장 정책으로 국민의 전폭적인 지지를 얻으며 침략 전쟁 준비를 한발씩 추진한 것입니다.

이미 1933년에 히틀러는 독일을 세계 무대에서 외톨이로 만든 베르사유조약을 무효로 하기 위해 국제연맹에서 탈퇴한 상태였고, 2년 뒤 군비 재무장을 선언했습니다. 히틀러가 국제사회를 향해 과감히 목소리를 내자 상처 입은 독일인의 자존심이 회복되기 시작했죠. 히틀러는 독일 민족주의를 부추겼고, 그렇게 독일인들은 집단적 광기에 물들고 있었습니다.

히틀러는 극단적인 인종주의로 모든 분노의 화살을 유대인에게 돌리며 끔찍한 대학살을 시작했습니다. 강제수용소에 끌려간 유대인 약 600만 명이 단지 유대인이라는 이유로 목숨을 잃었죠. 순수 혈통 게르만 제국에 방해가 되는 유대인을 향해 인종 청소를 행한다는 논리였습니다.

유대인을 말살하는 정책은 히틀러가 주도했지만, 실행에는 수많은 독일인의 동조와 방관이 있었습니다. 당시 독일인들이 히틀러의 선동을 그토록 쉽게 받아들인 이유는 금융업과 전문직에 대거 종사하는 유대인의 사회적 영향력과 경제적 권력을 경계하는 마음이 내심 있었기 때문입니다. 히틀러는 독일인 사회에 잠재돼있던 깊숙한 증오를 반복적인 선동으로 끌어올려 대중의 호응을 어렵지 않게 얻어냈죠. 히틀러의 인기가 높아질수록 반유대주의 정서는 점점 강렬해졌습니다.

히틀러는 생활 공간을 뜻하는 일명 '레벤스라움'Lebensraum 정책으로 유럽 땅에 게르만족의 생활 공간을 확보하겠다는 꿈에 부풀었습니다. 즉 독일인을 위한 대게르만 제국을 건설하겠다는 명분으로 세계를 다시 전쟁의 비극으로 몰아넣기 시작한 것입니다.

## 2차 대전의 기적
## 됭케르크 전투

1936년부터 히틀러는 독일과 프랑스, 벨기에 국경이 맞닿은 '라인란트'라는 비무장지대를 점령하면서 무력 도발을 시작합니다. 또한 파시즘 국가인 이탈리아와 군국주의 국가인 일본과 손을 잡았지요. 이들은 결국 삼국동맹을 맺고 제2차 세계대전의 추축국이 되어 영국, 프랑스, 미국, 소련, 중화민국 등이 포함된 연합국과 대립하게 됩니다. 추축국은 군사적으로 영토를 넓혀서 제국을 세워 세계 질서를 재정립하고, 소련 공산주의를 무너뜨리겠다는 공통 목적이 있었습니다.

히틀러는 1938년에 게르만족을 통합한다며 고국인 오스트리아를 손쉽게 흡수했고, 1년 뒤 체코슬로바키아에도 게르만족이 살고 있다는 기적의 논리를 펼치며 합병합니다.

그런데 영국과 프랑스를 비롯해 그 어느 유럽 국가도 적극적으로 나서서 이 과정을 막지 않았습니다. 독일에 반대한다는 것은 또다시 전쟁의 시작일 텐데, 어느 나라도 이를 원치 않았던 것이었죠. 이어서 독일은 오른쪽에 도사리고 있는 소련과의 관계를 일단 안정시키기 위해 서로 침략하지 말고 동유럽을 나눠 먹자는 '독소불가침조약'을 체결했습니다. 이렇게 전쟁 준비는 모두 끝납니다.

마침내 1939년 9월 1일, 독일이 폴란드를 무력 침공하면서 제2차 세계대전이 시작됩니다. 영국과 프랑스는 독일의 행보에 경악하며 선전포고를 날리지만 제1차 세계대전의 악몽 때문에 선뜻 독일과의 본격적인 전투를 벌이지 않았습니다. 2차 대전 초반에 전투가 벌어지지 않았던 희한한 풍경을 두고 가짜 전쟁이라는 이름이 붙기도 했어요. 이런 상황에서 독일은 자신감이 넘쳤습니다. 히틀러는 폴란드 침공에서 독일군의 전투력을 시험했고, 1차 대전처럼 방어를 위주로 하는 전술보다 공격을 우선시하는 전략에 확신을 얻게 됩니다.

전술을 보완하던 독일은 1940년 노르웨이와 덴마크에 이어 원수 같은 프랑스까지 침공했습니다. 프랑스는 1차 대전의 경험을 통해 방어 위주의 전략을 취하고 있었습니다.

　　지난 전쟁으로 국토가 황폐해져 단단히 고생했던 프랑스는 국가의 피해를 최대한 줄이기 위해 독일과의 국경선 수백 킬로미터를 따라 거대한 방어 기지를 건설한 것인데요. 이것이 바로 마지노선입니다. 넘어선 안 되는 마지막 한계선의 의미로 많이 쓰이는 표현이지요.

　　프랑스가 막대한 예산을 쏟아부어 만든 마지노선에는 대형 요새와 군사기지, 각종 벙커가 있었어요. 요새 안에는 병사들이 몇 달을 자급자족할 수 있는 숙박 시설과 음식 저장고, 병원까지 갖추고 있었죠. 하지만 독일은 마지노선을 우회해서 프랑스로 쳐들어갑니다. 정말 허무하죠. 무적의 방어선이었던 마지노선은 프랑스인에게 심리적 안정감을 주었지만 실제로는 전술적인 실패였습니다. 결국 독일군이 서부전선을 넘어 미친 듯이 진격하자 프랑스군 14만 명이 됭케르크 인근 해안에 꼼짝없이 포위되고 말았습니다.

　　게다가 여기엔 영국군 19만 명까지 고립되어 마치 독 안에 든 쥐처럼 전멸될 위기에 처했어요. 영국은 독일군의 공격을 막아내며 탈출 작전을 시작했습니다. 영국의 병사들을 구해내기 위해 해군뿐만 아니라 영국의 민간인들까지 목숨 걸고 바다를 건너왔어요. 요트와 각종 선박, 어선까지 총동원된 결과 총 33만여 명의 영국, 프랑스 연합군을 영국까지 실어 나를 수 있었지요. 이 사건은 '됭케르크의 기적'이라고 불립니다.

당시 됭케르크의 문턱에서 히틀러가 독일군의 진격을 중단시킨 것은 2차 대전의 미스터리 중 하나인데요. 이에 대한 다양한 해석이 쏟아졌습니다. 히틀러가 추후 영국과의 평화 협상을 염두에 두고 정치적 오판을 했다는 추측도 있고, 히틀러의 심리 상태가 불안정해서 기갑부대가 큰 피해를 입거나 늪지대에 발이 묶여 장기 소모전으로 이어질 것을 걱정했다는 주장도 있습니다.

결론적으로 됭케르크의 성공적인 구출 작전은 연합군의 전멸을 막았고, 이것은 제2차 세계대전의 흐름에 중대한 영향을 미쳤습니다. 이때 구출된 연합군의 주력군은 나중에 노르망디 상륙 작전과 같은 중요한 전투에서 대활약하게 됩니다.


## 독일과 소련의 운명을 건 격돌, 독소전쟁

1940년 6월, 놀라운 기동력과 전술로 빠르게 파리까지 점령한 독일은 결국 프랑스의 항복을 받아내며 프랑스 북부 대부분을 점령합니다. 프랑스 비시정부는 나치 독일과 협력하며 남부를 다스리게 됩니다. 그만큼 독일의 기세는 대단했고, 유럽의 상당 부분을 손아귀에 넣으며 서부전선에서 우위를 차지했습니다.

그런데 이 와중에 유일하게 버티고 있던 나라가 있었으니, 바로 영국입니다.

독일은 대영제국을 무릎 꿇리기 위해 1940년부터 1941년까지 영국 대공습에 나섰습니다. 런던 등 영국의 주요 도시에 전투기를 보내며 폭격을 퍼부었지만, 영국은 촘촘한 레이더 기술로 독일 공습에 대응했는데요. 독일의 조종사들은 귀신같이 공격을 탐지하는 영국을 보며 의아해했지만 그 이유를 알 수는 없었습니다. 영국의 견고한 저항에 부딪힌 독일은 끝내 영국 본토 상륙작전을 포기하고 동쪽으로 눈을 돌려요.

1941년 5월경에 독일은 영국과 소련을 제외한 유럽의 거의 모든 땅을 차지하고 있었는데요. 동유럽 슬라브족을 노예로 만들고 동유럽 땅에 게르만족을 이주시킨다는 레벤스라움의 꿈을 이루기 위해 히틀러가 소련과 맺은 독소불가침조약을 파기하고 소련을 침공합니다. 이것이 바로 제2차 세계대전의 운명을 결정지은 대규모 혈전, 독소전쟁입니다.

당시 소련에서는 스탈린의 대숙청으로 유능한 장교가 남아있지 않은 상황이었고, 이같은 공포 분위기 속에 소련군은 경직돼 있었습니다. 히틀러는 그 빈틈을 노렸어요. 1941년 6월 22일 새벽, 독일군이 소련의 붉은 군대를 짓밟으며 진격했습니다. 독일군의 목적지는 공업지대이자 볼셰비키 혁명의 발상지인 레닌그라드(현 상트페테르부르크)와 유럽의 곡창지대라 불리는 우크라이나, 그리고 소련의 심장부인 모스크바였어요.

# 레닌그라드 봉쇄부터
# 치열했던 스탈린그라드전투까지

북부를 공략한 50만명의 독일군은 레닌그라드 봉쇄를 시작했습니다. 인구 330만 명의 거대 도시로 무작정 밀고 들어가 시가전을 펼치는 것보단 철저히 고립시켜 굶겨 죽이기로 작정했어요. 독일군은 레닌그라드가 미처 대비하기도 전에 재빨리 도시를 포위하고 폭격을 퍼붓기 시작했습니다.

도시의 식량 창고는 불타버리고 외부 반입조차 모두 막혀버린 상황에서 레닌그라드 시민들은 살인적인 추위와 굶주림 속에서 죽어갔습니다. 너무 배고파서 이성을 잃고 인육을 먹으려는 사람까지 속출해 특별 병력까지 배치될 정도로 절박한 날들이었습니다. 레닌그라드 봉쇄는 무려 900일 가까이 지속됐지만, 시민들은 끝까지 항복하지 않고 독일 병력의 3분의 1을 장기간 묶어두는 역할을 해냈습니다.

한편 가을에 모스크바로 진격한 독일군은 대공세에 실패하고 말았습니다. 그해 겨울이 평년보다 더 일찍 온 데다 특히 심각한 추위를 기록했는데 독일군은 동계 작전에 충분히 대비하지 못한 상황이었어요. 히틀러는 보급 요청을 무시하며 계속 공격을 재촉할 뿐이었습니다. 반면 소련은 영국과 미국에게서 전쟁 물자를 지원받으며 독일의 공격을 방어했고, 결국 동부전선의 판도를 뒤바꿨습니다.

모스크바 점령에 실패한 히틀러는 유전 지대인 캅카스 지역으로 가는 길목인 스탈린그라드를 차지하고자 6개월간의 시가전을 벌이게 되는데요. 특히 히틀러는 스탈린의 이름을 딴 이 도시를 어떻게든 집어삼키고 싶었습니다. 그리하여 1942년 8월, 2차대전 중 가장 끔찍한 전투 중 하나이자 독소전쟁의 승패를 가른 스탈린그라드전투가 시작됐습니다. 20세기의 악명 높은 두 독재자, 히틀러와 스탈린이 자존심을 걸고 정면대결한 만큼 두 눈 뜨고 보기 힘들만큼 끔찍한 전투였습니다. 독일군이 일제히 퍼부은 폭격으로 하늘은 시커먼 연기에 뒤덮이고 도시는 잿더미가 됐지만, 스탈린은 "단 한 발짝도 물러서지 말라"고 명령했어요.

그렇게 도심에서 공포의 시가전이 펼쳐집니다. 독일군은 소련의 지독한 추위 속에서 보급까지 끊겨 굶어 죽기 시작했지만, 히틀러는 죽음으로 항전할 것을 지시했습니다. 소련군은 독일어로 된 라디오 방송을 내보내며 독일군의 불안과 혼란을 조성하기도 했어요.

수십만 명의 민간인 사상자를 비롯해 독일군과 소련군 양측에서 총 200만 명 이상의 사상자가 발생한 끝에 결국 소련이 승리를 거뒀습니다. 스탈린그라드전투로 소련은 동부전선의 주도권을 획득했고 연합군의 사기가 올라가면서 제2차 세계대전의 판도가 뒤바뀌게 됐습니다. 한편 독일인 사이에선 나치 독일에 대한 무적의 신화가 무너지면서 충격과 불안이 극심해졌고, 히틀러와 나치당을 향한 지지가 떨어지기 시작했습니다.

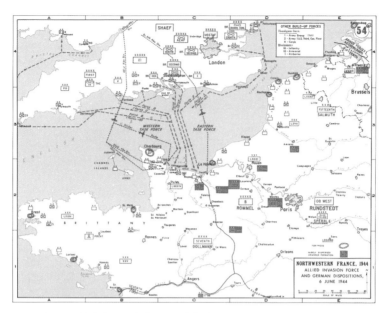

노르망디상륙작전 당일의 공격 경로를 표시한 지도

독일의 소련 침공 실패 이후 서부전선에서는 연합군의 진전
과 독일군의 후퇴가 이어졌는데요. 특히 1944년 6월에 벌어진
노르망디상륙작전은 서유럽에서 독일군을 물리치기 위한 최초
의 작전이었습니다. 아이젠하워 장군이 이끄는 연합군은 독일군
의 오판을 유도하면서 독일이 점령하고 있었던 프랑스 노르망디
해안에 상륙했습니다.

이어서 독일군을 성공적으로 격파한 연합군은 프랑스를 나치
독일로부터 해방시키고, 약 두 달 뒤 파리까지 되찾으면서 유럽
의 중심부로 진격했습니다. 군수물자의 중요성을 잘 알고 있던

연합군은 독일의 전쟁자원을 고갈시키기 위해 공업지대를 파괴했지요.

절박한 독일군은 1944년 12월부터 벌지Bulge 전투 등 최후의 대반격을 펼쳤으나 결국 패배했습니다. 1945년 3월에 연합군은 독일 본토까지 입성했고 4월엔 소련군이 가세해 독일의 동쪽으로 쳐들어갑니다. 연합군이 베를린으로 진군하면서 나치 독일의 패망이 그야말로 눈앞에 닥친 상황이었어요.

1945년 4월 29일, 히틀러는 오랜 연인인 에바 브라운과 결혼식을 올리고 다음 날 자신의 지하 벙커에서 동반 자살로 생을 마감했습니다. 히틀러의 죽음 이후 5월 8일, 독일이 연합군에게 무조건항복을 선언하면서 나치 독일은 해체되고 유럽에서의 전쟁이 종료되었습니다.

한 사람의 잘못된 생각으로 인해 제1차 세계대전이 얼마 지나지 않아 전 세계가 또 다시 전쟁을 할 거라고 당시에는 아무도 예상하지 못했을 겁니다. '역사는 되풀이된다'는 오래된 격언처럼 지난 전쟁을 우리가 공부해야 하는 이유가 바로 여기에 있지 않을까요?

**1914년**

제1차 세계대전 발발에
히틀러가 독일군에 자원

**1921년**

히틀러가 나치당 전권 장악

**1933년 1월 30일**

히틀러가 총리가 됨

**1934년**

히틀러와 나치당의 독재 시작

**1938년 9월 30일**

뮌헨 협정 체결

**1939년 8월 23일**

히틀러와 스탈린이
독소불가침조약 체결

**1939년 9월 1일**

독일의 폴란드 침공으로
제2차 세계대전 시작

**1940년**
됭케르크 철수 작전

**1940년 5월**
히틀러의 나치 독일군이
프랑스 침공

**1941년**
독소불가침조약을 일방적으로
파기하고 소련 침공

**1942년 8월 21일**
스탈린그라드전투 시작

**1943년**
히틀러가 동부전선에서 패배

**1944년 6월**
노르망디상륙작전 성공,
연합군의 대반격 시작

**1945년 2월**
미국, 영국, 소련의 수뇌들이
얄타회담 개최

**1945년 4월 30일**
히틀러와 아내 에바 브라운 동반 자살

**1945년 5월 8일**
나치 독일의 무조건항복

# 일본의 야욕이 불러일으킨
# 미국과의 한판승부

# 태평양전쟁

지구 면적의 3분의 1을 차지하는 태평양. 모든 육지 면적을 다 합쳐도 모자랄 만큼 거대한 바다가 하루아침에 잔혹한 전쟁터로 돌변했습니다.

평화로운 일요일 아침이었던 1941년 12월 7일, 하와이 진주만 기지에 주둔한 미국 태평양 함대가 난데없는 일본군의 폭격으로 쑥대밭이 되고 말았습니다. 제2차 세계대전의 중요한 전선인 태평양전쟁의 시작이었어요.

태평양전쟁의 흐름을 살펴보기 위해 우선 19세기 일본으로 시계를 되돌려봅시다. 1853년, 문을 꼭꼭 걸어 잠그고 있던 일본에 시커먼 연기를 내뿜는 페리 제독이 이끄는 미국 함대가 들이 닥쳤습니다. 울며 겨자 먹기로 개항을 하게 된 일본은 개항 이후 서구 열강을 따라잡기 위한 노력을 부단히 합니다. 그로부터 불과 40년 뒤, 일본은 청일전쟁에서 압도적인 승리를 거두며 동아시아의 질서를 뒤흔들었고 러시아까지 무릎을 꿇렸습니다.

일본의 승리를 지켜본 세계는 경악했습니다. 극동에 있던 변방 국가가 거대 제국 러시아를 상대로 대승을 거두다니, 순식간에 자타가 공인하는 아시아 신흥 강국으로 떠올랐어요. 일본은 뜨거운 자부심과 우월감에 도취되었고 점차 제국주의의 야욕을 키웠습니다.

1910년, 대한제국을 강제 병합한 일본은 제1차 세계대전에서 연합국 편으로 참전해 승전국 지위를 얻으며 식민지 지배권을 더욱 강화할 수 있었는데요. 강대국의 상징인 해군의 군사력도 대폭 키우며 1922년에 열린 워싱턴회의에서는 세계 3대 해군 강국 중 하나로 인정받기도 합니다.

1931년 일본은 만주사변을 일으켜 이듬해 친일 괴뢰 국가인 만주국을 세우는데요. 국제연맹이 일본을 비난하며 군대를 철수하라고 요청하자, 일본은 패기만만하게 국제연맹을 탈퇴합니다. 이어서 5년 후 루거우차오盧溝橋 사건을 일으키며, 그토록 바라던 중국 본토 침략을 본격적으로 시작합니다. 중일전쟁의 서막이 올랐어요.

## 아시아를 호령하겠다는
## 일본의 탐욕

청일전쟁 이후 승승장구하던 일본에게 중국은 더 이상 두려움의 대상이 아니었습니다. 하지만 일본의 예상과는 달리 중일전쟁은 생각보다 긴 싸움이 되었어요. 중국군은 거의 일방적으로 도살되는 상황에서도 계속해서 저항했습니다. 장제스는 처음부터 항복할 생각은 해본 적도 없었습니다. '일본 너희가 아무리 날뛰어도 우리에겐 국제적 지지라는 강력한 무기가 있으니 끝까지 버티겠다' 이런 입장이었어요. 국제사회는 여전히 장제스의 국민당 정부를 인정하고 있었으니까요.

일본은 거대한 전쟁의 진흙탕 속에서 점점 이러지도 저러지도 못하는 곤란을 겪게 됩니다. 이러한 교착상태를 돌파하기 위해 새로운 전쟁을 벌이기로 하는데요. 전쟁의 목표는 석유와 지하자원을 확보할 수 있는 동남아시아였습니다. 동남아시아는 이미 서구 열강이 점령하고 있었으니 충돌은 불가피했어요. 이미 눈에 뵈는 것이 없던 일본은 동남아에 있는 프랑스령 인도차이나를 꿀꺽해버립니다.

결국 1941년, 일본의 행보가 눈에 거슬렸던 미국은 일본으로 수출하던 석유를 완전히 끊어버리며 인도차이나반도와 중국에서 물러나라고 요구했어요. 석유가 끊기는 건 일본에 너무도 치명적이었습니다. 탱크며 전투기, 전함까지 죄다 기름으로 움직이는데 일본은 전체 석유 수요의 약 80퍼센트를 외국에서 수입하고 있었고, 그중 대부분은 미국에 절대적으로 의존하고 있었거든요.

이제 미국의 요구를 받아들이거나 한 판 붙든, 둘 중 하나는 선택해야만하는 상황이었어요. 사실 일본의 지도자들은 미국에 비해 전력이 열세라는 걸 알고 있었습니다. 하지만 강경파 도조 히데키가 칼을 뽑아 들면서 일본은 미국과의 전쟁을 결정합니다.

그렇다면 일본은 왜 하필 진주만을 선택했을까요? 일단 미 해군 전진기지인 하와이 진주만에는 미국의 태평양 전력 대부분이 배치돼 있었습니다. 여길 박살 내서 함대를 한 번에 격파한다면 이를 복구하는 데 시간이 오래 걸릴 것이고, 미국이 잠시 주춤한 사이 일본이 태평양과 동남아 주요 지역을 재빨리 점령하고 미국과는 유리한 조건으로 강화조약을 맺겠다는 계산이었습니다.

그럼 일본이 궁극적으로 꿈꾸던 큰 그림은 뭐였을까요? 동맹인 독일이 유럽 전장에서 승승장구하던 상황이었으니, 일본은 아시아를 호령하는 제국 건설의 야심을 품었습니다. 이를 위해 일본이 외친 슬로건이 바로 '대동아공영권'이었는데요. 서방 세력으로부터 아시아 식민지를 해방한다는 큰 틀 아래 일본을 중심으로 동아시아, 동남아시아 일대의 자립을 도모한다는 허울만 좋은 명분이지요.

그리하여 1941년 12월 7일 오전 7시 59분, 일제의 운명을 건

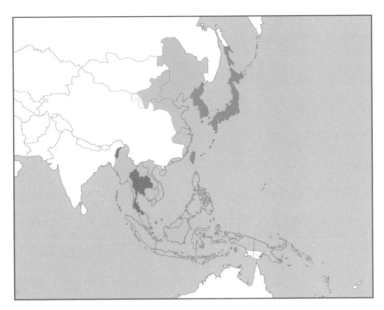

일본이 주장한 대동아공영권의 범위

진주만공격이 시작됩니다. 마치 마른하늘에 날벼락처럼 진주만 기지 비행장이 폭격을 맞고 마비가 되었어요. 선전포고도 없는 공습 소식에 미국은 분노에 휩싸였습니다. 어처구니 없게도 공습 한 시간 뒤, 주미 일본대사가 미국 국무장관 앞에 나타나더니 기나긴 선전포고문을 낭독하기 시작했어요. 미국 장관은 '내가 공직 생활 50년 동안 이렇게 거짓과 왜곡이 가득한 문서는 처음'이라며 분통을 터뜨렸어요.

일본 대사는 내쫓긴 후에야 이미 공격이 시작됐음을 알게 됐습니다. 일본이 선전포고도 없이 치사하게 기습했다는 비난이 있지만, 정확히 말하면 일본의 선전포고문이 늦게 전달된 것이었어요. 원래 공격 20분 전에 선전포고할 계획이었는데 일본 대사관 쪽에서 기나긴 암호문을 해독하다가 생각보다 시간이 더 소요되어 순서가 꼬여버린 겁니다.

그런데 더 놀라운 사실은 미국측에서 선전포고 전 이미 일본측의 다양한 암호를 해독하고 있었다는 겁니다. 하지만 일본의 공습에 대한 정보의 홍수 속에서 미국 정부는 진주만 공습 정보를 대수롭지 않게 취급해서 대비를 하지 못하는 엄청난 실수를 하고 맙니다. 진주만에 있던 미군은 레이더 경고를 착각했고 결국 일본은 진주만 공습에서 기적적인 승리를 거두게 됩니다.

태평양전쟁의 시작을 알린 진주만공격에서 일본 해군은 항공모함 여섯 척을 동원해 적군에 큰 타격을 입혔는데요. 미군은 전함 네 척과 항공기 188대 등을 잃었으나 운 좋게도 항공모함 전력은 보존할 수 있었습니다. 마침 진주만을 떠나 해상에 나가 있던 덕분에 미국의 항공모함 전력은 털끝 하나 다치지 않습니다. 미국은 훗날 이렇게 말하기도 했어요.

**"일본이 그 시설을 폭파했다면 아마 전쟁이 2년은 더 지연됐을 것이다."**

또한 미국 입장에서는 정말 다행스럽게도 원유 저장 탱크나 선박 수리 시설이 고스란히 남아 있었습니다.

진주만공격으로 인해 불타는 미국의 애리조나 전함

## 일본의 행운은 끝이 나고
## 대재앙의 시작

　진주만 공습 이후 일본은 미친 듯이 동남아로 진격했고 연전
연승을 이어갔습니다. 이제 미군의 남은 항공모함 전력을 끝장
내면 자신들이 승리할 수 있겠다며 희망에 들떠 있었으나 일본

의 행운은 여기까지였지요.

그동안 중립을 외치던 미국의 분위기는 진주만 공습 이후 하루아침에 뒤바뀌었습니다. 세계 최강의 미국의 태평양 함대가 일본에 얻어터졌다니, 프랭클린 루스벨트 대통령은 숨도 못 쉴 정도로 화가 났고, 미국 본토가 충격으로 들썩거렸어요.

1941년 12월 8일 연설에서 루스벨트는 12월 7일이 영원히 잊지 못할 치욕의 날이라며 일제를 향한 선전포고를 하며 미국은 제2차 세계대전에 뛰어들게 됩니다. 이 소식을 들은 영국의 윈스턴 처칠은 이렇게 말했다고 합니다.

**"이제 우리 연합군이 이겼다!"**

실제로 1차 대전 때도 미국이 참전한 덕분에 결정적으로 대세가 기울며 결국 연합국이 승리했었는데요. 2차 대전에서 일본은 스스로 고립주의를 표방하던 미국을 들이받아 잠자던 거인을 전쟁의 무대로 끌어올린 셈이었습니다. 2차 대전에 참전한 미국은 거대한 경제적 역량으로 태평양은 물론 유럽 전장까지 엄청난 물자를 투입하기 시작합니다.

미국의 물량 공세로 금방 전쟁이 끝날 줄 알았지만, 진주만 공습으로부터 전쟁이 끝날 때까지 무려 4년이나 소요됩니다. 아무리 미국이라 해도 전시경제 체제가 본격적으로 작동해 효과를 보기까지는 시간이 필요했습니다. 그전까진 파죽지세로 들이받는 일본에 부담을 느낄 수밖에 없었어요. 뒤처져 있는 상황을 반전시키는 데에는 시간이 필요했지만, 미국 국민과 정치인은 하루빨리 일본에 복수하길 원했습니다. 게다가 진주만 공습으로 자존심에 금이 간 미 해군의 사기는 바닥을 쳤지요.

모두의 사기를 높이고 일본의 기를 꺾을 한 방은 과연 무엇일까요? 미군 수뇌부가 떠올린 전략은 바로 일본 본토 공격이었습니다. 1942년 4월, 둘리틀 대령이 지휘하는 B-25 폭격기가 일본 본토 주요 도시에 폭탄을 떨어뜨립니다. 태평양전쟁이 시작된 이후 일본 본토가 최초로 당한 공습이었어요. 이 공습의 전술적 성과는 미미했으나, 전략적 성과는 대단했습니다. 일본 본토 폭격에 대한 뉴스가 떠들썩하게 보도되자 땅바닥까지 떨어졌던 미국 국민과 군인들의 자존심이 단숨에 회복됩니다. 또한 일본에게 안겨준 심리적 타격도 엄청났습니다. 일본인에게 신격화된 존재인 천황이 거주하는 도쿄 위로 폭탄이 떨어지다니, 이건 상상도 못 해본 공포 그 자체였습니다.

이 공습으로 혼비백산한 일본군 수뇌부는 '미드웨이 작전'을 실행하기로 합니다. 일본 본토의 안전을 지키기 위해 미국 항공모함 전력을 절대적으로 없애야 한다고 판단한 거였어요. 그럼 결전의 장은 왜 하필 미드웨이였을까요? 미드웨이는 하와이와 일본의 중간에 위치해서 여길 공략하면 하와이에서 일본으로 향하는 미군의 기동작전을 막을 수 있었습니다. 또한 미드웨이는 하와이를 빼면 태평양의 유일한 근거지였으므로 미 해군에게 있

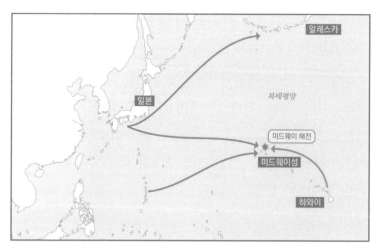

진주만 공습과 미드웨이 해전이 벌어진 위치와 일본과 미국의 공격 경로

어 절대 뺏겨서는 안 되는 전략적 요충지 중 한 곳이었어요. 그러니 일본이 미드웨이를 치면 분명 미 해군 주력이 죄다 몰려올 거고 여기서 그들을 박살 내면 승산이 있겠다고 판단한 것입니다.

미국은 방어 범위를 미드웨이와 알류샨열도까지 넓혔습니다. 미군의 항공모함은 산호해 해전에서 손상을 입었던 요크타운까지 총 세 척이었고 일본군의 항공모함은 네 척이었습니다. 하지만 일본에게 두 번의 행운은 없었습니다. 미군은 이미 일본군의 암호를 해독해서 적군의 목표를 꿰뚫고 만반의 준비를 하고 기다리고 있었지요.

1942년 6월 4일 역사적인 미드웨이 해전이 시작됩니다. 초반 미군의 뚱뚱한 와일드캣 항공기가 일본군 제로센 전투기에 탈탈 털리자 일본 측은 으쓱할 수밖에 없었는데, 진짜 전쟁은 그다음부터였습니다. 일본군이 저공비행 중인 미군의 뇌격기를 상대하는 동안 고공이 텅 비어버리면서 미군에게 절호의 기회가 생깁니다. 일본의 항공모함에서 폭격기들이 고성능 폭탄을 장착하고 있는 순간, 갑자기 고공에서 등장한 미군의 급강하 폭격기가 폭탄을 떨어뜨리며 일본 항공모함의 숨통을 하나씩 끊기 시작했습니다. 미드웨이 해전의 승패의 물줄기를 바꾼 '운명의 5분'이었습니다.

사실상 미국과 일본 양측의 승패를 가르는 핵심은 '누가 먼저 적군의 항공모함 전력을 소탕하느냐'였는데요. 미드웨이 해전의 승패에 영향을 끼친 것 중에는 예상치 못한 요크타운호의 복귀도 한몫했습니다. 요크타운호는 진주만 공습 때 살아남은 항공모함 중 하나인데요. 미드웨이 해전 직전에 벌어진 산호해 해전에서 일본군의 폭탄을 맞습니다. 일본군은 요크타운호를 미국으로 보내서 수리하려면 몇 달이 걸릴 거로 예상했지만, 요크타운호는 응급 수리를 받고 미드웨이 해전에 깜짝 등장해요. 진주만 공습 때 일본이 수리 시설을 고스란히 남겨 둔 덕분에 응급 수리가 가능했지요.

치열한 전쟁 중 일본 항모 중 홀로 살아남은 히류가 반격에 나섰을 때 요크타운은 또다시 폭탄을 맞는데, 2시간 만에 응급 수리를 마치고 불사조처럼 등장해 마지막까지 활약하다 결국 침몰했습니다. 정작 일본은 그들이 침몰시킨 항공모함이 산호해 해전 때 만신창이가 된 요크타운인 줄은 꿈에도 몰랐지요. 요크타운의 복수에 나선 미군의 급강하 폭격기의 공격으로 결국 일본의 히류도 운명을 다합니다.

미드웨이 해전의 결과는 미군의 압도적인 승리였습니다. 6월 4일부터 7일까지 4일간 벌어진 미드웨이 해전에서 일본은 최강 전력이었던 주력 항공모함 네 척과 숙련된 조종사를 대거 잃는 등 회복하기 힘든 타격을 입었어요. 반면에 미군은 항공모함 요크타운호와 구축함 한 척을 잃었을 뿐이었습니다. 미드웨이 해전은 태평양전쟁 개전 이후 미군이 거둔 최초의 승리였으며 태평양전쟁의 중대한 전환점이 된 전투입니다. 이때 우세를 잃은 일본 해군은 대재앙으로 가는 열차에 탑승한 셈이었습니다.


## 일본과의 지상전에
## 돌입한 미국


불리해진 전쟁 상황에 불안해진 일본은 남태평양 솔로몬제도의 작은 섬, 과달카날섬을 점령하기로 합니다. 호주 동북쪽에 있는 과달카날섬은 남태평양의 전략적 요충지인데요. 이곳에 항공기지를 만들면 호주와 미국의 연결을 차단할 수 있었어요. 과달카날섬에 비행장을 건설하기 위해 2,000여 명의 조선인이 강제로 투입되어 밤낮없이 공사를 진행하는데, 활주로 공사가 거의 막바지에 다다르자 위협을 느낀 미 해병이 상륙 공격을 개시합니다. 1942년 8월 7일, 과달카날 전투의 악몽이 시작된 것입니다.

만여 명의 미국 해병대가 일본군을 몰아내자 일본군 지도자들은 과달카날섬을 탈환하라는 명령을 내립니다. 그동안 수많은 전장에서 연전연승해 온 일본이라며 일본 육군은 지상전에 대한 강한 자신감을 보였습니다. 하지만 과도한 자만은 오히려 독이 되었지요. 정신력으로는 미군보다 우월하다고 맹신하던 일본군 지도자들은 정신이 나약한 미군 따위는 일본군 함성만 들어도 줄줄이 무너질 거라고 믿고 그만 병력을 너무 적게 보내고 맙니다.

이렇게 지상전에서 적은 수로 미군 정예 병력과 맞닥뜨린 일본군은 '흰 칼을 총에 꽂고 모두 돌격 앞으로!'라는 전략을 따르는 것이 유일한 선택지였고, 죽을 것을 알면서도 총검을 쥔 채 함성을 지르며 앞으로 돌격할 수밖에 없었습니다. 그 결과 일본군은 미군에게 일방적인 학살을 당하고 말았어요. 일본군 전사자가 약 800명인데 반면 미군 전사자는 43명에 불과했습니다.

일본 지도부는 여전히 핵심적인 문제점을 파악하지 못했습니다. 전쟁 개시 전부터 미군의 정신력을 낮게 평가하던 일본은 무작정 돌진하는 백병白兵 돌격으로 미군을 격파할 수 있다고 여전히 믿었어요. 그렇게 과달카날로 지상군 병력이 계속 추가로 투입됐고 수많은 일본 장병의 무의미한 희생만 반복될 뿐이었습니다. 과달카날섬에서 일본군 약 3만 명 중 2만 5,000명이 전사하면서 엄청난 병력 손실을 보게 됩니다. 결국 1942년 12월에 과달카날섬 철수가 결정되면서 이듬해 일본군이 철수하게 됩니다.

진주만 공습과 과달카날섬 전투를 겪은 미군은 일본군에 대한 경험치도 쌓이며 자신감을 얻습니다. 또한 1943년 중반부터 엄청난 군수물자를 찍어내기 시작합니다. 반면 일본군은 그동안 전투기에 폭탄을 싣고 적군의 전함에 충돌하여 자살 공격을 하며 목숨을 잃은 숙련된 비행기 조종사의 빈자리를 신참 조종사들이 겨우 메꾸고 있었고, 일제의 자랑이던 제로센 전투기는 불타는 종이비행기로 전락한 처지였습니다.

이제 미군은 최종 목표, 일본 본토를 향한 공격에 착수했습니다. 이를 위해 아주 중요한 전략적 요충지가 바로 사이판이었는데요. 미국의 신형 폭격기 B-29가 사이판에서 발진하면 일본 본토까지 수월하게 왕복할 수 있기 때문이었어요. 반대로 얘기하면 사이판은 일본이 절대 사수를 외치던 최후의 방어선이었어요.

1944년 6월, 미군이 사이판에 상륙하면서 일본 해군은 재기 불능 상태로 무너지고 맙니다. 사이판에서 패색이 짙어졌을 때 일본군 지도자들은 군인들과 민간인, 강제 징용당한 한국인들에게도 자살을 강요했어요. 수많은 인원이 약 80미터 높이의 절벽에서 집단 자살한 이곳은 현재 '자살 절벽'으로 불립니다.

사이판이 점령되면서 일본 본토로 가는 대문은 활짝 열렸습니다. 이때부터 일본에는 희망이란 건 없었어요. 하지만 일본은 항복이나 협상 대신 결사 항전을 선택합니다. 미군은 점점 일본의 숨통을 조였지요. 미군이 일본 본토를 폭격하기 위해선 먼저 이오시마나 오키나와 같은 섬을 탈취해 비행장을 확보해야 했습니다.

1945년 2월, 미군이 도쿄 남쪽 이오시마섬에 상륙하는데, 참호를 파고 기다리던 일본군의 마지막 투혼에 미군은 큰 피해를 입게 됩니다. 결국 미군은 약 7,000명의 전사자와 2만 명 이상의 부상자를 낸 끝에 이오시마를 점령할 수 있었습니다. 당시 전투에 참여한 일본군 2만여 명은 끝내 전멸합니다. 당시 지옥 같은 이오시마 전투 소식을 듣고 루스벨트가 그 자리에서 눈물을 흘렸다는 말도 전해질 정도니 얼마나 참혹했는지 상상이 되시나요?


## 원자폭탄 투하로
## 마침내 얻어낸 일본의 항복

1945년 3월 10일 모두가 잠든 새벽. 도쿄 시내에 거대한 화염이 치솟았습니다. 미군의 B-29 폭격기 344기가 소이탄 1,665톤을 투하하며 도쿄를 X자 모양의 불바다로 만든 것입니다. 도쿄 대공습을 앞두고 미 공군에선 의견이 엇갈렸는데요. 민간인 피해를 최소화할 수 있는 고고도 정밀 폭격을 하자는 의견과 무차별 저고도 융단 폭격을 주장하는 세력이 대립했어요. 융단폭격은 마치 카펫이 바닥에 깔리듯이 특정 지역을 폭탄으로 덮어 초토화하는 살육 작전입니다.

폭격 작전을 지휘하게 된 커티스 르메이Curtis LeMay는 한 치의 망설임 없이 융단폭격을 택하며 이렇게 말했습니다.

**"일본을 석기시대로 돌려놓겠다."**

도쿄 대공습이 있던 그 끔찍한 밤에 사망자는 약 10만 명에 달했고 100만 명 이상의 이재민이 발생합니다. 나무로 만들어진 일본 가옥 약 27만 채가 불타면서 도시가 한순간에 잿더미로 변합니다. 그 후로도 르메이는 몇 차례 더 일본을 그야말로 탈탈 털었습니다.

하늘에서 일본 본토를 불바다로 만든 미군은 1945년 4월 1일 18만 명의 대군을 오키나와섬에 상륙시켰습니다. 오키나와 전투는 앞서 살펴본 이오시마 전투와 더불어 일본 영토에서 벌어진 대규모 전투중 하나인데요. 일본군이 본토를 사수하기 위해 미지막까지 죽기 산기로 방어하면서 미군은 막대한 출혈을 입게 됩니다. 특히 오키나와 전투는 가미카제 자살 특공대가 가장 적극적으로 활동한 전투이기도 합니다.

미군은 상식을 초월하는 적군의 행보를 이해할 수 없었습니다. 대체 일본은 왜 저렇게까지 싸우는 걸까요? 그 이유는 한마디로 〈전진훈〉 때문이었습니다. 〈전진훈〉은 '살아서 포로가 되는 치욕을 당하지 말라'는 일본군의 전투 규범입니다.

"부끄러움을 아는 자는 강하다. 항상 고향과 가문의 명예를 생각해서 더더욱 분발하여 기대에 답할 것이며 살아서 포로가 되는 치욕을 당하지 말고 죽어서 죄과의 오명을 남기는 짓을 하지 말라."

– 〈전진훈〉 2장 8절

일본군은 항복을 죄악시하는 교육을 받았기 때문에 항복 권유를 마다하고 차라리 자살을 택하는 거였죠. 일본군은 미군에 비해 가난했기 때문에 물자가 사람 목숨보다 귀했습니다. 그래서 병사들에게 늘 정신론을 강조했고, 병사들은 국가와 천황을 위해 목숨을 바치는 것을 명예롭게 여겼습니다.

이러한 〈전진훈〉으로 인해 오키나와 전투에서 가장 끔찍한 피해를 받은 이들은 다름 아닌 오키나와 주민들입니다. 일본군은 오키나와 주민들을 총알받이로 세우며 미국의 포로가 되지 말고 집단 자살할 것을 명했습니다. 〈전진훈〉이 군인이 아닌 주민들에게도 녹아든 결과였습니다. 명령에 불복종한 주민은 수류탄에 맞아 학살당했어요. 가족과 이웃끼리 서로 죽이고 자결하던 그곳은 생지옥, 그 자체였습니다. 오키나와 전투로 일본군 7만여 명이 사망했고, 오키나와 주민 45만 명 중 약 15만 명이 사망했습니다. 미군도 만여 명의 전사자를 낸 뒤에야 오키나와 점

왼쪽부터 히로시마, 나가사키에 떨어진 원자폭탄이 만든 버섯구름

령에 성공했습니다.

　이오시마와 오키나와, 두 지옥도에서 일본군에게 학을 뗀 미군 수뇌부는 고민에 빠졌습니다. 그 작은 섬에서만 해도 미군의 피해가 만만치 않았는데 일본 본토 상륙작전은 너무 위험해 보였어요. 미군의 손실은 최대한 줄이면서 일본의 광기를 단숨에 꺾어버릴 방법이 뭐가 있을까 고민에 빠졌습니다. 일본은 지난 도쿄 대공습 이후 추가 폭격에도 항복하지 않았고 심지어 1945년 5월, 독일이 항복해서 유럽 전장이 정리됐을 때도 굴하지 않았어요.

　1945년 7월 26일, 포츠담선언에서 연합국의 정상들은 일본에 무조건항복을 권합니다. 그러나 일본은 천황제 유지에 집착하며 이를 묵살해버려요. 미국은 결국 전쟁을 끝내기 위해 최후의 방법을 쓰게 됩니다.

1945년 8월 6일 아침, 일본 히로시마 상공에 작은 폭탄 하나가 떨어집니다. 인류 역사상 최초의 원자폭탄이었지요. 히로시마 원폭으로 7만 8,000명의 시민이 사망했으나 어찌된 일인지 일본은 여전히 항복하지 않았습니다. 일본은 최대한 유리한 조건으로 협상하기 위해 최종 결정을 미루며 꾸물대고 있었던 겁니다. 이어서 3일 뒤, 이번엔 나가사키에 원자폭탄이 떨어집니다.

미국이 원자폭탄으로 일본을 쪼는 동안 북쪽에선 소련의 150만 대군이 만주로, 한반도 북부로 밀고 내려오기 시작했죠. 원래 소련은 일본과 중립 조약을 맺은 사이였기 때문에 일본은 소련이 종전을 중재해 줄 거라고 내심 믿고 있었는데요. 일본의 패색이 짙어지자 스탈린이 조약을 파기하고 일본에 선전포고를 날린 것입니다.

미국은 사회주의 국가인 소련이 유럽에서 승승장구하던 차에 동북아에서까지 활개를 칠까 우려하고 있었는데요. 파죽지세로 밀고 내려오는 소련에 당황한 미국은 소련이 한반도를 통째로 점령하지 못하게 막아야만 했고, 이에 따라 미국은 한반도의 절반인 38도선을 경계로 미국과 소련이 분할 점령하자고 제안합니다. 소련은 미국 원폭의 위력에 기세가 눌렸던 터라 생각보다 순순히 제안을 수락했고, 복잡한 정치 상황 속에서 한반도의 운명이 돌이킬 수 없게 결정되게 됩니다.

　미국의 두 차례 원폭 공격과 소련의 선전포고를 받은 일본은 이제 정말 패배를 인정할 수밖에 없었지요. 1945년 8월 15일, 라디오 방송으로 종전을 선언하는 히로히토의 목소리가 울려 퍼졌습니다. 그리고 9월 2일, 일본 외무대신이 항복문서에 서명하면서 태평양전쟁, 그리고 제2차 세계대전이 막을 내립니다. 일본 제국주의가 해체되면서 한국은 독립했고, 제2차 세계대전에서 승리한 미국은 명실상부한 세계 최강국으로 떠올랐습니다.

# ☧ 태평양전쟁의 역사 ☧

**1937년**
중일전쟁 시작, 난징 대학살

**1941년 12월 7일**
진주만 공습

**1941년 12월 8일**
미국 루스벨트 대통령이 일본에 선전포고

**1942년 6월 4일**
미드웨이 해전 시작

**1942년 8월 7일**
과달카날 전투 시작

**1945년 3월 10일**
도쿄 대공습

**1945년 4월 1일**
오키나와 전투 시작

**1945년 8월 6일**
미국이 히로시마에 원자폭탄 투하

**1945년 8월 9일**
미국이 나가사키에 원자폭탄 투하

**1945년 9월 2일**
일본이 항복문서에 서명

# 미국은 왜 동남아
# 신생국에 패배했을까?

---

# 베트남전쟁

냉전과 제국주의, 민족주의가 뒤엉킨 1960년대, 베트남에서도 잔인한 전쟁의 피비린내가 진동했습니다. 베트남전쟁은 미국 역사상 최초로 패배한 전쟁이며, 특히 한국군이 참전했기에 우리가 더욱 기억해야 할 전쟁입니다. 그렇다면 대체 왜 베트남에서 전쟁이 일어났을까요?

베트남은 1884년부터 프랑스의 식민 통치를 받고 있었습니다. 그러다 제2차 세계대전이 터지면서 프랑스의 힘이 약해진 틈에 일본이 베트남을 꿀꺽 삼켜버렸죠. 이에 베트남의 공산주의 지도자인 호찌민은 1941년 '베트남 독립동맹'을 만들었는데, 이들이 일명 '베트민'입니다. 베트민은 일본군에 맞서 게릴라진을 펼쳤고 그 과정에서 민족주의가 뜨겁게 달아오릅니다. 4년 뒤인 1945년 8월, 미국의 원자폭탄을 맞고 항복한 일본이 베트남에서도 물러나게 되는데요. 독립을 외치던 호찌민은 베트남 북부 지역에서 '베트남민주공화국'의 시작을 선포했습니다.

하지만 이들을 바라보는 프랑스의 시선은 싸늘했습니다. '베트남은 원래 우리 식민지였는데, 독립은 무슨…' 이런 심보로 베트남에 대한 지배권을 되찾겠다고 목청을 높인 거죠. 결국 1946년, 프랑스가 베트남민주공화국을 상대로 제1차 인도차이나전쟁을 일으킵니다. 전차나 전투기 등 최신 무기로 무장한 프랑스군에게 조촐한 무기를 쥔 베트민과의 전쟁은 승률 100퍼센트의 게임과도 같았지요. 프랑스는 압도적인 차이로 하노이를 장악했고 베트민은 산악 지대로 물러났습니다. 이때 산악 지대로의 후퇴는 베트민의 의도적인 전략이었습니다. 어차피 전면전으로 붙어봐야 승산이 없으니 '우리가 빠삭하게 아는 산악 지대를 거점으로 게릴라전을 펼치자'는 계산을 했던 것이지요.

## 산악 지대를 이용한
## 베트남의 승리

베트민의 전략은 프랑스군에게 정확히 통했습니다. 프랑스군은 갑자기 튀어나와 공격하고 순식간에 사라지는 베트민 군대 때문에 아주 미칠 노릇이었죠. 1953년, 프랑스는 전세를 뒤집기 위한 전략적 거점이자 교통의 요충지, 디엔비엔푸를 공격하는데요. 디엔비엔푸는 해발 1,000미터에 위치한 고원 분지로 프랑스군은 이곳을 장악해서 베트민의 보급로와 통로를 틀어막고 병력을 분산시켜 격파하자는 계산이었습니다.

프랑스는 먼저 낙하산 부대를 보내 디엔비엔푸를 손쉽게 선점하고, 보급로를 뚫기 위해 비행기 활주로도 만들고 주변엔 든든한 포병부대도 배치했어요. 참호를 지키던 프랑스군은 자신만만했습니다. '기껏 맨발에 소총 정도나 쥐고 있을 베트민들, 어떻게 끝장내줄까?'

마침내 디엔비엔푸에서 전투가 시작되는데 상황은 상상치 못한 전개로 흘러갑니다. 프랑스군에게 엄청난 양의 포탄이 떨어지기 시작한 거였죠. 어라 이상하다? 여긴 해발 1,000미터 고원인데 운송 수단도 없는 베트민이 저 많은 대공포를 어떻게 가져온 걸까? 프랑스군은 영문도 모른 채 그저 당할 수밖에 없었죠.

베트민의 방식은 아주 단순했습니다. 포를 하나하나 분해해서 사람이 직접 들고 고원지대를 올라온 거였죠. 베트민에는 정규군만 있는 게 아니었습니다. 청년과 여성으로 구성된 2만 명의 주민들이 동원됐고, 이들은 200킬로미터가 넘는 곳에서부터 달려와 개조한 자전거를 통해 물자를 운반했지요. 오직 사람의 힘으로 무거운 군수 장비를 든 채 정글을 뚫고 고원을 올라가서 결

왼쪽부터 보응우옌잡 장군과
호찌민

국 150문 이상의 대포를 배치한 집념의 베트민. 심지어 더 대단
한 건 이동 작업이 프랑스 정찰기를 피할 수 있는 밤에 이뤄졌다
는 사실입니다.

"힘내라! 산은 엄청나지만 우리 힘은 더 엄청나다. 계곡은 깊지만 우리
의 분노는 더 깊다! 해뜨기 전에 대포를 산으로 끌자!"

- 보응우옌잡Võ Nguyên Giáp 장군

프랑스군이 수송기를 통해 손쉽게 보급을 받을 때, 베트민은 자전거로 배달해주는 보급을 받으며 막강한 프랑스군을 격파했습니다. 패배의 원인은 게릴라 수준의 베트민에 대해 수색 정찰도 제대로 하지 않았던 프랑스군의 방심, 그리고 자만이었지요. 이렇게 베트민이 게릴라전과 정규전이 혼합된 전술로 디엔비엔푸 전투에서 승리하면서 제1차 인도차이나전쟁이 끝납니다. 디엔비엔푸 전투는 아시아 식민지가 서양 제국주의에 맞서 승리한 최초의 정규전으로 평가됩니다.

## 프랑스 철수 후
## 분단된 베트남

1954년 7월 20일, 제네바협정이 체결되면서 프랑스군은 베트남에서 철수하게 됩니다. 이제 베트남은 북위 17도 선을 경계로 남과 북으로 분단됩니다. 북쪽은 호찌민 정부가 통치하고 남쪽은 바오다이Bảo Đại 정부가 통치하기로 하고, 2년 뒤인 1956년에 남북 총선거를 실시해 통일 정부를 수립하자고 약속했어요.

불과 2년 뒤 통일 선거를 치러야 하는 극도로 민감한 상황에서 남북 양쪽에선 어떤 일이 벌어졌을까요? 최소한 우리 쪽에선 몰표가 나와야 한다는 압박감 속에 피의 숙청이 시작됐죠. 북쪽에 있던 가톨릭 신자들은 살아남기 위해 남쪽으로 떠났고, 남쪽에 있던 공산주의자들은 죽지 않기 위해 북으로 도망쳤습니다.

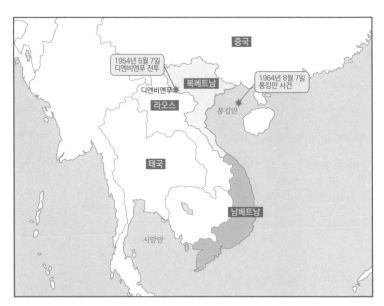

**남과 북으로 갈라진 베트남**

이렇게 남과 북의 이념은 더 뚜렷하게 갈라지게 됐어요. 지금부터 양쪽을 간단히 북베트남, 남베트남이라고 부르겠습니다.

제네바협정이 끝나고 프랑스가 떠난 빈자리는 미국이 차지했습니다. 남베트남을 후견하기 시작한 미국은 1956년에 예정된 총선을 심각하게 우려했어요. 북베트남의 호찌민은 오랫동안 베트남 독립운동을 이끌면서 국민의 지지를 한 몸에 받는 인물인데 비해 남베트남의 바오다이는 너무도 무능한 인물이었기 때문입니다. 이대로 가면 공산주의자 호찌민이 승리할 게 뻔했지요.

미국은 중국 공산화의 영향으로 세계에 연쇄적인 공산주의 도미노 현상이 이어질 것을 우려한 바 있습니다. 미국의 드와이트 아이젠하워 대통령은 이러한 '도미노이론'을 내세우며 남북 분단을 오히려 강화해 베트남 남쪽에 강력한 반공 정권을 세우고자 합니다. 이렇게 반공주의자 응오딘지엠Ngô Đình Diệm이 새로운 대통령으로 등극하면서 1955년, 남베트남에 베트남공화국이 수립됩니다.

세계적으로 냉전이 격화되고 있는 상황에서 남북으로 갈라진 베트남은 북쪽의 공산주의 국가와 남쪽의 자유민주주의 국가로 서로 대치하게 된 거예요. 미국은 응오딘지엠에게 경제적으로나 군사적으로나 든든하게 지원을 해줬지만, 미국의 기대와 달리 응오딘지엠은 나라를 말아먹기 시작합니다. 그는 미국이 준 지원금을 빼돌려서 집안 창고만 두둑하게 채우며 부정부패를 일삼았어요. 특히 가톨릭 신자였던 응오딘지엠은 친가톨릭 정책을 밀어붙이며 수많은 불교 신자를 처형했습니다. 베트남은 80퍼센트가 넘는 인구가 오랫동안 대승불교를 믿은 국가인데 이들을 탄압하니 민심은 바닥을 찍게 됩니다. 불교 탄압과 관련해 당시 세계를 놀라게 한 사건도 있었는데 바로 틱꽝득Thích Quảng Đức 스님의 분신자살 사건이었습니다. 소신공양이라고 해서, 스스로 몸을 불살라서 공양하는 것이지요.

응오딘지엠의 독재에 반발하는 세력은 점점 불어났고 결국 1960년, '남베트남 민족해방전선'이 결성됩니다. 이들은 일명 '베트콩'이라고 불렸는데요. 베트콩은 남베트남에서 응오딘지엠 정권에 반대하는 다양한 세력의 연합이지만 그 중심에는 공산주의 세력이 있었습니다.

미국은 무능한 응오딘지엠의 행보에 한숨이 푹푹 나왔죠. 이런 정치 상황을 파악한 군인들은 3년 뒤 쿠데타를 일으켜 응오딘지엠을 숙청합니다. 이제 남베트남에 군사정권이 들어섰는데, 이들도 만만치 않은 막장이었지요. 권력에 눈이 멀어 툭하면 쿠데타를 일으키며 싸우니 관료들이 부패하기 딱 좋은 환경이었습니다. 남베트남 관료들은 미국이 준 지원금도 꿀꺽하고, 미국이 베트콩 토벌하라고 지원한 무기를 내다 팔았습니다. 황당하게도 그들이 판 무기는 결국 돌고 돌아 베트콩 손에 들어가게 되죠.

이처럼 난리가 난 남베트남 정부를 보며 북베트남은 기회를 포착합니다. 북베트남은 남베트남에 있는 베트콩을 적극 지원하기 위해 '호찌민 루트'를 활용했는데요. 베트남의 운명을 이끈 길이라고도 하는 호찌민 루트는 예전에 프랑스랑 싸울 때 만든 옆 나라 캄보디아와 라오스 정글 사이로 난 약 만 킬로미터의 보급로였어요. 이 보급로를 따라서 북베트남의 무기와 병력이 남베트남으로 전달되며 베트콩은 점점 더 강해집니다.

이 모든 사태를 파악한 미국은 고민에 빠졌습니다. 남베트남이 북베트남에 먹히는 건 시간문제처럼 보였고, 베트남 전체가 공산화되면 주변국까지 공산화될 게 뻔했습니다. 베트남 공산화를 막아야 하는데, 북베트남을 공격할 명분이 딱히 없던 와중에 마침 통킹만 사건이 터지게 되죠.

## 네이탄팜과 고엽제로 얼룩진
## 전쟁의 상흔

　1964년, 미국 군함이 통킹만 해상에서 북베트남의 습격을 받았다는 언론 보도가 나왔습니다. 이 통킹만 사건을 명분으로 미국은 북베트남에 폭격을 퍼부으며 전쟁에 뛰어드는데요. 나중에 〈뉴욕타임스〉는 통킹만 사건에 대한 주요 정보가 왜곡된 상태로 전달됐음을 폭로해 파문이 일기도 했습니다. 미국은 허위 보고를 근거로 베트남전쟁 개입을 결정했다는 비난을 피할 수 없었는데, 개입의 궁극적인 원인은 도미노 이론이었습니다.

　미국이 본격적으로 개입하면서 전쟁은 남북의 전면전으로 확대됐습니다. 미국이 뛰어든 이 전쟁을 통상 '베트남전쟁'이라고 부르는데요. 제1차 인도차이나전쟁과 구분하기 위해 제2차 인도차이나전쟁이라고 부르기도 합니다. 제1차 인도차이나전쟁이 프랑스 식민 통치에서 벗어나려는 베트남의 독립 전쟁이었다면 제2차 인도차이나전쟁은 남베트남을 지원하는 미국과 공산주의 북베트남 사이의 이념 전쟁이었습니다.

　1965년에 약 18만 명을 투입했던 미군은 4년 뒤에는 두 배 이상인 약 48만 명, 최대 54만 명까지 병력을 증강해 투입했습니다. 또한 미국은 한국, 호주, 뉴질랜드, 필리핀에도 파병을 요청했는데요. 베트남전쟁에서 미군 다음으로 많은 병력을 투입한 나라가 바로 한국입니다. 한국은 1964년에 의료진들을 파견한 후 백마부대, 맹호부대, 청룡부대 등 30만 명이 넘는 병력을 파병했지요. 베트남 옆에 있는 라오스, 캄보디아까지 군대가 개입되면서 전장은 베트남을 넘어 인도차이나 전역으로 확대됐습니다.

신무기로 무장한 미군의 전투력은 세계 최강이었습니다. 하지만 외세에 대해 끝없이 투쟁해 온 베트남 역시 만만치는 않았습니다. 미국 역시 베트콩들의 게릴라 공격에 당하고만 있어 답답한 상황이었어요. 꾸찌Củ Chi 지역의 정글 아래로 만들어진 약 250킬로미터의 '꾸찌 땅굴'은 베트콩들의 근거지였습니다. 밤이 되면 땅굴에서 튀어나와 미군을 습격하고 다시 땅굴로 들어가는데, 바로 뒤쫓아도 미군의 커다란 덩치로는 그 작은 땅굴에 들어갈 수 없었습니다. 엄청나게 어둡고 비좁은 땅굴 안으로 들어가면 여러 방향으로 뚫린 통로가 있는데, 땅굴은 지하 4층까지 뚫려 있고, 중간중간에는 식당이나 작전 회의실 같은 공간도 있었습니다.

공중전에 자신 있었던 미군, 하지만 공중에서는 울창한 숲밖에 보이질 않고, 숲속에 숨어 있던 지대공미사일이 여기저기서 항공기를 격추했어요. 보이지 않는 적에 대한 본능적인 불안감이 치솟았죠. 베트남전쟁에서 그토록 민간인 학살이 많았던 이유도 이 때문입니다. 어디서 튀어나올지 모르는 보이지 않는 적, 게다가 지역 주민들은 베트콩을 도와주거나 숨겨주며 게릴라에 합세했기에 저 사람이 민간인인지 게릴라군인지 구별하기가 어려웠다고 하죠.

미군은 네이팜탄 수십만 톤을 투하해 숲을 태우려 했습니다. 네이팜탄은 3,000도의 고열을 내며 반경 30미터 이내를 불태우는 폭탄인데, 숲이 워낙 습해서 네이팜탄 같은 폭탄을 아무리 떨어뜨려도 잘 타지도 않았습니다. 이제 미군은 정글 속에 숨은 베트콩을 향해 수천만 리터의 고엽제를 쏟아부었습니다. 식물의 잎을 말려 죽이는 독한 고엽제는 수많은 사람에게 지독한 후유증을 남겼고, 당시 베트남전쟁에 참전한 한국군 역시 고엽제 후유증을 앓게 됩니다.

한편 악으로 깡으로 버티던 북베트남은 미국을 끝장내기 위한 큰 한 방을 준비합니다. 바로 1968년의 구정 대공세입니다. 베트남에서도 설날은 최대 명절이기에 구정에는 잠시 휴전하는 관습이 있었습니다. 미 연합군이 모처럼 휴식을 취하던 설 연휴, 남베트남 전역에서 느닷없는 총격 소리와 함께 북베트남의 대대적인 공세가 시작됐습니다. 북베트남군은 남베트남의 주요 도시들을 사력을 다해 모두 공격했지만, 기세와는 다르게 내부 통신망을 갖추지 못해 서로 손발이 맞지 않았습니다. 무엇보다도 정글에 은밀히 숨어 있어야 그나마 승산이 있는데, 미군 눈앞에 훤히 노출됐으니 게임 끝이었죠. 베트콩은 사이공에 있는 미국 대사관을 잠시 점령하기도 했지만 결국 미군에 대패하고 말았습니다.

"구정 대공세로 전체 베트콩 중 최소 5분의 1이 사망했다."

– 미국 국방부

미군의 앞으로 전쟁의 승리가 가까워진 이때, 아이러니하게도 미국 국내에선 반전 여론이 들끓기 시작합니다. 미국인들은 그동안 전쟁의 끝이 보인다는 주로 긍정적인 소식만 전해 듣고 있었어요. 1967년 11월 주베트남 미군 사령관 윌리엄 웨스트모어랜드William Westmoreland는 "끝이 보이는 단계에 와 있다"라고 말했습니다. 하지만 기자들의 카메라로 전해진 구정 대공세의 모습은 미국인들에게 큰 충격을 주었지요. 미국 대사관을 점령해 깃발을 휘날리는 적들의 모습을 보고 미국 지도부는 처음으로 어쩌면 질 수도 있겠다고 생각합니다.

또 언론을 통해 베트남전쟁의 참혹한 실상도 알게 되었죠. '네이팜 소녀'로 알려진 사진이 유명한데요. 사진에서는 고작 아홉 살쯤 먹은 소녀가 네이팜탄으로 불붙은 옷을 벗어 던진 상태로 전신에 화상을 입은 채 울부짖고 있는 처참한 광경이 펼쳐집니다. 이렇게 전쟁의 참상을 포착한 사진을 보며 미국인들은 결심했습니다. 더 이상 미국의 젊은이들을 폭력의 늪으로 보낼 수 없다고요.

북베트남군의 주요 전략 중에는 프로파간다가 포함돼 있었습니다. 북베트남을 실질적으로 이끈 보응우옌잡 장군은 이런 말을 남겼습니다.

"군사전략인 동시에 정치전략이었다. 우리도 미군을 섬멸할 수 없으리라는 건 알고 있었다. 하지만 미군의 싸울 의지는 없앨 수 있다고 생각했다. 그게 구정 대공세의 이유다."                          －《약함 너머》, 임종득

한마디로 북베트남군은 정치 전략 면에선 승리했다고 볼 수 있지요. 이제 미국인들은 전쟁을 끝낼 사람을 원했고, 그 결과 1968년 리처드 닉슨이 37대 대통령에 당선됐습니다. 1969년 닉슨은 남베트남군이 스스로 방어하도록 국방력을 강화하고 미국은 단계적으로 철수하겠다는 '닉슨독트린'을 발표했습니다. 여론도 돌아서고, 더 이상 이길 명분이 없는 전쟁에서 패배를 인정하지 않으면서 빠져나가겠다는 거였죠. 이때 만들어진 말이 바로 '출구 전략'입니다. 군사적 피해를 최소화하면서 전쟁을 끝내는 전략으로 특정 상황에서 벗어날 때 두루 쓰이고 있지요.

1973년 마침내 미국, 남베트남, 북베트남, 베트콩 대표가 모두 모여서 전쟁을 중단하자는 휴전협정인 파리협정을 맺습니다. 이로써 제2차 인도차이나전쟁, 베트남전쟁이 공식 종결됩니다.


## 사회주의로 통일된
## 베트남

그러나 1975년 봄, 북베트남군은 미군이 모두 철수한 남베트남을 또다시 공격합니다. 미군이 철수하면서 남베트남에 남은 무기를 엄청나게 지원해줬지만 남베트남은 북베트남의 공격

에 무력하게 무너졌고, 한 달 만에 사이공이 포위됐죠. 남베트남은 허무하게 없어지고 베트남은 사회주의 공화국으로 통일됐습니다. 북쪽에 의해 통일된 베트남, 그 이후엔 어떤 일이 벌어졌을까요? 남베트남을 합병한 북베트남은 민족 통일이라는 명분하에 남베트남의 공산화 작업에 착수합니다. 그 방식은 아주 성급하고 폭력적이었지요.

돈과 땅이 많거나, 남베트남이나 미국과 조그만 연관만 있어도, 노동 수용소에 끌려가 사상 교육을 받으며 죽을 때까지 강제 노동을 당했습니다. 수용소에 끌려간 대부분은 특권층도 아닌 평범한 중산층이었어요. 가난한 베트남에 얼마 남아 있지도 않은 특권층은 미군이 철수하기 전에 이미 나라를 떴거든요. 수십 년간 남베트남 공산화에 공을 세운 베트콩들도 '인간 개조 학습소'에 수감됐어요. 그 이유는 첫째, 배신자들은 한 번 배신하면 계속 배신하기 때문이고 둘째, 남베트남에서 자유의 물을 먹어 사상 개조가 필요하기 때문이라는 거였지요.

베트남이 통일된 지 불과 10년 만에 100만 명이 넘는 사람들이 초라한 나룻배에 몸을 싣고 국가를 탈출했습니다. 이때 바다로 탈출한 이들을 '보트피플'이라고 부릅니다. 미국의 예상대로 공산주의 도미노 현상이 이어지면서 라오스와 캄보디아까지 공산주의 국가가 되었죠. 이 무렵 캄보디아에서는 공산주의자 폴 포트가 양민을 대규모로 학살한 킬링필드 사건이 발생하기도 합니다.

공산주의 정권에서 탈출한 뒤 망명을 원하는 보트피플

베트남전쟁은 사실상 미국이 패배한 최초의 전쟁으로 평가됩니다. 미군이 제2차 세계대전에서 쓴 폭탄이 약 300만 톤인데 베트남전쟁에서는 그 두 배가 넘는 약 700만 톤 이상을 썼다고 해요. 또한 늘 그렇듯 전쟁은 연쇄적인 학살과 보복을 낳았습니다. 남베트남에서는 약 40만 명의 민간인과 약 50만 명의 정부군 사상자가 발생했고, 북베트남군과 베트콩 100만 명이 전사했습니다. 미군 전사자는 5만 명 이상이었고 한국군도 5,000명 이상의 전사자가 발생했어요.

　셀 수 없는 사람들에게 씻지 못할 상처를 남긴 전쟁인 베트남전쟁을 우리는 반드시 기억해야 할 것입니다.

## 🎖 베트남전쟁의 역사 🎖

**1885년**
프랑스의 베트남 식민 통치 시작

**1941년 7월**
일본이 베트남 점령

**1945년**
일본이 베트남에서 물러나자
호찌민이 베트남민주공화국 선포

**1946년 12월 19일**
프랑스가 베트남민주공화국을 상대로
제1차 인도차이나전쟁을 일으킴

**1954년**
제네바협정 체결 이후
프랑스군은 베트남에서 철수,
미국이 남베트남을 후견하기 시작

**1960년**
남베트남 민속해방선선,
일명 '베트콩' 결성

**1963년 11월 1일**
쿠데타로 군사정권이 들어섬

**1964년 8월 2일**
통킹만 사건 발생

**1964년**
북베트남과 미국과의
베트남전쟁(제2차 인도차이나전쟁) 발생

**1965년**
대한민국 베트남전쟁에 국군 파병

**1968년 1월 30일**
구정 대공세

**1968년 7월 25일**
미국 닉슨 대통령이 '닉슨독트린' 발표

**1973년 1월**
베트남전쟁 종결을 위한
파리 평화협정 체결

**1975년 4월 30일**
사이공 함락

**1976년**
베트남 사회주의 공화국 선포

# 피로 물든 신들의 땅은
# 언제쯤 평화를 찾을 수 있을까?

## 중동전쟁

　자살 폭탄, 테러, 피비린내 나는 전쟁의 악습. 이스라엘과 팔레스타인 사이에는 예루살렘을 둘러싼 제로섬 게임이 오늘날에도 끝없이 이어지고 있습니다. 도대체 이들은 목숨을 건 땅따먹기를 왜 끝내지 못하는 걸까요? 아주 오래전으로 거슬러 올라가 예루살렘에 얽힌 역사를 살펴보면, 현재에도 예루살렘을 차지하기 위한 국제적인 갈등이 발생하는 이유를 알 수 있습니다.

　세계 3대 종교가 추앙하는 성스러운 땅, 예루살렘을 품은 이스라엘. 현대 이스라엘 지역의 고대 지명은 '가나안'이었습니다. 약 4,000년 전 유대인의 조상인 아브라함이 가나안 땅에 정착해

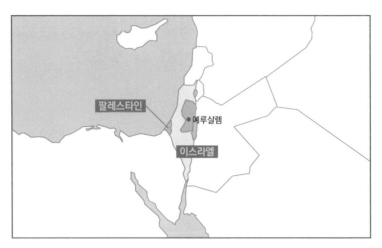

분쟁이 끊이지 않는 이스라엘과 팔레스타인 지역

서 유일신 하나님을 믿는 신앙을 형성합니다. 참고로 아브라함은 세계 3대 유일신 종교인 유대교, 기독교, 이슬람 교회의 공통 조상이기도 합니다.

가나안 지역에 엄청난 기근이 닥치자, 아브라함의 손자 야곱과 그의 12명의 아들을 비롯한 가족이 이집트 나일강 하류로 이주하게 됩니다. 세월이 흘러 노예로 전락한 유대인이 400년간 강제 노동에 시달렸고, 결국 훗날 모세가 민족을 해방시켜 이집트를 탈출합니다. 40년간 광야에서 방랑하는 동안 그들은 진정한 한 민족을 이루게 되었고, 십계명을 포함한 '토라'를 받게 되는데요. 토라는 구약성서의 첫 다섯 편으로 유대교의 가장 중요한 기록입니다. 그 후 유대인은 2세기에 걸쳐 이스라엘 땅 대부분을 정복합니다.

기원전 1020년경, 이스라엘의 첫 번째 왕 사울은 점차 그들을 압박하던 고대 팔레스타인 민족 블레셋을 물리치기 위해 전쟁에 나섰고, 사울의 후계자인 다윗왕이 전쟁에서 승리하며 이스라엘을 강대국의 반열에 올려놓습니다. 또한 다윗왕은 이스라엘의 12지파를 하나의 왕국으로 통합하고, 수도 예루살렘과 군주제가 국가의 중심이 되도록 했죠.

　　약 55년 뒤, 다윗의 아들 솔로몬왕이 지위를 이어받습니다. 서로 자신의 아이라고 우기는 두 명의 엄마들 사이에서 현명한 판결을 내린 것으로도 잘 알려진 '지혜의 왕'인 그는 여러 업적을 남겼는데요. 그중에서도 단연 최고로 꼽히는 것은 기원전 957년 고대 유대교의 중심이 되는 예루살렘성전을 건축한 것입니다. 예루살렘은 유대인에겐 유대교의 원천이 되었어요. 한편으로 예루살렘은 훗날 기독교에서는 예수가 부활한 성지이며, 이슬람교에서는 무함마드가 승천해 신을 만난 장소이기도 합니다. 이렇게 세 종교에서 모두 중요한 성지로 꼽는 곳인 만큼, 예루살렘은 아직까지도 정치·종교적으로 민감한 지역입니다.

## 유대인이 세계 곳곳으로
## 뿔뿔이 흩어진 이유

　　기원전 930년경 솔로몬왕이 죽자, 혼란에 빠진 나라는 북이스라엘왕국과 남유다왕국으로 갈라집니다. 그러나 두 왕국의 평화 역시 오래 지속되지는 못했습니다. 사마리아를 수도로 삼은 북이스라엘왕국은 200년 뒤 아시리아에 함락되었고, 예루살렘 중심의 남유다왕국은 400년 뒤 바빌로니아에 점령당합니다. 이때 바빌로니아는 예루살렘 곳곳과 성전을 파괴하고 대부분의 거주민을 예루살렘에서 내쫓아버립니다. 바빌로니아왕국은 유다왕국의 백성들을 본국으로 끌고 가서 노예로 만들었는데, 이때부터 '유다 사람들'이라는 뜻의 유대인으로 불리게 됩니다.

기원전 538년경, 페르시아가 바빌론을 정복하면서 제국의 주인이 페르시아로 바뀝니다. 페르시아의 고레스왕은 뜻밖에도 다음과 같은 칙령을 내리며 포로 귀향 정책을 펼쳤습니다.

"이스라엘의 하나님은 참 신이시라. 너희 중에 무릇 그 백성된 자는 다 유다 예루살렘으로 올라가서 거기 있는 여호와의 전을 건축하라."

- 에스라 1장

포로로 잡혀 있던 유대인은 이스라엘 땅으로 1차 귀환에 나섰어요. 이들을 이끈 사람이 바로 다윗의 후손인 스룹바벨 Zerubbabel입니다. 또 그로부터 한 세기가 채 지나기도 전에 율법학자인 에스라의 주도로 유대인의 2차 귀환이 이루어졌어요. 이후 바빌론에서 돌아온 유대인은 두 번째 성전을 건축하면서 어느 정도 독립적인 국가를 유지했습니다.

기원전 332년경에는 세계 정복을 꿈꾸는 야망가 알렉산더대왕이 등장합니다. 알렉산더대왕은 마케도니아와 그리스 반도의 도시국가로 구성된 헬라 지역을 통일했는데, 이스라엘 땅 역시 알렉산더대왕이 정복한 고대국가의 일부로 편입되었죠. 유대인은 알렉산더대왕의 계승국인 셀레우코스왕국의 통치를 받게 되지만, 헬라 문화나 관습을 흡수하는 것을 거부했어요. 더욱이 유대교 행사 금지령을 받아들일 수 없었지요.

결국 화가 난 유대인이 혁명을 일으켰습니다. 유대인들이 스스로 세운 하스몬Hasmon 왕조의 주도하에 승리를 이어가자, 셀레우코스왕은 결국 유대 민족의 자치권을 되돌려줍니다. 이후 셀레우코스왕국이 몰락하면서 유대인은 독립을 쟁취했고, 약 80년 동안 하스몬 왕조의 통치하에서 솔로몬 시대에 버금가는 번영을 누립니다.

하지만 기원전 63년, 이스라엘 땅은 로마제국으로 넘어가고 말았습니다. 로마의 지배하에 하스몬 왕인 히르카누스 2세에게는 제한적인 왕권만 주어졌죠. 새로운 정권에 반대한 유대인들이 수많은 반란을 일으켰지만, 로마군에 패배하면서 결국 하스몬 왕조가 끝이 나고, 이스라엘 땅은 로마제국의 한 주州에 속하게 됩니다. 그 뒤로 기원전 37년, 로마는 헤롯을 유대의 왕으로 임명하고, 그에게 넓은 내정 권한을 주었어요. 이제 헤롯은 로마제국 동부의 강력한 군주 중 하나가 됩니다.

그리스 로마 문화의 열렬한 숭배자였던 헤롯은 아름다운 마

헤롯왕이 건설한 450미터 높이의 바위 절벽에 지어진 마사다 요새

사다 요새 위에 화려한 궁전을 세웠습니다. 또한 이스라엘성전을 그 시대의 가장 웅장한 건축물로 증축했어요. 이처럼 헤롯은 많은 업적을 세웠지만 유대 백성의 지지를 얻지 못한 채 눈을 감았고, 그 후 유대 민족은 로마의 직접적인 지배를 받습니다.

유대인만의 생활양식에 대해 로마의 탄압이 심해지자, 분노한 유대인들이 점차 반란을 일으키기 시작했어요. 하지만 전투력에서 우세한 로마군이 결국 승리하면서, 기원후 70년 예루살렘이 함락되고 제2성전이 무너져버립니다. 예루살렘 제2성전에 남은 서쪽 벽이 바로 그 유명한 '통곡의 벽'이지요.

예루살렘 함락은 종교적으로 매우 큰 파장을 초래했는데요. 이때부터 기독교는 유대교와 서서히 갈라지게 됩니다. 또한 유대인들은 이제 세계 곳곳으로 뿔뿔이 흩어지게 되는데, 이때부터 약 2,000년 동안 이스라엘이라는 국가는 지도상에서 완전히 사라집니다. 이 사건을 '디아스포라'라고 하는데 디아스포라는 팔레스타인을 떠나 세계 각지에 흩어져 살면서 유대교의 생활양식을 유지하는 유대인을 지칭합니다.

이후 그 의미가 확장되어 본토를 떠나 타국에서 살아가는 공동체 집단, 혹은 이주 그 자체를 의미하는 단어가 되었습니다. 국가를 상실한 유대인은 세계 각국에서 이방인으로 온갖 차별을 받고 떠돌며 살아갑니다. 그 와중에도 유대 민족과 유대교의 정신은 그들의 종교법인 유대 율법 '할라카'Halakha를 통해 강력하게 하나로 결속하죠.

## 이슬람의 성지가 된 예루살렘

4세기에 콘스탄티누스대제가 기독교를 합법화한 이후 테오도시우스 대제가 기독교를 로마제국의 국교로 채택함으로써 로마제국은 본격적인 기독교 국가가 되었습니다. 더 시간이 지나고 무함마드가 사망한 지 4년이 흐른 636년에 아랍이 이스라엘 땅을 정복하게 됩니다. 아랍 왕조의 지배는 4세기가 넘게 이어졌고, 다양한 칼리프들이 이 지역을 통치합니다.

아랍 왕조의 지배를 받는 사이 예루살렘은 메카와 메디나에 버금가는 이슬람교의 성지가 되었습니다. 시간이 갈수록 비非이슬람교에 대한 사회적 차별이 심해지면서, 아예 고국을 떠나는 유대인이 더욱 늘어났어요. 유대인들이 이렇게 세계를 떠돌아다니며 살아가는 동안, 예루살렘은 긴 시간 이슬람의 땅으로 무슬림에게 추앙받게 됩니다.

11세기부터 13세기까지 약 200년의 기간 동안 십자군 전쟁이 발생하는데요. 로마의 교황이 예수가 부활한 성지인 예루살렘을 이슬람의 손에서 해방시켜야 한다고 주장하면서 십자군 원정이 시작된 것입니다. 이에 유럽 기독교 국가들이 모인 제1차 십자군이 1099년 예루살렘을 점령하고, 이곳에 살던 비非기독교인 대부분을 학살합니다.

유대인들은 방어에 실패하여 불에 타 죽거나 노예로 팔렸어요. 이후 13세기까지 이어진 십자군 원정은 결국 이슬람군에 최종적으로 지면서 실패로 끝납니다. 십자군 원정으로 유럽에서 이스라엘을 연결하는 교통로가 열리며 성지순례가 일반화되었는데, 이때 많은 유대인도 성지순례 길을 따라 고향으로 돌아올 수 있었습니다.

1291년부터 이스라엘은 다시 이슬람교도, 즉 무슬림의 지배를 받게 됩니다. 아이유브왕조에 이어서 맘루크왕조는 십자군이

1291년 이스라엘 도시 아크레를 방어하는 십자군을 그린 도미니크 파페티의 그림

세운 교회를 파괴하고, 이슬람 사원과 학교를 세우며 이슬람 문화를 발전시켜 갑니다. 1517년부터는 오스만제국의 지배가 시작되는데요. 오스만제국 역시 이슬람 국가이기 때문에 전체적으로

보면 성지 예루살렘을 사실상 가장 오랫동안 지배한 종교는 이슬람교인 셈입니다.

19세기에 들어서자 중세 시대는 점차 막을 내리고, 서양 열강에 의해 이스라엘 땅은 새 대륙을 연결하는 교역의 중심이 됩니다. 19세기 말에 이르자 예루살렘의 유대인 인구는 점차 늘어났고, 20세기 초에는 과반수를 차지하면서 히브리어도 부활했어요. 시온주의 운동이 시작될 발판이 마련된 것이죠. '시온주의'란 팔레스타인에 민족국가를 건설하려는 유대인들의 민족주의 운동으로, 예부터 예루살렘과 이스라엘 땅과 동의어로 사용된 '시온'에서 딴 이름입니다.

그동안 세계 곳곳에 뿔뿔이 흩어져 살던 유대인은 소수민족으로서 늘 공동체의 주변에만 머물러 있었고, 너무도 쉽게 집단 증오의 희생양이 되곤 했습니다. 이를테면 유럽에서 흑사병이 발생했을 땐, 유대인들이 우물에 독을 집어넣었다는 소문으로 학살당하는가 하면, 십자군 전쟁에서도 유대인 학살이 수도 없이 일어났습니다. 이는 종교·문화·경제적인 원인이 복합적으로 맞물리면서 중세 유럽에 반유대주의 정서가 만연했기 때문입니다. 유럽인은 유대인을 경멸했으며, 유대 민족은 사회적 차별에 환멸을 느껴왔습니다. 이런 상황에서 이스라엘 땅을 향한 유대인의 애착은 유대 민족이 조상의 땅을 되찾는다는 시온주의 사상까지 이어진 거죠.

# 예루살렘을 둘러싼
# 뿌리 깊은 갈등

제1차 세계대전의 패배로 오스만제국이 해체되었고, 1917년에 승전국 중 하나인 영국이 팔레스타인을 위임통치하게 되었어요. 영국은 불과 2년 전, 팔레스타인에 사는 아랍인에게 전쟁이 끝나면 팔레스타인 독립을 보장한다고 약속하고선, "유대인, 너희가 팔레스타인 땅에 유대인 국가를 건설하는 것을 지지한다"라고 당시 영국의 외무장관 아서 벨푸어Arthur Balfour가 유대인에게는 이와 정반대의 약속을 한 겁니다. 이러한 '벨푸어 선언'으로 아랍인은 뒤통수를 맞았고, 유대인의 시온주의에 기름을 들이붓게 됩니다. 결국 벨푸어 선언이 이스라엘 건국에 촉매 역할을 하면서 현대 팔레스타인 분쟁의 씨앗이 된 셈이죠.

이스라엘의 건국을 지지한다는 영국의 표명으로 이스라엘 땅에 들어오는 이주민의 행렬이 끝없이 이어졌고, 유대인은 이를 민족적으로 부응해 국가를 재건하려는 노력을 이어갑니다. 하지만 아랍인들 입장에서는 황당한 일이었죠. 유대인의 시온주의와 아랍 민족주의는 양극으로 치달으며, 거의 폭발 직전의 상태가 되었습니다.

이렇게 두 민족 간의 갈등이 고조되던 중, 제2차 세계대전이 1939년에 발발합니다. 전쟁 중 나치 정권은 유럽의 유대인 공동체를 말살하려는 계획인 '홀로코스트'를 치밀하게 수행하는데요. 이 과정에서 히틀러는 600만 명에 달하는 유대인을 학살했고, 이로 인해 또다시 유대인의 민족주의 운동인 시오니즘은 급격히 발전합니다.

영국은 두 민족의 대립을 중재하려고 필사적으로 노력하다가, 결국 1947년 팔레스타인 문제를 유엔에 넘겨버립니다. 유엔 총회는 팔레스타인 지역을 둘로 쪼개서 아랍인 구역과 유대인 구역으로 분할하자고 제안하는데요. 유대인은 이 제안을 받아들였으나, 아랍인은 거부합니다. 당시 팔레스타인 지역에서 유대인이 가진 땅은 전체의 6퍼센트였는데, 유엔의 권고대로 땅을 분할하게 되면 유대인은 팔레스타인의 56퍼센트나 차지하게 되는 거라, 아랍인 입장에서는 불평등한 제안이었죠.

유엔의 투표 후, 유엔의 권고를 받아들일 수 없는 아랍인은 이스라엘 땅으로 규정된 지역에서도 떠나지 않고 싸웠고, 이스라엘은 아랍권의 반대에 맞서 텔아비브에서 건국을 선포하면서 아예 쐐기를 박아버립니다. 1948년, 마침내 팔레스타인 땅에 이스라엘이 건국된 것이었죠. 이스라엘이 건국되며 팔레스타인 땅에 살고 있던 70만 명이 내쫓깁니다. 이스라엘 입장에서는 나라 없는 민족으로서 2,000년의 유랑 생활을 끝내고, 드디어 우리의 고향 땅을 되찾아 나라를 세웠다는 의미였지만, 팔레스타인에 살던 아랍인들 입장에서는 하루아침에 삶의 터전을 빼앗긴 난민이 된 대재앙이었어요.

이때 이스라엘의 국제적인 입지는 그다지 좋지 않았는데요.

1947년 유엔 팔레스타인 특별위원회가 제시한 분할안

이슬람교를 믿는 주변 국가들 속에서 이스라엘은 유대교와 기독교를 믿었기 때문입니다. 이스라엘 건국 다음 날, 아랍 국가들이 연합하여 이스라엘을 공격하면서 제1차 중동전쟁이 시작되었고, 이후 이스라엘은 주변 아랍 국가와 총 네 차례의 전쟁을 치르게 됩니다.

먼저 1948년에 발발한 제1차 중동전쟁을 두고 이스라엘은 독립 전쟁이라고 부르고 아랍인들은 팔레스타인전쟁이라고 부르는데요. 당시 이스라엘의 전력은 아랍 국가들에 비해 모든 면에서 열세했어요. 당연히 전쟁은 아랍 국가들의 승리로 끝날 것만 같았지만 이스라엘은 독립된 나라를 지키겠다며 죽기 살기로 싸웠고, 미국의 지원을 받아 신무기로 전투력을 보강하며 전세를 역전시켰습니다. 아랍 국가들은 이스라엘을 과소평가한 데다 각자의 이익을 챙기려다 보니 서로 불신이 가득한 상태였고요.

결국 유엔의 중재로 휴전협정을 맺으면서 전쟁이 종결됐는데 결과적으로 이스라엘은 팔레스타인 땅의 대략 80퍼센트를 차지하게 됩니다. 이로써 팔레스타인 주민 약 80만 명이 인근 아랍 국가로 이동하면서 대규모 피난민이 발생하게 되었어요.

이후에도 유대인과 아랍인의 싸움은 계속 이어지다가 1956년, 제2차 중동전쟁이 발발합니다. 두 번째 전쟁은 '수에즈전쟁'이라고도 불리는데요. 이집트의 나세르 대통령이 수에즈운하를 봉쇄해서 이스라엘의 모든 선박 통행을 금지한 이후 수에즈운하를 국유화하겠다고 선언하자, 당시 이스라엘은 물론 수에즈운하의 대주주였던 영국과 프랑스가 이에 대응해 공격하면서 제2차 중동전쟁이 시작되었지요. 그러나 미국이 즉시 전쟁을 멈출 것을 요구하고 소련도 이를 지지하면서 결국 정전이 이뤄지게 됩니다. 결국 이집트 나세르 대통령은 수에즈운하의 국유화를 인정받으며 아랍권에서 입지를 높이게 됩니다. 또한 제2차 중동전쟁으로 영국과 프랑스가 물러난 중동 지역에 미국과 소련이 앞다투어 진출하기 시작합니다.

1967년에 발발한 제3차 중동전쟁은 '6일 전쟁'이라고도 부릅니다. 인근 아랍 국가로 뿔뿔이 흩어져 난민이 된 팔레스타인인 중에서 유대인을 향한 테러 활동이 이어지며 중동 세계의 긴장이 계속된 가운데 이스라엘과 시리아의 충돌이 있었습니다. 결국 이집트와 시리아, 요르단이 이스라엘과 한판 붙게 됐는데요. 미국의 지원을 받은 이스라엘은 6일 만에 일방적인 승리를 거두며 예루살렘 성지 획득과 함께 독립 초기의 여덟 배가 넘는 영토를 지배하게 됩니다. 팔레스타인 난민은 더 많아지고 아랍 국가의 반미 감정도 더욱 심해집니다.

뿌리 깊은 갈등이 계속 심화되는 가운데 1973년 10월 6일에는 제4차 중동전쟁이 발발합니다. 이 전쟁이 벌어진 시기는 이슬람의 신성한 라마단 기간이자 유대교의 최대 명절이자 속죄일인 욤 키푸르Yom Kippur였기 때문에 '라마단 전쟁' 혹은 '욤 키푸르 전쟁'이라고도 부릅니다.

이집트와 시리아 연합군은 이전까지 세 번의 전쟁으로 잃어버린 아랍 국가의 영토와 자존심을 되찾기 위해 방심한 이스라엘을 기습 공격했습니다. 아랍 국가들로 이뤄진 석유수출국기구 OPEC는 이스라엘을 지원한 서방에 복수하기 위해 석유 수출을 금지하겠다고 선언하며, 이로써 제1차 석유파동 사태가 일어나 세계 경제에 큰 충격을 주었습니다. 제4차 중동전쟁도 우여곡절 끝에 유엔과 미국, 소련의 중재로 종결됐습니다.

1979년에는 미국의 개입으로 이스라엘과 이집트가 평화조약을 맺기도 하는데 이때 이집트가 아랍 국가 중 최초로 이스라엘을 독립국으로 인정하면서 아랍 세계의 배신자로 낙인찍혔습니다. 1980년에는 이스라엘이 예루살렘 전체를 영원한 수도라고 선포하며 대부분의 정부 기관도 예루살렘에 설치했어요. 하지만 국제사회는 이스라엘의 주장을 국제법 위반으로 간주하여 예루살렘의 수도 지위를 인정하지 않았습니다. 1947년 이래로 유엔은 예루살렘의 특수하고 예민한 지리적 역사를 고려해서 그 어느 쪽에도 속하지 않는 국제 특별 관리지역으로 삼는다는 결의를 내놓았었거든요. 그렇기에 현재 각 국가의 대사관도 예루살렘이 아닌 텔아비브에 둡니다.

네 차례에 걸친 중동전쟁 이후에도 신들의 땅은 계속 피와 갈등으로 얼룩졌습니다. 이스라엘 건국으로 난민이 되어 내쫓긴 아랍인은 팔레스타인해방기구를 조직해서 싸워왔는데 1993년에는 미국의 중재로 이스라엘과 팔레스타인해방기구가 서로의 존재를 인정하는 '오슬로협정'을 맺기도 했죠. 하지만 또다시 유혈 충돌, 휴전 협상, 암살, 자살 테러의 악순환이 반복됩니다. 2018년에는 미국 트럼프 대통령이 예루살렘을 이스라엘의 수도로 인정하고, 미국 대사관을 텔아비브에서 예루살렘으로 이전하면서 또다시 유혈 사태가 일어나기도 했습니다.

2,000년 만에 약속의 땅에 돌아왔다는 이스라엘과 삶의 터전을 빼앗겨 버린 팔레스타인, 이들의 뿌리 깊은 대립의 끝은 과연 어디일까요?

**기원전 1047년**
초대 왕 사울로 군주제 성립

**기원전 1000년**
다윗왕이 예루살렘을 수도로 정함

**기원전 957년**
솔로몬왕이 예루살렘성전 완공

**기원전 930년**
남유다왕국과
북이스라엘왕국으로 분열됨

**기원전 722년**
아시리아에 의해 이스라엘왕국 멸망

**기원전 587년**
남유다왕국이 바빌로니아에 정복됨,
바빌론 유수

**기원전 538년**
유대인이 바빌론으로부터 제1차 귀환

**기원전 332년**
알렉산더대왕에게 정복당함,
마케도니아의 지배

**기원전 166년**
그리스 통치에 대항한 마카비 반란 성공

**기원전 63년**
로마 장군 폼페이가 예루살렘 점령

**기원전 37년**
로마의 임명을 받은 헤롯왕이 통치

**636년**
아랍이 이스라엘 지배

**1099년**
제1차 십자군이 예루살렘 점령

**1291년**
맘루크왕조가 이스라엘 지배

**1917년**
영국의 벨푸어 선언

**1939년**
제2차 세계대전 발발,
유럽에서 유대인 대학살이 벌어짐

**1947년**
유엔, 팔레스타인에
아랍과 유대인의 개별 국가를
건설토록 결정(아랍 측은 거부)

**1948년 5월 14일**
이스라엘 건국 선포,
아랍 5개국이 이스라엘 침공한
이스라엘 독립 전쟁(제1차 중동전쟁) 발발

**1949년**
이스라엘과 이집트, 요르단, 시리아,
레바논(이라크는 제외) 간의 휴전협정

**1956년**
수에즈운하 봉쇄

**1956년 10월**
시나이 전쟁(제2차 중동전쟁) 발발

**1967년**
6일 전쟁(제3차 중동전쟁) 발발

**1973년**
욤 키푸르 전쟁(제4차 중동전쟁) 발발

**1973년 10월**
오일 쇼크 발생

**1980년**
예루살렘을 이스라엘의
영원한 수도로 선포

**1993년**
미국의 중재로 오슬로협정 체결

# PART 03

# 대제국 흥망의 역사, 최강국 통사

# 동서양 문명을 잇는
# 제국의 탄생

## 오스만제국

인류 역사상 가장 막강했던 제국은 과연 어디일까요? 각 시대를 제패했던 세계사의 대표적인 제국으로는 보통 로마제국, 페르시아제국, 몽골제국, 대영제국과 같은 이름들이 떠오르겠지만, 빠뜨릴 수 없는 또 다른 제국이 있습니다. 바로 현재 튀르키예의 전신인 오스만제국입니다.

약 600년 동안 존속하며 아시아, 아프리카, 유럽, 세 대륙을 석권했던 오스만제국은 명실상부한 동서양 문명의 교차로였어요. 존속 기간이나 영토, 영향력, 모든 면에서 눈부신 위상을 떨쳤지만 서양 중심의 역사관으로 인해 상대적으로 저평가 받아왔습니다.

15세기 오스만제국이 동로마제국(비잔티움 제국)을 정복한 사건은 서양사에서 중세와 근세를 구분하는 중요한 기점이 되었습니다. 이로 인해 유럽 국가들은 새로운 무역로를 찾게 되고, 결국 대항해시대를 열게 됐을 만큼 오스만제국은 세계사의 중요한 흐름과 긴밀하게 연결되었습니다.

제1차 세계대전에서 패망해 지도에서 사라지기 전까지 거대한 영토를 지배하며 이슬람 세계의 맹주로 군림하던 오스만제국은 작은 공국에서 시작되었습니다. 1299년에 오스만 1세가 오스만 공국을 세웠는데, 건국 초기부터 패기 넘치는 정복 전쟁을 벌였습니다. 오스만 공국이 눈에 불을 켜고 집어삼키려는 목표는 바로 옆에 있는 비잔티움 제국이었습니다. 이제 막 걸음마를 뗀 공국이 어떻게 비잔티움 제국을 노릴 수 있었을까요?

로마제국이 395년에 동서로 분열된 이후 서로마제국이 476년에 몰락한 뒤에도 동로마제국은 약 1,000년의 역사를 더 이어갔습니다. 제국의 수도인 콘스탄티노플의 옛 이름이 '비잔티움'이었기 때문에 서양 학자들이 동로마제국을 비잔티움 제국이라고 부르게 됐어요.

로마의 정통성을 계승한 비잔티움 제국은 오스만 공국이 세워질 시기에 이미 이빨 빠진 호랑이었어요. 외세의 침략과 경제적 약화, 정치적 불안정 같은 많은 문제가 계속 누적되고 있었기 때문입니다. 이미 노쇠한 비잔티움 제국에게 신생국 오스만 공국의 등장은 치명적인 타격이었습니다. 1326년에 오스만 1세가 병사하고, 그의 아들 오르한 가지Orhan Gazi가 수장인 '베이' 자리에 올랐는데요. 그해 오르한은 실크로드 거점 도시 부르사Bursa를 점령하고 이곳을 첫 수도로 삼았습니다.

## 유럽을 탐낸
## 오스만제국

오르한은 똑똑한 외교 전략으로 초창기 기반을 닦았습니다. 아직 국력이 약한 상황에서도 비잔티움 제국을 이용해 유럽 진출의 문을 열었죠. 오르한은 비잔티움 제국을 정면으로 들이받는 건 아직 위험하니, 내부의 황위 다툼을 이용하기로 합니다. 오르한은 요한네스 6세의 황제 즉위를 도와주며 관계를 긴밀히 다지며 요한네스 6세의 딸 테오도라와 결혼했습니다. 비잔티움 제국에 깊이 침투한 오르한은 비잔티움의 승인 아래 유럽의 관문이라 불리는 갈리폴리(현 튀르키예의 겔리볼루)를 점령하며 유럽 땅으로 본격적인 진출을 시작했어요.

1362년에 오르한 뒤를 이어 즉위한 무라드Mourad 1세는 유럽으로 영토를 확장한 위대한 정복자이자 오스만제국의 기틀을 다진 인물입니다. 그는 즉위하자마자 비잔티움의 주요 도시였던 에디르네(아드리아노플)을 꿀꺽한 뒤 새 수도로 삼았습니다. 수도를 유럽 지역으로 옮겨버린 거죠. 1389년에는 코소보 전투에서 유럽 연합군을 크게 무찌르며 발칸반도의 국가들을 지배하게 됩니다.

무라드 1세는 정복지에 간접 통치를 펼쳤어요. 정복지의 군주를 죽이지 않고 기존 영토를 계속 다스리게 하면서, 그들의 문화와 전통을 존중해줬습니다. 대신 조공을 받고 필요할 때 군사 지원도 받으며 효율적으로 통치했어요. 무라드 1세의 유연한 통치 방식은 계속 이어져서 훗날 오스만제국의 확장에 중요한 기반이 됩니다. 이를 통해 다양한 문화와 종교가 공존하는 지역을 원활하게 통합하고 관리할 수 있었으며, 정복한 지역의 불만을 최소화하고 안정적인 제국을 유지할 수 있었지요.

무라드 1세의 또 다른 중요한 업적은 바로 '데브시르메'Dev-şirme 도입입니다. 오스만제국의 최정예 부대인 '예니체리'yeniçeri 와 밀접한 관련이 있어요. 무라드 1세가 열심히 땅도 넓히고 제도를 정비하는 와중에 신뢰할 수 있는 군대가 필요하다고 생각하게 됩니다. 게다가 귀족들의 힘이 점점 세지고 있어서 이들을 견제할 세력도 필요했기에 새로운 군대라는 의미의 '예니체리'를 데브시르메를 통해 육성하기 시작합니다.

데브시르메는 정복지에서 고아가 된 10세 전후의 모범적인 기독교 소년들을 데려다가 관료나 예니체리로 키우는 인력 양성 제도인데요. 유럽에서 온 기독교 소년들은 이슬람식 교육을 받으며 이슬람교로 개종하고, 충성스러운 엘리트 군인 혹은 관료로 성장했어요. 데브시르메 출신은 전통 튀르크 귀족의 견제 세력이 됐을 뿐만 아니라 전쟁터에서 대활약하며 16세기 오스만의 황금기를 열었습니다.

하지만 시간이 흐르면서 예니체리의 권력이 비대해지고 데브시르메는 출세를 위한 창구가 되어 뇌물과 부정부패로 얼룩졌어요. 점차 능력과 충성도가 떨어지는 인물들이 관리와 군인으로 선발되면서 결국 데브시르메는 오스만제국의 발전을 저해하는 요소가 됐습니다.


## 티무르 제국과의
## 목숨을 건 한판승부


무라드 1세를 이은 바예지드Bayezid 1세는 술탄의 칭호를 받으며 이슬람 세계의 시도자로 부상한 인물입니다. 뛰어난 군사능력으로 당대 유럽과 이슬람 세계에 큰 영향을 끼쳤는데요. 오스만제국의 군사력을 과시한 대표적인 전투는 1396년에 유럽연합군에게 대승을 거둔 '니코폴리스 전투'입니다. 이슬람과 기독교 사이의 십자군 전쟁 중 하나로, 니코폴리스 십자군이라고도 불리는 대규모 전투였어요. 명성이 높아진 바예지드 1세는 아바스왕조의 칼리프에게서 술탄의 칭호를 받았고, 명실상부한 이슬람 세계의 지도자로 등극했습니다.

이슬람 세계의 지도자인 칼리프와 술탄은 각각 어떤 의미일까요? 칼리프는 종교적 권위를 가진 지배자고, 술탄은 정치·군사 등 세속적인 영역의 지배자를 뜻해요. 이슬람 창시자인 무함마드가 죽고 나서 정치·종교적 후임자로 칼리프를 뽑았는데, 초기 이슬람 세계에서는 칼리프가 최고의 정치·종교 지도자로 여겨졌습니다. 그러다 나중엔 술탄에게 이슬람 세계를 행정적으로 다스릴 권위를 나눠주었어요. 정리하자면 술탄은 이슬람 세계에서 정치·군사에 집중하는 세속적인 지배자를 의미하며 보통 종교는 칼리프에게 맡겼습니다.

술탄의 지위를 얻은 바예지드는 중앙아시아의 신흥 강자, 티무르의 강력한 도전에 맞서야 했습니다. 티무르 제국은 정치적으로는 몽골제국의 후예임을, 종족으로는 튀르크 민족성을, 문화적으로는 페르시아 문화를, 종교적으로는 이슬람을 표방한 독특한 통치 체제를 갖춘 국가였어요.

15세기 초반의 이슬람 세계를 지배하는 양대산맥이 바로 오스만제국과 티무르 제국이었죠. 티무르 제국은 칭기즈칸의 후예를 자처한 티무르가 1369년에 세운 이후로 1401년경에는 인도부터 서아시아까지 광대한 영토를 차지했습니다. 1402년의 앙카라 전투에서 티무르와 오스만의 술탄이 직접 출정해 자존심을 건 대결을 펼쳤지만, 티무르가 워낙 강력했기에 오스만제국은 무릎을 꿇을 수밖에 없었습니다.

오스만제국의 바예지드 1세는 포로로 잡혀가는 수모를 당했어요. 일설에서는 바예지드가 티무르의 식탁 아래에 갇혀 음식을 먹을 정도로 굴욕적인 대우를 받았다고 하는데 이는 당시의 정치적 심리를 반영하려는 상징적 표현일 것으로 보여요. 다양한 후대 문헌에선 티무르가 바예지드를 정중히 대했다고 나옵니다. 어쨌거나 바예지드 1세는 포로 생활 중에 사망했고, 이것은 오스만제국의 자존심에 큰 타격을 주었습니다. 이제 힘의 균형은 티무르 제국으로 기우는 듯했죠. 하지만 앙카라 전투 이후, 두 제국의 운명은 생각지 못한 방향으로 다시 엇갈립니다.

잠시 티무르 제국의 상황을 살펴볼까요? 앙카라 전투가 끝난 뒤 티무르는 동아시아로 눈을 돌려 명나라를 침략하러 가다가 그만 죽습니다. 티무르가 죽자 제국은 전형적인 멸망의 수순을 밟았어요. 땅은 넓어졌는데 체계적인 지배 구조는 부재했고, 티무르 같은 강력한 통치자는 더 이상 등장하지 않았습니다.

반짝 전성기를 누린 티무르 제국은 결국 1507년, 중앙아시아의 우즈베크인에게 멸망하게 됩니다. 1526년에는 티무르 제국 왕실의 후예이자 칭기즈칸의 후손인 바부르가 인도에서 무굴제국을 세우며 훗날 또 다른 이슬람 세계의 강자로 떠오르게 됩니다.

다시 15세기 오스만제국으로 돌아가 보면, 앙카라 전투의 패배 이후 오스만제국의 왕자들은 차기 술탄 자리를 놓고 오랫동안 싸우다가 1421년, 메흐메트 1세가 위기의 오스만제국을 다시 통합하면서 국력을 회복합니다. 앙카라 전투 이후에 무너진 티무르 제국과 달리 오스만제국은 위기를 잘 회복한 모습이 인상적이지요. 그 뒤에 무라드 2세는 내란을 진압하고 정치적 인징과 중앙집권을 강화하며 예니체리를 개편했습니다. 1444년에는 직접 군대를 이끌고 나가 바르나에서 십자군을 거의 전멸시키는 대승을 거두기도 했어요.

## 천년의 요새,
## 콘스탄티노플이 무너지다

국력이 상승한 상태에서 무라드 2세의 자리를 이어받은 메흐메트 2세는 세계 제국을 건설하겠다는 거대한 야망을 품었습니다. 그는 아버지가 살아 있을 때 황위에 올랐다가 아버지 사망 후 다시 즉위했는데요. 1451년에 복위하자마자 동생을 목욕탕 욕조에서 목 졸라 살해했습니다.

조선 초에도 이방원이 형제들을 살해하고 왕위를 차지했듯, 권력 투쟁 과정에서 이런 잔혹한 일은 인류사 곳곳에서 발견됩니다. 그런데 다른 나라에서는 그저 하나의 사건이었을 뿐 법으로 제도화한 건 아니었잖아요. 메흐메트 2세는 형제 살해를 아예 법으로 정당화했습니다. 세상의 질서를 위해 형제를 법적으로 죽일 수 있다고 말이죠. 오스만에서도 당연히 일반 백성의 살인은 법으로 금했지만, 술탄만큼은 형제를 합법적으로 죽일 수 있었습니다.

형제까지 죽일 만큼 무서운 집념을 가졌던 메흐메트 2세는 앞길에 방해되는 것들은 모두 제거했습니다. 그가 그토록 이루고자 하는 원대한 꿈은 세계 제국 건설이었고, 이를 위해서는 반드시 비잔티움 제국의 콘스탄티노플을 정복해야 했어요. 당시에 비잔티움 제국은 이미 오스만제국에 의해 사방이 포위된 상태였습니다. 오스만이 확장되는 동안 비잔티움의 영토는 심각하게 쪼그라들어서 제국의 수도인 콘스탄티노플 중심의 성곽 근처만 남아 있을 뿐이었어요.

하지만 그 1,000년 묵은 테오도시우스 성벽이 진짜 문제였습니다. 테오도시우스 성벽은 지난 1,000년 동안 침략자로부터 도시를 꿋꿋이 지켜냈어요. 높이 12미터, 두께 5미터에 달하는 거대한 성벽이 세 겹으로 방어해준 덕분에 콘스탄티노플은 난공불락의 도시로 유명했어요. 머릿속에 콘스탄티노플 점령뿐이던 메흐메트 2세는 눈에 불을 켜고 방법을 찾아내야만 했습니다.

그는 성벽을 무너뜨리기 위해 헝가리의 대포 제조 기술자인 우르반Orbán을 고용합니다. 우르반이 만든 대포는 8미터에 달하는 거대한 크기로 한 번에 600킬로그램 정도의 돌 포탄을 거의 1.5킬로미터 거리까지 날려보낼 수 있었습니다. 당대에 볼 수 없던 엄청난 파괴력을 자랑하는 무기였지요. 수많은 병사와 대포를 동원한 메흐메트 2세가 드디어 1453년, 콘스탄티노플로 쳐들어갑니다. 오스만제국은 거대한 대포를 쏘며 성벽을 무너뜨리려 했고 비잔티움 제국은 너무도 열세한 병력으로 밤낮 지칠 틈 없

동로마제국의 수도였던 콘스탄티노플을 방어하는 테오도시우스 성벽

이 방어했습니다.

한편으로 메흐메트 2세는 해상 공격도 병행했습니다. 콘스탄티노플의 북쪽에는 도시를 둘러싼 '골든혼만'이 있었습니다. 그런데 옛날부터 비잔티움 제국은 골든혼만으로 적이 침입할 수 없도록 입구에 굵은 쇠사슬을 연결해 두었기에 그 쇠사슬을 끊고 진입하기가 쉽지 않은 상황이었죠. 메흐메트 2세는 기막힌 발상의 전환으로 위기를 타개합니다. 바다 위로 진입할 수 없으니 배를 옆쪽의 산으로 끌고 올라가는 겁니다. 그리고 튼튼한 쇠사슬 방어선을 지나 골든혼 안쪽으로 배를 다시 끌고 내려갔죠. 결

국 오스만 함선 수십 척이 골든혼만에 기적적으로 진입했습니다. 창의력으로 군사 전략의 한계를 돌파해버린 거지요.

이후에 예니체리는 성과 성 사이의 틈새를 끈질기게 공략하며 대활약했고 결국 성벽을 넘어갔습니다. 치열한 전투 끝에 콘스탄티노플은 오스만제국에 함락되고, 이로써 비잔티움 제국은 1453년에 공식적으로 패망했습니다. 고대 로마제국의 유산을 계승한 중세 유럽의 중심, 비잔티움 제국의 멸망은 세계사에 굵직한 획을 그은 대사건이었죠. 역사가들은 이때를 기준으로 유럽의 중세가 끝나고 근대가 시작됐다고 평가합니다.

콘스탄티노플 정복 이후에 메흐메트 2세는 도시를 빠르게 재건했습니다. 콘스탄티노플은 오스만제국의 새로운 수도로 다시 태어났고, 기존 비잔티움인들과 오스만인들이 더불어 살아갈 국제적인 도시로 변했어요. 세월이 흐르며 콘스탄티노플은 서서히 이스탄불이라는 이름으로 불리게 됩니다. 메흐메트 2세는 동서양 문화에 모두 관심이 깊은 교양인이었고, 정복지에서 흡수된 다양한 종교와 문화를 공존할 수 있도록 했습니다. 이것은 '밀레트millet 제도'라는 오스만제국의 행정 구조인데요. 각각의 종교 공동체가 스스로 고유성과 자치성을 유지하도록 허용한, 당시로선 획기적인 포용 정책이었습니다.

밀레트 구성원은 제국의 일원으로서 세금을 내면서 그들의 정체성을 유지할 수 있었는데, 이러한 정책은 제국의 안정과 통일을 유지하는 기반이 됐습니다. 또한 오스만제국의 콘스탄티노플 함락으로 많은 비잔티움의 학자와 예술가들이 서유럽으로 피난을 가면서 유럽의 르네상스에 중요한 영향을 끼쳤습니다. 그들이 전파한 지식과 문학을 토대로 고대 그리스·로마의 찬란한 문화를 부활시키자는 르네상스가 꽃필 수 있었던 것입니다. 메흐메트 2세는 콘스탄티노플 정복의 꿈을 이뤄낸 후에도 숨 쉴 틈도 없이 영토를 확장했고, 오스만은 명실상부한 제국으로 약 100년간의 찬란한 황금기를 맞이했습니다.

## 오스만제국의 최전성기, 위대한 쉴레이만 1세의 쇠락

메흐메트 2세 이후 1481년에 등극한 바예지드 2세가 확장된 제국을 안정적으로 다스리며 내실을 다진 후 1512년에는 셀림 1세가 등극합니다. 그는 권력을 위해 형제와 조카를 비롯한 가족들을 처형하며 냉혹한 통치자로 평가받는 인물이죠. 셀림 1세는 짧은 재위 기간에 영토를 거의 두 배로 늘리면서 지정학적 지도를 크게 바꿔버린 인물입니다.

특히 셀림 1세는 맘루크왕조가 지배하던 이집트를 정복하였고, 이 과정에서 1517년에 이집트에 거주하던 마지막 압바스 왕조로부터 칼리프 자리를 넘겨받게 되며 이슬람 세계의 종교 지도자인 칼리프 자리가 오스만제국으로 넘어오게 됩니다. 이때부터 1922년경, 튀르키예 공화국에서 술탄제를 공식 폐지할 때까지 이스탄불은 이슬람 세계의 중심이었습니다. 이뿐만 아니라 맘루크왕조가 통치하던 이슬람 성지, 메카와 메디나까지 오스만에게 귀속되면서 셀림 1세는 이슬람 세계의 명실상부한 최고 통치자로 군림하게 됩니다.

1520년부터 오스만제국의 최전성기를 건설한 술탄은 쉴레이만 1세입니다. 그의 치세에 오스만제국은 지중해의 패권을 차지하며 세 개의 대륙을 거느리게 됐어요. 쉴레이만 1세가 유럽을 휩쓸고 다니던 1521년에 저 멀리 아메리카 대륙에서는 아스테카왕국이 스페인에게 정복당하고 있었죠.

쉴레이만 1세는 헝가리를 공격하고 1529년에는 오스트리아로 밀고 들어가 합스부르크가의 심장인 빈을 포위합니다. 유럽 최고의 왕가인 합스부르크가는 당시 스페인, 오스트리아, 네덜란드, 남부 이탈리아 및 신성로마제국의 일부를 지배하며 신성로마제국의 황제도 배출해냈어요. 유럽의 패권을 거머쥐며 막대한 영향력을 떨치는 막강한 가문이었어요.

쉴레이만 1세는 1532년에도 오스트리아에 쳐들어가 유럽을 두려움에 떨게 했고, 결국 이듬해 이스탄불에서 합스부르크 왕가의 대표인 페르디난트 1세와 콘스탄티노플 협정을 체결해 이에 따라 오스만제국은 헝가리의 남중부를 차지하고 조공까지 받았습니다. 쉴레이만 1세는 유명한 해적이었던 바르바로사 Barbarossa를 오스만제국 해군의 최고 사령관으로 임명한 뒤 지

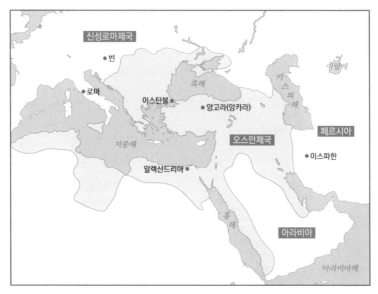

지금의 튀르키예 위치에 자리했던 오스만제국의 전성기 시대의 지도

중해에서 영향력을 넓혀갔습니다.

1538년에 벌어진 프레베자 해전에서 오스만 해군은 베네치아와 스페인, 로마 교황청이 연합한 '신성동맹'과 싸워 승리를 거두었죠. 오스만제국의 위대한 황제로 이름 날린 쉴레이만 1세는 '위대한 법률자'로 불렸습니다. 법률자라는 별명처럼 쉴레이만은 제국의 평등한 법률 시스템을 만들어 부패를 줄이고 공정성을 높인 인물이기도 합니다.

16세기 중반까지 화려했던 영광의 시대는 쉴레이만 1세가 사망하면서 점차 저물기 시작했습니다. 오스만제국이 급격히 팽창하면서 동양과 서양의 중심을 통제하자 유럽 열강들은 아시아와 직접 무역하기 위해 새로운 무역로를 모색했어요. 유럽의 가장 서쪽에 위치한 포르투갈은 일찍이 세계지도를 그리며 모험을 시작했고, 1492년에는 콜럼버스가 스페인의 지원을 받아 신대륙인 아메리카 대륙을 발견했습니다. 대항해시대가 시작된 것입니다. 이후 유럽 열강들은 아메리카와 아시아 곳곳에 식민지를 세우며 세계적인 영향력을 키웠고, 오스만제국은 16세기 후반부터 쇠약해지기 시작했습니다.

내부에서는 권력을 휘두르며 술탄의 지위를 약화시킨 예니체리와 귀족들이 벌이는 각종 부패 현상이 판을 쳤습니다. 중앙정부의 부패, 관료들의 권력 남용, 일관성 없는 법률 규제, 불공정한 세금 징수 등은 사회적 불만을 증폭시켰고, 과학, 기술, 교육 분야에 투자해야 할 자금이 부적절한 곳으로 흘러가자 경제 성장도 지지부진했으며, 유럽 열강과의 기술 격차는 더욱 심해졌어요.

아이러니하게도 오스만제국으로 인해 해상무역에 뛰어들기 시작한 유럽 열강들은 나날이 해군력이 강해지고 있었습니다. 1571년의 레판토해전은 오스만제국의 지중해 패권의 종말을 알리는 중요한 전투였습니다. 스페인의 무적함대가 이끄는 유럽연합 함대에 처참히 짓밟힌 뒤로 오스만제국의 패배는 계속 이어졌어요.

이빨 빠진 호랑이 신세가 된 오스만제국은 17세기 중엽, 다시 오스트리아 빈을 향해 돌진했지만 결국 헝가리를 합스부르크가에 넘겨줘야 했습니다. 1699년에 체결한 카를로비츠Karlowitz 평화조약을 기점으로 유럽 국가들은 오스만제국의 영향력에서 점차 벗어났습니다. 18세기 중반부터 오스만제국을 특히 괴롭힌 세력은 표트르대제 이후 급격히 성장한 러시아였습니다. 러시아는 오스만제국을 장악해서 유럽으로 진출할 통로를 확보하고 싶었고, 그 과정에서 결국 1783년에 크림 지역을 차지했습니다.

1789년에는 세계사의 중대한 사건이 터집니다. 군주제와 귀족의 특권을 부정하는 프랑스대혁명이 발생한 것입니다. 세계에는 국민의 주권과 자유를 중시하는 민주주의의 물결이 넘실대기 시작했고, 19세기 중반부터 발칸반도의 각국에선 민족주의 운동이 벌어졌습니다. 힘없는 오스만제국은 점점 발칸반도에서 물러나야 했죠.

한때 오스만제국이 호령하던 발칸반도는 동유럽과 서유럽, 중동을 잇는 중요한 교차로였기 때문에 이곳을 차지하면 동서무역을 지배할 수 있게 됩니다. 이 중요한 지역에 힘의 공백이 생기자 유럽 열강들은 치열한 경쟁을 벌이기 시작했어요. 게다가 기독교 세계와 이슬람 세계의 중간 지대인 만큼 다양한 민족과 종교 간의 충돌이 잦아서 발칸반도는 '유럽의 화약고'라는 별명을 가졌습니다. 발칸반도의 긴장감은 오랫동안 이어져서 결국 1914년, 제1차 세계대전으로 폭발하게 되지요.

그동안 오스만제국을 다시 일으키려는 노력은 없었을까요? 1839년에 오스만제국은 '탄지마트'Tanzimat 정책으로 근대식 개

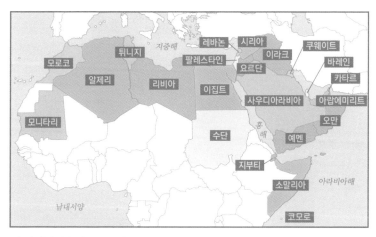

제1차 세계대전 이후 22개의 국가로 분할된 오스만제국

혁을 시도했지만, 성과는 미미했습니다. 결정적으로 제1차 세계
대전이 발발했을 때, 오스만제국은 독일과 오스트리아 동맹국
편에 줄을 섰는데요. 썩은 동아줄을 잡아 패전국이 되면서 국가
가 산산조각이 나고 말았습니다.

　1922년 최후의 술탄, 메흐메트 6세의 폐위와 함께 623년의
역사를 가진 오스만제국은 지도에서 사라집니다. 이후 이 지역
에서 오랫동안 공존했던 이슬람 공동체는 22개의 국가로 분할
되어 끝없는 분쟁의 소용돌이에 휘말리고 있지요. 특히 팔레스
타인을 둘러싼 아랍과 이스라엘의 갈등은 앞선 중동전쟁 편에
서 자세히 확인해보실 수 있어요. 오스만제국이 멸망한 이듬해
1923년, 케말 파샤를 초대 대통령으로 하는 튀르키예 공화국이
건국되면서 오늘날에 이르게 됩니다.

**1299년**
오스만 1세, 오스만 공국 건국

**1326년**
오르한 1세가 부르사를 점령

**1362년**
무라드 1세가 비잔티움의
아드리아노플을 점령

**1396년 9월 25일**
니코폴리스 전투 승리

**1402년**
앙카라 전투에서 티무르왕조에게 패함

**1453년**
메흐메트 2세가 콘스탄티노플 공격,
비잔티움 제국 멸망

**1512년**
셀림 1세가 술탄의 자리에 오름

**1517년**
오스만제국의 술탄이
칼리프 자리까지 차지

**1520년**
쉴레이만 1세 시대가 열리면서
황금기를 누림

**1529년**
제1차 빈 공방전

**1538년**
프레베자 해전 승리

**1571년**
신성동맹 함대와의
레판토해전에서 참패

**1683년 7월 17일**
제2차 빈 공방전

**1914년 11월**
오스만제국 제1차 세계대전 참전

**1918년 10월 30일**
오스만제국 연합국에 항복

**1922년**
마지막 술탄 메흐메트 6세가 폐위됨

**1923년 10월 29일**
튀르키예(터키) 공화국이 설립

# 유럽과 이슬람의 경계,
# 이베리아반도를 둘러싼 패권 전쟁

# 스페인

포르투갈과 함께 대항해시대를 연 최초의 식민 제국, 스페인이 위치한 곳은 이베리아반도입니다. 유럽 서쪽 끝에 위치한 이베리아반도는 지중해와 대서양에 둘러싸여 있는 문명의 교차로였습니다.

기원전 500년경, 페니키아인의 후예인 카르타고 사람들이 이베리아반도에 들어옵니다. 해상무역의 달인이었던 카르타고는 스페인 전역에 세력을 넓히며 지중해의 심장부에서 무역을 통해 막대한 부를 축적합니다. 그러자 이탈리아반도를 제패하며 성장한 로마가 서부 지중해 강자가 된 카르타고를 견제해 전쟁을 일으키는데요. 이것이 기원전 264년부터 기원전 241년까지, 시칠리아섬 지배권을 두고 벌어진 제1차 포에니전쟁입니다. 제1차 포에니전쟁에서 로마제국이 승리하면서 카르타고는 이탈리아 시칠리아섬의 지배권을 잃은 데다가 배상금까지 지불하느라 경제적으로 위기에 처합니다. 시칠리아섬의 카르타고 육군 사령관이었던 하밀카르 바르카Hamilcar Barca는 로마에 대한 치욕을 잊을 수 없어 이를 갈고 군대를 키웠습니다.

기원전 221년에는 그의 아들 한니발이 카르타고 식민지를 통치하게 되는데요. 기원전 218년, 팽팽했던 긴장감이 폭발하면서 한니발의 카르타고와 로마가 제2차 포에니전쟁을 시작합니다. 청년 장군 한니발은 뛰어난 전술로 2년간 로마의 10만 정예병을 격파했으나 로마 연합 시민들은 독립을 수호하기 위해 단합했습니다.

이때 로마를 하나로 똘똘 뭉치게 한 힘은 바로 '시민권'이라는 제도였는데요. 인종·출신·종교·배경이 달라도, 로마에선 시민으로 인정받을 수 있었던 거였지요. 평등한 시민들의 단합력과 로마의 영웅 스키피오의 활약으로 로마는 제2차 포에니전쟁에서도 대승을 거둡니다. 전투에서 패배한 카르타고는 스페인 땅에서 완전히 영향력을 잃게 되었죠.

결국 이베리아반도를 차지한 로마제국은 특히 은광을 통해 엄청난 부를 얻게 되고, 이베리아반도에 살고 있던 다양한 민족은 이제부터 로마의 깃발 아래 하나로 뭉치게 되는데요. 이때 흘어져 있던 이베리아의 여러 민족이 결합한 것은 훗날 스페인의 역사에 큰 영향을 주게 됩니다. 로마의 지배하에 놓인 스페인은 로마법 아래 모두가 라틴어를 사용하며 점점 로마에 동화되기 시작하는데요. 스페인의 주요 도시에는 로마의 문화가 흡수되었고 스페인은 이제 단순한 식민지, 속국을 넘어 로마제국의 일원이 됩니다.

## 게르만족의 대이동과
## 서고트 왕국의 설립

4세기 후반이 되자 게르만족의 대이동이 시작됩니다. 게르만족이 고향을 떠나 새로운 땅으로 대거 이동한 것은 생존의 문제였어요. 중앙아시아의 훈족을 비롯한 유목 민족이 압박해왔고, 기후 변화로 혹독한 추위로 인해 땅이 얼어붙으며 식량 확보가 어려워졌습니다. 그래서 고트족, 프랑크족, 앵글로색슨족 등의 다양한 게르만족은 동북쪽 유럽에서 서남쪽의 비옥한 로마제국 방향으로 이동합니다. 로마와 접촉하기 시작한 게르만족은 중세 유럽 역사에 깊숙이 침투하여 각국의 흥망성쇠에 중요한 역할을 하기 시작했습니다.

훈족이 동고트족을 정복하자, 전투에 승산이 없던 서고트족은 로마제국의 허락을 받아 376년부터 로마에 이주해 살게 됩니다

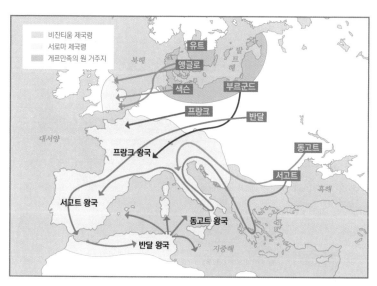

게르만족의 대이동을 나타낸 지도

다. 넓은 영토를 방어하기 힘에 부쳤던 로마는 다른 이민족을 국경을 지키는 용병으로 쓰기도 했는데요. 서고트족 역시 이민족의 침탈을 방어해 주는 조건으로 로마에 들어와 살 수 있었습니다. 하지만 서고트족이 머물던 지역의 관리들이 서고트족을 괴롭히기 시작합니다. 그들에게 혐오 동물 고기를 비싸게 팔고, 노예로 착취하며 차별과 부당한 대우를 일삼았어요. 차별과 빈곤 속에서 고통받던 서고트족은 굶어 죽을 바엔 싸우다 죽자는 마음으로 반란을 일으킵니다.

이 반란은 성공적이었습니다. 로마제국은 서고트족을 진압하는 데 실패했고, 혼란을 틈타 게르만의 여러 부족은 이제 로마제

조제프 노엘 실베스트르가 그린 서고트족의 로마 약탈

국을 마구 헤집고 다니며 행정 조직을 무너뜨립니다. 가뜩이나 부패한 관리의 부정부패와 극심한 빈부 격차로 흔들리고 있었던 로마제국은 결국 5세기 후반 멸망하고, 전 유럽 대륙에 걸쳐 게르만 왕국이 건설됩니다.

이 무렵 세워진 게르만 왕국으로는 이탈리아의 동고트왕국, 북프랑스의 프랑크왕국, 영국의 앵글로색슨 왕국 그리고 스페인의 서고트 왕국이 있습니다. 이베리아반도를 지배한 서고트 왕국은 서로마제국이 멸망한 이래 가장 강력한 왕국으로 군림하며 이 지역을 약 300년 동안 통치했어요.

## 800년 만에
## 이슬람 세력을 몰아내다

서고트 왕국은 711년, 내부 갈등과 북아프리카에서 온 이슬람 세력의 침공으로 붕괴됩니다. 이슬람 세력이 이베리아반도를 정복하는 동안 아랍 본토에선 압바스 가문이 반란을 일으켜 칼리프의 지위를 빼앗는데요. 이때 칼리프 지위를 빼앗긴 우마이야왕조의 아브드 알라흐만Abd al-Rahman이 750년에 이베리아반도로 들어옵니다. 스페인 코르도바에 정착한 그는 756년, 새로운 이슬람 국가인 '알 안달루스'Al-Andalus를 세우고 자신을 아브드 알라흐만 1세라고 칭합니다.

이슬람교도가 이베리아반도에 지은 알람브라궁전

    알 안달루스의 수도인 코르도바는 유럽에서 제일 번영하는
도시로 발전했고 이후 스페인의 문화와 경제를 번창하게 합니
다. 그러나 시간이 지나면서 알 안달루스는 내분으로 흔들렸고,
1031년에는 군주 한 명이 통치하던 칼리프 왕국이 사라집니다.
이제 나라는 여러 소왕국으로 분할되어 도시마다 군주들이 난립
하기 시작했죠. 이슬람 소왕국들이 혼돈의 시대를 보내는 동안
프랑스 쪽에 위치한 스페인 북부 지역에서는 힘을 키운 가톨릭

세력이 남하하고 있었습니다. 가톨릭 세력은 레온왕국, 카스티야왕국, 아라곤왕국, 나바라왕국, 카탈루냐 왕국으로 발전하면서 이슬람 세력과 전투를 벌이기 시작합니다.

결국 14세기 초, 이슬람 세력은 카스티야왕국 중심의 가톨릭 연합군에 대패하여 '그라나다왕국'을 제외한 모든 왕국의 지배권을 잃어버립니다. '레콩키스타'Reconquista는 '재정복'이라는 의미의 스페인어인데요. 8세기부터 15세기에 걸쳐 이베리아반도를 지배하던 이슬람 세력을 축출한다는 의미로 쓰였습니다. 가톨릭교도가 이슬람교도에게 빼앗긴 영토를 되찾는다는 국토 회복 운동인 레콩키스타는 약 800년에 걸쳐 지속되어요. 이 전쟁은 1492년 이슬람 마지막 왕국의 수도인 그라나다의 지배권을 빼앗을 때까지 계속됐습니다. 그라나다 언덕 위에 자리한 알람브라궁전은 이슬람교도가 이베리아반도에 남긴 최고의 건축물 중 하나로 손꼽힙니다.

1469년, 이베리아반도에서 가장 큰 영향력을 쥐고 있던 두 왕국이 혼인 동맹을 맺습니다. 바로 카스티야왕국의 이사벨 여왕과 아라곤왕국의 페르난도Fernando 2세죠. 그들의 결혼으로 이베리아반도의 기톨릭 왕국이 통합하게 됩니다. 1479년에는 부부가 '가톨릭 공동 왕'이라는 칭호를 수여 받게 됩니다.

이들은 1492년, 이베리아반도에 남아 있던 마지막 이슬람 세력을 그라나다에서 몰아내며 800년에 걸친 유럽의 숙원을 풀기도 해요. 그리고 그해, 이사벨은 가톨릭 왕국의 통일을 확고히 하기 위해 가톨릭으로 개종하지 않은 자들을 모조리 쫓아내는데 요. 그중에서 특히 우수한 능력을 지닌 유대인을 추방한 것은 결 국 나중에 큰 실책이 되고 말았습니다.

당시 스페인의 의사와 재정 관리자의 대부분은 유대인이었 습니다. 이베리아반도의 경제권을 장악한 유대인은 스페인의 두 뇌와도 같았는데, 이사벨의 정책으로 인해 유대인이 대거 이탈 되며 스페인의 재정이 흔들리기 시작합니다. 다양성을 아우르지 못한 스페인은 보수적인 차별 정책으로 국가 성장에 기여할 인 재들을 스스로 내보낸 셈이었죠.

## 신대륙 발견으로 시작된
## 최초의 해가 지지 않는 제국

하지만 이사벨 여왕에게는 위기를 극복할 신의 한 수가 있었 습니다. 그녀의 이야기에서 빼놓을 수 없는 인물이 바로 신대륙 을 발견한 콜럼버스인데요. 신대륙 탐험 자금을 후원 받기 위해 유럽 왕실을 떠돌며 연신 거절만 당하던 그는 이사벨 여왕을 만 나 드디어 자금 지원을 받게 됩니다.

이사벨은 영토 확장과 가톨릭 전파를 위해 그를 적극적으로 후원했고, 이 선택은 막대한 금과 자원이 되어 스페인으로 쏟아 져 들어옵니다. 이로써 향후 200년간 '스페인 황금시대'가 열리며 식민지 개척이 본격적으로 시작되죠. 또한 '가톨릭 왕'들의 둘째 딸 후아나Juana는 신성로마제국 황제의 아들인 펠리페 대공과 결혼해 카를로스Carlos를 낳았는데요. 합스부르크 왕조의 피가 섞인 카를로스는 1516년, 스페인의 왕위를 계승합니다.

카를로스는 스페인에선 카를로스 1세, 신성로마제국에선 카를 5세로 불립니다. 그 외에도 카를로스의 직함은 스페인 왕, 신성로마제국 황제, 이탈리아 왕, 독일 왕, 네덜란드 영주, 오스트리아 대공에 걸쳐 약 20가지에 이릅니다. 그가 이렇게 거대한 영토를 다스리게 된 것은 든든한 배경인 합스부르크 가문 출신이었기 때문이지요. 유럽 최대의 왕실 가문 중 하나로 거듭난 합스부르크 가문은 15세기 중반부터 약 300년 동안 스페인, 영국, 프랑스 등 여러 왕실과의 전략적인 혼인을 진행했어요. 그러면서 자연스레 유럽 여러 국가의 왕실이 사돈의 팔촌으로 엮이게 됩니다.

이런 배경 속에서 카를로스 1세(카를 5세)는 1519년에 할아버지로부터 합스부르크 왕조의 모든 영토와 해외 땅까지 상속받으며 19세에 세계 거대 제국의 주인이 됩니다. 그가 지배한 영토는 영국과 프랑스를 뺀 서유럽 일대를 비롯하여 아메리카 대륙의 식민지와 아시아의 필리핀에 이르렀습니다. 16세기 스페인에서 세계 최초의 '해가 지지 않는 제국'이 탄생한 것입니다. 16세기 중반, 카를로스 1세가 합스부르크 제국을 분할해 아들과 동생에게 각각 상속하는데요. 이때 스페인과 식민지는 아들인 펠리페 2세가 물려받고 신성로마제국은 동생 페르디난트 1세가 물려

1557년, 펠리페 2세가 프랑스에 승리한 것을 기념하기 위해 21년간 지은 엘에스코리알 궁전

받게 됩니다.

　그러나 스페인을 물려받은 펠리페 2세는 막대한 영토와 함께 생각지도 못한 빚까지 물려받았어요. 예전 유대인 추방에서부터 무너진 경제 상황으로 국고 수입은 죄다 저당 잡혀 있던 것이죠. 결국 그는 다음 해, 최초의 파산 선언을 합니다.

하지만 해가 지지 않는 나라의 위상을 이어가기 위한 팽창정책은 계속되었고, 멈출 줄 모르는 전쟁은 경제 상황을 계속 악화시켰습니다. 결국 펠리페 2세는 1560년, 또다시 파산 선언을 하고 말았어요.

레판토해전에서 승리한 이후 막대한 군사비에 쪼들리게 된 스페인. 낌새를 눈치챈 채권자들에 의혜 상승한 이자가 40퍼센트에 육박하자 1575년 또다시 파산을 선언합니다. 이 와중에 1580년, 알칸타라Alcántara 전투에서 승리한 펠리페 2세는 포르투갈을 스페인 제국으로 합쳤어요. 이로써 스페인은 세계 최대의 무역 함대를 소유하게 되었고 포르투갈의 여러 식민지까지 속국으로 만들게 됩니다. 그리하여 펠리페 2세 시대, 잦은 파산 선언에도 불구하고 스페인은 무려 네 개 대륙에 걸친 지구상 최대의 제국으로써 전성기를 이룩합니다.

## 이류 국가로
## 순식간에 몰락하다

스페인을 세계 최강국으로 만들겠다는 야망을 품은 펠리페 2세는 1588년, 영국을 정벌하기 위해 무적함대를 파병하는데요. 세계 최강의 무적함대를 소유했다는 자만에 빠진 스페인은 철저히 훈련한 영국 함대에 처참히 패배합니다. 이로써 대영제국은 새로운 '해가 지지 않는 나라'로 등극하게 되어요.

한편, 이미 30년 전부터 경제 기반이 무너져온 스페인은 군사력에서도 위험 징조를 보이며 국력 쇠락의 급행열차에 탑승하고 말았습니다.

막스 베버의 추계에 의하면, 여러 나라와 전쟁을 벌이느라 국가 수익의 70퍼센트가 군사비로 낭비되었고 국고는 파탄이 난지 오래입니다. 신대륙에서 들어오는 귀금속을 담보로 계속해서 빚을 지고 재정 위기를 해결하기 위해 저급한 동전을 찍어내니 결국 인플레이션이 가중되어 물가와 세금이 오르고, 나라에 돈이 없으니 사람들은 영주권과 귀족 작위를 돈 받고 팔기 시작하는데요. 돈 주고 관직을 산 외국인들이 나랏일에 관여하기 시작하자 스페인 국민의 불만이 불거집니다.

치솟은 이자율로 기업을 운영할 수가 없었고, 국민은 노동 의욕을 잃고, 왕실은 빚에 대한 거액의 이자를 지출하느라 민간에 흘러갈 자본이 남아 있지 않았어요. 스페인은 시장경제와 동떨어진 방향으로 걷고 있었습니다.

결국 1596년, 스페인은 또다시 파산 선언을 하며 17세기에는 네덜란드와 포르투갈이 독립하게 됩니다. 로마 이래 가장 강력했던 스페인 제국은 불과 한 세기 만에 유럽 이류 국가로 몰락합니다. 빛나던 전성기를 등져버린 스페인에는 이제 어떤 일들이 이어질까요?

1700년, 합스부르크 왕가의 마지막 왕인 카를로스 2세가 후계자 없이 세상을 떠난 이후 스페인의 왕좌를 차지하려는 유럽 국가들의 다툼이 일어나고, 결국 프랑스의 부르봉왕조가 승리하게 됩니다. 부르봉왕조의 펠리페 5세가 스페인의 국왕이 됐다는 것은 곧, 유럽의 주도권을 프랑스가 차지한다는 의미였습니다. 그 때문에 신성로마제국과 영국, 네덜란드 등이 동맹을 맺고

1702년 프랑스와 스페인에 선전포고하면서 스페인 왕위 세승 전쟁이 확대됩니다.

스페인 왕위 계승 전쟁은 1701년부터 1714년까지 13년간 이어졌어요. 결국 펠리페 5세가 마드리드를 탈출하고 프랑스군이 패배하면서, 1710년 카를로스 대공이 마드리드에 입성합니다. 하지만 동맹국은 오스트리아 왕위를 계승하는 카를로스 때문에 오스트리아와 스페인이 하나 되어 막강한 힘을 누릴까 두려웠고, 결국 영국과 네덜란드가 펠리페 5세에게 새로운 제안을 합니다.

**"프랑스 왕위 계승권을 포기하면 스페인 국왕 자리는 인정해줄게!"**

결국 펠리페 5세는 1713년 위트레흐트조약에 따라 프랑스 왕위 계승을 포기하고 스페인의 왕좌를 차지하게 됩니다. 이렇게 스페인 제국 전체를 통치하게 된 부르봉왕조의 펠리페 5세는 각 왕국의 자치권을 박탈하고 근대적인 중앙집권 국가를 위한 기틀을 다져갑니다.

이 조약으로 유럽 각국의 세력은 균형을 이루게 되었지만, 스페인은 소유했던 영토를 다수 잃으며 큰 타격을 입고, 이제 세계 강대국의 대열에서 완전히 이탈하게 됩니다.

# 전쟁과 독재로
# 뒷걸음질치다

1808년, 나폴레옹은 스페인을 점령하고 그의 형 조제프 보나파르트, 즉 호세 1세를 국왕으로 앉혀버립니다. 하지만 나폴레옹의 예상과는 달리, 스페인 국민은 침략자에 대한 반감으로 똘똘 뭉쳐 강력하게 저항했어요. 성난 민중들은 각종 무기나 몽둥이를 들고 매복했다가 불시에 나타나 나폴레옹군에 저항하는데, 여기서 '게릴라'라는 말이 유래합니다.

이러한 저항에도 불구하고 1년 뒤, 프랑스군은 스페인 영토 대부분을 장악해버리는데요. 프랑스에 적대적이었던 영국의 도움을 받아 프랑스를 철수시킨 스페인은 나폴레옹이 유폐시킨 페르난도 7세를 1814년 다시 왕위에 올리게 되고, 그동안 아직 스페인 식민지였던 아메리카 대륙에 독립의 열기가 뜨거워지면서 결국 쿠바와 푸에르토리코 등의 스페인 식민지가 독립하게 됩니다.

또한 나폴레옹의 지배하에 있던 시기, 스페인 민중들이 모여 카디스 헌법을 제정했습니다. 앞으로 왕은 의회의 결정을 따라야 한다는 최초의 민주 헌법이었죠. 하지만 마드리드로 돌아온 페르난도 7세는 이 카디스 헌법을 완전히 무시했고 보수주의자와 자유주의자의 대립이 증폭되어 결국 내전이 발생합니다. 이 시기 유럽을 휩감은 자유와 평등, 민주주의의 새로운 물결 속에서 스페인 또한 기나긴 이념 싸움이 시작된 것입니다. 정국의 혼란이 이어지던 1868년, 이사벨Isabel 2세가 도주하면서 스페인에는 급진 자유주의자들의 정권이 시작되었고 1년 뒤 왕위 계승자를 찾는 임무를 맡은 후안 프림Juan Prim 수상은 이탈리아 사보이가의 아마데오Amadeo를 지명하고, 그를 새로운 왕으로 옹립합니다.

하지만 아마데오를 지지하던 프림 장군이 암살된 데다, 외국 출신의 왕을 반대하는 자들이 난무하는데요. 이런 대혼란 속에서 고통받던 아마데오가 결국 1873년 퇴위를 선언합니다. 그러자 의회는 투표를 통해 스페인 공화정을 수립하는데요. 1년도 안 되는 기간에 4명의 대통령이 통치하는 등 심각한 무질서 상태가 이어집니다. 그래서 1874년, 스페인 제1공화국은 1년 만에 붕괴되고 이사벨 2세의 아들인 알폰소 12세가 부르봉왕조를 재건하여 스페인은 입헌군주국이 됩니다.

1898년, 쿠바 문제로 미국과 스페인 사이에 미서전쟁이 발발합니다. 미국에 패배한 스페인은 마지막 식민지였던 쿠바와 푸에르토리코, 필리핀과 괌을 미국에 넘겨줍니다. 미서전쟁 이후 두 국가의 운명은 극과 극으로 달라지는데요. 신흥 국가 미국의 힘이 비약적으로 상승하면서 마치 해가 지는 스페인이 미국에 바통을 넘겨주는 형국이 됩니다.

미서전쟁의 패배는 스페인 국민에게 큰 상처를 준 반면, 새로운 민족정신을 타오르게 했는데 국제사회에서 위축된 조국을 다시 재건하기 위해 스페인 국민은 그들의 역사를 다시 되짚었고, 지성인들은 나라의 문제의식을 문학으로 표출합니다. 하지만 그 이상의 실천으로 이어지지 못했습니다.

1914년, 제1차 세계대전 당시 스페인은 중립을 지키며 양쪽 세력과의 거래로 경제적 이득을 취했습니다. 독일의 대서양 통제로 스페인에 물자가 부족하게 되자 물가가 상승하고, 노동자와 공무원의 불만이 폭주했어요. 이는 결국 파업으로 이어졌으나 군대의 개입으로 일단락됩니다. 하지만 사회적인 혼란과 긴장감이 지속되고 수습이 어려워지자 1923년 프리모 데 리베라 장군이 쿠데타를 일으켜 정권을 차지합니다.

1931년의 선거에서는 군주제 대신 제2공화정이 선포되는데요. 공화정의 정책에 보수파가 불만을 드러내며 내부 혼란이 이어지다가 1936년, 결국 피비린내 나는 스페인 내전이 발발합니다. 결국 1939년 공화국 정부군을 이긴 프란시스코 프랑코가 마드리드에 입성했습니다. 그는 죽기 전까지 약 40년간 스페인을 지배한 독재자였어요. 그는 자유민주주의 때문에 스페인이 망했다고 믿었기 때문에 반정부 성향의 언론사를 없애고, 언론인을 감옥에 가둡니다. 그 누구도 그에게 반항할 수 없었지요.

1940년대의 스페인 경제는 19세기 수준으로 후퇴했으나 1957년 새롭게 수립된 내각의 신新경제정책으로 관광산업이 발전합니다. 또한 프랑코의 독재는 수도 마드리드를 중심으로 이어졌는데요. 이런 차별은 고유의 지역적 특색을 지닌 채 살아온 스페인 사람들 사이에 극심한 지역감정을 부추기게 됩니다.

이러한 다양한 사회적 요인이 뒤섞여 스페인 축구 국가팀들 간에도 갈등이 생기기도 합니다. 프랑코 정권의 총애를 받은 레알 마드리드팀과는 다르게, 반골 취급을 받으며 프랑코의 탄압을 받은 카탈루냐의 FC바르셀로나는 한때 팀명이 강제로 바뀌기도 했습니다. 카탈루냐어식 표기라는 이유로 바르셀로나CF로 바뀌었다가 프랑코 정권이 무너진 후 FC바르셀로나로 다시 바뀌었죠.

독재정치를 이어온 프랑코 장군이 1975년에 죽자 그가 생전에 후계자로 지목한 후안 카를로스 1세가 즉위하는데요. 그는 새로운 헌법으로 입헌군주제의 민주주의 국가를 수립합니다. 이렇게 스페인에 민주주의가 부활하고 오늘날에 이르게 됩니다.

# ✤ 스페인의 역사 ✤

**기원전 1000년경**
켈트인이 이베리아반도 서북쪽에 정착

**기원전 500년경**
카르타고인이 이베리아반도에 정착

**기원전 264년**
제1차 포에니전쟁

**기원전 218년**
제2차 포에니전쟁
로마제국의 지배

**711년**
이슬람의 우마이야왕조
이베리아반도 점령

**756년**
우마이야왕조가
이슬람 왕국 알 안달루스 건립

**1492년**
그라나다왕국 함락,
이베리아반도를 가톨릭 왕국이 통합

**1492년**
이사벨라 여왕이 콜럼버스를 후원

**1556년**
펠리페 2세가 왕위를 물려받음

**1557년**
최초의 국가 파산 선언

**1588년**
칼레 해전, 무적함대가 영국에 패배

**1701년**
스페인 왕위 계승 전쟁

**1713년**
위트레흐트조약으로
왕위 계승 전쟁 종결,
펠리페 5세가 왕좌를 차지

**1809년**
나폴레옹의 프랑스군이
스페인 영토 대부분을 장악

**1874년**
알폰소 12세가 부르봉왕조를 회복,
입헌군주국 시작

**1923년**
프리모 데 리베라 장군이
쿠데타를 일으킴

**1931년 4월 14일**
제2공화정 선포

**1936년 7월 17일**
스페인 내전 발생

**1939년**
프란시스코 프랑코가
정권을 잡고 독재를 시작

**1975년 11월 22일**
후안 카를로스 1세가 즉위,
입헌군주제의 민주주의 국가 수립

# 미지의 섬 브리튼이
# 해가 지지 않는 나라가 되기까지

# 영국

 우리가 아는 영국이 잉글랜드, 스코틀랜드, 웨일스, 북아일랜드가 연합한 국가라는 사실을 알고 계신가요? 크게는 잉글랜드, 웨일스, 스코틀랜드가 위치한 그레이트 브리튼섬과 북아일랜드로 이루어져 있죠.

 가기 다른 언어와 문화를 갓고 있던 네 개의 지역은 어떻게 지금의 모습을 갖추었을까요? 또 유럽 서쪽 구석에 있는 작은 섬나라가 어떻게 19세기 중엽 '해가 지지 않는 나라'라는 칭호를 받을 정도로 초일류 국가가 될 수 있었을까요?

 8세기 무렵, 흰 피부에 금발을 가진 켈트족이 유럽 대륙에서

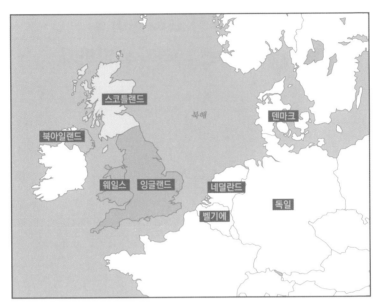

잉글랜드, 스코틀랜드, 웨일스가 위치한 브리튼섬과 북아일랜드의 위치

본격적으로 브리튼섬으로 이주하기 시작했습니다. 로마인들에게 브리튼섬은 대체로 미지의 땅이었는데요. 기원전 55년에 카이사르가 브리튼섬을 침공한 이후 로마인들에게 알려지기 시작했습니다. 카이사르는 몇몇 부족장들에게 복종을 받았지만, 내륙까지 진출하지 못하고 해안가 지역에 머무르다가 큰 성과는 거두지 못한 채 돌아갔어요.

　로마가 브리튼섬을 본격적으로 정복한 것은 43년, 황제 클라우디우스 시대였습니다. 클라우디우스는 황제로서의 권위를 공고히 하고 군사적 성과를 얻고 싶었는데, 마침 브리튼섬은 자원이 풍부한 땅이니 경제적 이익도 두둑이 챙길 수 있을 것 같았죠. 그래서 약 4만 명의 병력을 이끌고 브리튼섬에 들어가 주요 부족들을 정복했습니다. 결국 브리튼섬 대부분이 로마제국의 통제를 받게 되었지요.

122년에는 로마의 14대 황제 하드리아누스는 브리튼섬 북부의 방어를 강화하기 위해 거대한 하드리아누스 방벽을 건설했습니다. 방벽은 대략 117킬로미터의 길이로 곳곳에 성채와 보초소, 요새가 설치됐습니다. 이 방벽은 로마 영토와 야만족의 영토를 구분 짓는 역할을 했고, 그 존재만으로도 로마의 권력을 드러냈습니다.

로마의 짧은 점령기에 브리튼섬에는 문명이 전파되었는데, 도로와 수도 시설, 광장과 건축물이 세워지고 로마의 공용어였던 라틴어가 유입되었습니다. 그러나 3세기에 들어서면서 로마제국은 내부의 정치 불안과 경제적 약화로 힘을 잃기 시작했어요. 그 영향을 받은 브리튼섬에서도 외부 부족들의 침략이 잦아졌고, 하드리아누스 방벽도 그 역할을 다하지 못하게 됩니다.

브리튼섬의 군대는 로마 본토와 멀리 떨어져 있어서 보급을 받거나 병력을 유지하는 게 어려웠습니다. 로마제국 자체가 붕괴되기 시작하자 브리튼섬에 대한 통제력도 약해졌어요. 결국 410년, 브리튼섬의 로마군은 본토로 돌아갔고 이로써 4세기 동안 이어진 로마의 지배가 끝나게 됩니다.

# 앵글로·색슨족이
# 땅을 차지하다

로마군이 철수한 후 브리튼섬은 혼란의 시기를 겪었습니다. 로마의 빈자리로 사회 시스템이 와르르 무너진 거지요. 계속해서 주변의 침략을 받자, 브리튼 사람들은 땅을 지키기 위해 용병을 불러들였어요. 그들은 바로 유럽 대륙에서 건너온 앵글로·색슨족 전사들이었지요. 앵글로·색슨족은 브리튼섬 원주민들에게 땅을 제공받는 대신 섬을 방어해주기로 합니다.

그러나 사회가 혼란한 틈에 앵글로·색슨족은 오히려 브리튼섬을 장악해버립니다. 침략에 맞서 싸워달라고 부른 용병들이 오히려 정복자가 되어버린 거죠. 이렇게 앵글로·색슨족은 이 땅의 새로운 주인이 됩니다. 원래 브리타니아로 불리던 브리튼섬은 이후 '앵글로인의 땅'이라는 뜻에서 잉글랜드라고 불리게 됩니다. 앵글로·색슨족은 서로 지역을 나눠 일곱 개의 작은 왕국을 세웠고, 이 칠왕국은 약 200년 동안 끊임없이 지배권 전쟁을 벌였습니다.

8세기 이후, 바이킹이라 불리는 북유럽 해적의 등장은 앵글로·색슨족이 세운 칠왕국에도 피바람을 불러왔습니다. 파괴왕 바이킹의 무자비한 약탈로 인해 왕국에는 식량이 남아나질 않았지요. 칠왕국 중 하나인 웨식스의 앨프레드대왕은 바이킹의 식량 줄을 끊는 전략을 써서, 결국 바이킹의 항복을 받아냅니다.

이후 브리튼섬을 통일한 앨프레드대왕은 국가의 기반을 잡는데 막대한 공헌을 합니다. 그 뒤를 물려받은 에드워드 역시 웨일스와 스코틀랜드까지 세력을 확장하면서 브리튼섬의 명실상부한 통치자로 거듭납니다. 그러다 1015년에 덴마크 왕자 크누트가 잉글랜드, 노르웨이, 덴마크를 모두 정복하여 북해 제국을 건설했는데, 그가 죽고난 이후부터는 다시 앵글로·색슨족의 통치기가 이어집니다.

1066년에 에드워드 왕이 죽자 영국의 왕위는 공백 상태가 됐는데요. 여러 후보자 중에서 잉글랜드 왕 헤럴드와 노르망디공국의 윌리엄이 후계자 자리를 놓고 싸우게 됩니다. 결국 헤이스팅스 전투에서 윌리엄이 승리하면서 영국에는 약 90년간 노르만왕조의 시대가 이어집니다. 노르만왕조의 윌리엄 1세는 1086년에 솔즈베리 서약을 통해 귀족과 성직자에게 공식적인 충성을 맹세하도록 했는데요. 이 서약은 중세 유럽의 중앙집권적 봉건국가 형성에 중요한 역할을 했다고 평가됩니다.

시간이 지나 노르만왕조의 시대가 끝나고, 21세의 헨리 2세가 잉글랜드 왕으로 즉위하면서 플랜태저넷왕조가 시작됩니다. 헨리 2세는 잉글랜드뿐만 아니라 아일랜드, 웨일스, 스코틀랜드와 프랑스의 일부를 통치하면서 넓은 영토를 기반으로 왕권을 크게 강화합니다. 또한 오늘날 영국 헌법의 기초인 보통법common law을 제정하면서 강력한 사법 개혁을 추진합니다. 이로써 법률에 일관성이 생겼고 지방 귀족이 임의로 통치하는 것을 억제할 수 있었습니다.

이어서 사자왕 리처드 1세가 즉위하는데요. 훤칠한 키와 용맹함을 자랑하는 그는 플랜태저넷왕조의 번영을 이끈 불세출의 영웅으로 평가됩니다. 그는 1189년부터 1199년까지 10년 동안 잉글랜드를 통치했지만, 그가 잉글랜드에서 지낸 시간은 많지 않았어요. 대부분의 시간을 국외의 전장에서 보내며 십자군 전쟁에 몰입했거든요.

리처드 1세는 십자군 전쟁에서 활약한 후 잉글랜드로 돌아오는 길에 그에게 모욕을 당했던 오스트리아 레오폴트 5세에게 포로로 잡히고 레오폴트 5세의 친척인 신성로마제국의 황제 하인리히 6세에게 넘겨지고 맙니다. 하인리히 6세는 리처드 1세의 석방을 위해 거액의 몸값을 요구했어요.

그가 요구한 15만 마르크(약 10만 파운드)는 당시 잉글랜드와 노르망디의 연간 세금 수입의 거의 2~3배에 해당하는 액수였습니다. 그러자 존경하는 국왕을 위해 국민들은 국가적 차원의 모금을 냈고, 결국 리처드 1세는 런던 시민의 성대한 환영을 받으며 귀환했습니다.

시간이 흘러 1295년에는 잉글랜드의 에드워드 왕이 전쟁 군자금 마련을 위해 의회를 소집했어요. 이전까지 의회는 귀족과 성직자만 참여할 수 있었지만 처음으로 일반 시민들이 정치 무대에 등장하게 된 것입니다. 모범의회는 교회 지도자와 귀족으로 이뤄진 상원과, 지방에서 선출된 대표로 구성된 하원으로 나뉘었습니다. 이는 현대 민주주의의 중요한 발전 단계로 평가받으며, 영국 의회 구성에 모범이 되었다고 해서 '모범의회'라고 불립니다.

## 잔 다르크가 활약한 백년전쟁과
## 두 가문의 치열했던 장미전쟁

1337년, 영국의 왕 에드워드 3세는 섬 하나로는 성에 차지 않았습니다. 이제 바다 건너 대륙까지 세력을 확장하기 위해 영토 분쟁과 왕위 계승권을 문제 삼아서 프랑스 북부를 침공했어요. 이로써 유럽 역사상 가장 긴 전쟁인 백년전쟁이 시작됩니다. 주요 해전 중 하나인 1340년의 슬로이스 해전에서 영국의 해군이 승리를 거두게 됩니다.

6년 뒤에는 제해권을 쥔 영국이 해협을 건너 프랑스에 상륙해서 크레시 전투를 펼쳐 승리했는데, 이것이 백년전쟁 최초의 대규모 전투입니다. 프랑스군은 중무장한 기병과 궁수들을 선두에 세우고 있었고, 수적으로도 우세했기 때문에 꾀죄죄한 행색의 영국군을 무시했습니다. 하지만 반전이 일어납니다. 영국군은 크레시의 언덕을 선점하고, 중앙에는 보병대를, 양쪽으로는 장궁 부대를 배치했습니다. 프랑스의 구식 석궁이 1분당 3~5발을 쏠 때 영국군의 신식 장궁은 1분에 10~20발을 쐈습니다. 게다가 숙련도가 높은 영국 장궁병들이 장궁으로 나무 방패는 물론 기사들의 철제 갑옷까지 뚫어버렸죠. 결국 프랑스군의 처절한 패배로 전투가 끝이 납니다.

백년전쟁이 계속되면서 영국은 프랑스의 중요한 항구 도시인 칼레를 점령했습니다. 이 시기에 공포의 흑사병이 유럽 전역에 퍼져 나가기 시작하면서 두 나라 모두 심각한 재정 위기에 처하게 되며 두 나라는 약속이나 한 듯 휴전을 합니다. 휴전 이후의 전투에서 프랑스가 다시 대패하고, 국왕이 포로로 잡혀 1360년에 브레티니Brétigny 조약을 체결합니다.

이후 장기간에 걸친 영국군의 침략과 약탈이 지속되면서 프랑스인들의 분노가 폭발했습니다. 이때 초토화된 프랑스를 구원할 영웅이 등장했으니, 바로 잔 다르크입니다. 잔 다르크는 13세부터 프랑스를 구원하라는 신의 계시를 받았다며 프랑스의 왕샤를 7세를 접견한 후 전투에 참가해 프랑스군의 사기를 드높였습니다.

특히 백년전쟁을 끝낸 결정적인 무기는 바로 대포였습니다. 영국군이 장궁으로 우위를 점하며 연전연승하자 프랑스군이 화약을 장착한 대포를 만들어낸 것입니다. 이 대포는 잔 다르크가 이끈 민중 군대와 결합하여 강력한 힘을 발휘했으며, 1453년에 영국군을 상대로 대성공을 거두었습니다.

백년전쟁에서 패배한 영국은 중앙집권 군주 국가 건설에 몰두하게 되었고, 그 과정에서 내부 세력 싸움이 시작됐습니다. 백

샤를 7세 대관식의 잔 다르크를 그린 도미니크 앵그르의 그림

년전쟁이 끝난 지 겨우 2년이 지난 1455년, 장미전쟁이 시작됩니다. 장미전쟁은 왕위를 두고 랭커스터가와 요크가 사이에서 벌어진 내전인데요. 랭커스터가의 문양은 붉은 장미, 요크가는

흰 장미였기 때문에 장미전쟁이라고 불립니다.

약 32년간 벌어진 장미전쟁의 결과 요크가의 에드워드 4세가 왕위를 차지했지만, 요크 왕조는 내분으로 오래가지 못했습니다. 이 전쟁의 진짜 승자는 따로 있었죠. 장미전쟁은 튜더왕조의 헨리 7세가 랭커스터와 요크가를 통합하여 왕위를 차지하면서 종결되었습니다. 튜더가의 상징은 랭커스터 가문의 빨간 장미와 요크 가문의 흰색 장미를 결합한 장미로, 이를 '튜더 장미'라고 부릅니다. 튜더 왕조는 내전을 끝내고 잉글랜드의 중앙집권을 강화했고, 헨리 7세는 이후 엘리자베스 1세까지 이어지는 튜더왕조를 세우며 잉글랜드 역사에 새로운 장을 열었습니다.

## 해가 지지 않는 나라
## 대영제국의 탄생

튜더왕조의 헨리 8세는 영국에 절대왕정 시대를 연 인물입니다. 교황이 왕비와의 이혼을 거절하자 열 받은 헨리 8세는 종교개혁을 단행해서 로마가톨릭교와의 관계를 끊고 잉글랜드 성공회를 국교로 채택했습니다. 그는 재정, 사법, 정치 분야에서 중앙집권을 강화했습니다. 이후 45년에 걸친 엘리자베스 1세의 통치 기간 동안, 잉글랜드는 유럽 최강국으로 떠오르며, 이 시기에 강력한 해군력을 구축하면서 대영제국의 역사적인 발전 기반을 이루게 됩니다.

또한 엘리자베스 여왕은 당시 유명한 해적인 존 호킨스John Hawkins와 그의 사촌 프랜시스 드레이크Francis Drake를 지원하여 스페인의 상선을 공격하도록 했습니다. 엘리자베스 여왕은 이들과 함께 강력한 해군 건설 작업에 들어갔고, 영국 함대는 무적함대로 알려진 스페인 함대를 격파하는 눈부신 성과를 이뤄냈습니다. 이로써 영국은 유럽의 패권국으로 떠올랐으며, 1600년에는 동인도회사를 설립해 본격적인 신항로 개척에 나섰습니다.

이후 엘리자베스 1세의 후계자가 없어 튜더왕조는 막을 내리고, 이어서 스코틀랜드의 스튜어트왕조 제임스 1세가 영국 왕으로 즉위하게 되었습니다. 결국 잉글랜드와 스코틀랜드가 통합되면서 대브리튼 왕국의 기반이 마련되었습니다.

1607년에는 잉글랜드가 북아메리카의 제임스 왕의 이름을 딴 최초의 식민지인 '제임스타운'을 세우는데, 이것이 잉글랜드의 식민지 개척 사업의 시작점이 되었습니다. 제임스타운은 13개 주를 포함한 영국의 식민지로 이어지게 되었고, 이로 인해 줄무늬 13개로 이뤄진 비공식 국기가 만들어졌습니다. 이것이 오늘날의 미국 국기의 모티브가 되었지요.

한편 1628년에는 국왕 찰스 1세와 의회 사이에 충돌이 일어났습니다. 의회는 국왕의 권력을 제한하려 했지만 국왕의 권리는 신에게서 받은 것이라는 왕권신수설을 신봉한 찰스 1세는 이를 용납하지 않았죠. 참다못한 의회가 권리장전 문서를 제출해서 서명을 받아냈습니다. 하지만 이후에도 찰스 1세는 의회의 동의 없이 독자적으로 행동하며 약속을 어겼고, 결국 1630년대에는 국왕과 의회 간의 갈등이 더 심해졌습니다.

　종교와 재정 문제가 계속해서 문제를 일으키며 국가를 어지럽혔습니다. 이 과정에서 1642년에는 국왕과 의회파 간의 전쟁이 시작되었는데, 이것이 '청교도혁명'입니다. 이 혁명은 왕권의 절대적 지배를 제한하고, 의회의 권한을 강화하는 중요한 단계였어요. 올리버 크롬웰을 중심으로 한 의회파가 국왕 찰스 1세를 참수형에 처하고 공화국을 세우게 됐는데요. 이로써 영국은 절대왕정 시대를 지나 새로운 시민 국가의 시대를 열게 됩니다.

　크롬웰은 스코틀랜드와 아일랜드를 정복하고, 1653년에는 왕을 섭정하는 귀족을 뜻하는 호국경이 되어 새 나라를 통치했습니다. 그는 영국의 내정은 물론 외교, 군사와 입법까지 장악했지만 1658년 말라리아로 인해 런던에서 생을 마감했습니다. 크롬웰의 죽음 이후, 망명 생활을 하던 찰스 2세가 런던으로 돌아와 1660년에 왕정이 복구되었습니다.

　찰스 2세를 이은 제임스 2세는 가톨릭교도임을 공개적으로 선언했는데, 이는 거의 신교도로 이루어진 영국 사회에서 갈등을 부르게 됐습니다. 그는 또한 의회의 동의 없이 세금을 징수하는 문제로 의회와 충돌했어요. 의회는 오랜 시간 동안 이루어온 종교개혁이 수포로 돌아가는 것을 두고볼 수 없었고, 이로 인해 '명예혁명'이라 불리는 정변이 시작되었습니다.

던바에서 철기군을 이끄는 크롬웰을 그린 앤드류 캐릭 고우의 그림

1688년, 제임스 2세의 폭정에 대한 불만으로 의회는 네덜란드 총독인 윌리엄과 메리 부부를 영국으로 초대했습니다. 그리고 1년 뒤 제임스 2세를 폐위시키고 윌리엄과 메리 부부를 왕위에 올렸는데, 이 과정에서 권리장전이 승인되면서 왕권을 제약하고 의회가 왕위 계승까지 결정하는 의회 중심의 입헌군주제를 확립하게 되었습니다.

명예혁명은 피 한 방울 흘리지 않은 채 전제 왕권을 몰락시키고, 입헌군주제를 확립했다고 '무혈혁명'이라고도 불립니다. 실제로는 피를 거의 흘리지 않았다는 것이 더 정확한 표현입니다. 이혁명은 이후 수 세기 동안 영국에게 정치적 안정을 안겨주며 영국을 강대한 제국으로 성장시키는 데 결정적인 역힐을 했습니다.

명예혁명은 국왕이 혼자서 나라를 통치하던 시대에 마침표를 찍었습니다. 이 혁명이 가져온 변화는 1707년 연합법의 제정으로 더욱 명확해졌는데, 이 법에 의해 스코틀랜드 왕국과 잉글랜드 왕국이 합병되어 그레이트브리튼왕국이 탄생했습니다. 이로써 한 명의 군주로 통치되는 왕국 연합이 이뤄진 동시에, 전제군주제를 벗어나 입헌군주제로 나아가게 됩니다.


## 대영제국의 해가 저물다

1714년, 스튜어트왕조의 막이 내리고 하노버왕조가 시작되면서 조지 1세가 왕위를 계승했습니다. 1721년에는 로버트 월폴Robert Walpole이 영국 최초의 총리로 임명되었고, 1775년에는 미국에서 독립 혁명이 시작되었습니다.

또한 18세기 말 영국을 필두로 미국, 프랑스, 독일 등에서 산업혁명이 일어나는데요. 기계 기술자였던 제임스 와트에 의해 증기기관이 발명되면서 세상이 크게 변화합니다. 증기기관의 발명은 교통의 발전을 가져왔고 이후 영국은 전대미문의 경제 발전을 이룩합니다.

1801년, 그레이트브리튼왕국과 아일랜드 왕국이 연합법에 따라 합병되어 '그레이트브리튼 아일랜드 연합 왕국'이 탄생했습니다. 1837년에는 유럽의 대모로 불리는 빅토리아 여왕이 즉위하면서 빅토리아시대가 시작되었죠. 19세기 대부분은 빅토리아시대였는데 이 시기에 영국은 활발한 산업혁명과 막강한 해군력, 식민지를 바탕으로 전 세계에 영향을 미치며 대영제국의 위상을 떨쳤습니다.

영국의 완벽한 입헌군주제로 인해 국왕의 역할은 대체로 명예직에 불과했습니다. 그럼에도 빅토리아 여왕은 그 시대의 상황을 잘 이용해 해가 지지 않는 대영제국을 세웠으며, 역사상 가장 넓은 영토를 가진 나라가 되었습니다. 1921년 아일랜드 남부의 독립으로 공식 명칭은 '그레이트브리튼과 북아일랜드 연합왕국'이 되었습니다.

빅토리아시대에 세계 최강국으로 군림하던 영국이었지만 달도 차면 기우는 법이죠. 전 세계가 제1·2차 세계대전의 후유증을 겪는 가운데 1952년 엘리자베스 2세의 즉위가 이어졌고, 아시아와 아프리카 식민지의 해방운동이 일어났습니다. 영국은 국제 정세에 맞춰 식민지들의 독립을 허용했고, 대영제국의 빛나던 전성기가 점차 막을 내리면서 오늘날의 영국으로 이어지고 있습니다.

**43년**
로마가 브리튼섬을 정복

**410년**
로마 점령 시대가 끝남

**495년**
브리튼섬의 켈트족이
앵글로·색슨족과의 전투에서 패배

**600년경**
칠왕국에 기독교가 전파

**1066년**
헤이스팅스 전투로 잉글랜드 패배,
노르만 왕조 설립

**1295년**
에드워드 1세 '모범의회' 소집

**1337년**
백년전쟁 시작

**1360년**
브레티니 조약 체결

**1455년 5월 22일**
장미전쟁 시작

**1534년**
헨리 8세 종교개혁 실시,
잉글랜드 교회를 로마 가톨릭에서 분리

**1558년 11월 17일**
엘리자베스 1세가 왕위에 오름

**1600년**
동인도회사 설립

**1607년**
최초의 식민지, 제임스타운 건설

**1653년 12월 16일**
호국경 올리버 크롬웰 통치 시작

**1660년**
망명 생활을 하던 찰스 2세가
런던으로 돌아와 왕정복고

**1688년**
명예혁명으로 입헌군주제 확립

**1707년**
연합법에 의해 스코틀랜드 왕국과
잉글랜드 왕국 합병

**1801년**
아일랜드 편입으로 '그레이트브리튼
아일랜드 연합왕국'으로 국호 변경

**1837년**
빅토리아 여왕이 즉위,
빅토리아시대 시작

# 왜 러시아는 10년마다
# 전쟁을 벌일까?

## 러시아와 동슬라브

유럽과 아시아에 이르는 거대한 땅, 혹독한 추위와 강력한 군대, 세계 최초 사회주의 국가를 건설했던 나라. 몇 가지 단서만으로도 우리는 러시아를 단박에 떠올리게 됩니다. 최근 우크라이나와의 전쟁으로 세계에 암운을 드리운 러시아는 20세기 냉전 시대의 한 축이기도 했지요. 역사적으로 많은 전쟁과 혁명을 치러온 나라, 러시아의 역사를 한번 들여다봅시다.

먼 옛날 러시아 지역에 슬라브인이 살았습니다. 특히 동슬라브인이 바로 러시아 역사의 주인공인데요. 러시아의 남쪽 중앙 지역에 정착한 동슬라브인들은 하자르인과 노르만인의 영향을 받게 되었는데, 특히 노르만인은 바이킹 해적의 후예로 루스인 Rus'이라고도 불렸습니다.

9세기 중엽, 여러 작은 부족으로 나뉘어 있던 슬라브족은 내부 혼란과 외부 세력과의 충돌로 혼란했습니다. 그래서 안정을 찾기 위해 잘 정비된 군사력을 갖춘 루스인에게 도움을 청하게 되었죠. 루스인은 슬라브족의 요청에 응했는데요. 류리크는 이 중 한 명으로, 862년에 노브고로드공국을 세우고 국가의 기틀을 마련하게 되었습니다.

이후 노브고로드공국의 2대 공작인 올레그Oner는 노브고로드공국을 이어받아 키이우를 점령하고 수도를 이전했습니다. 이렇게 성립된 키이우 공국은 루스인의 이름을 따 '키이우루시'라고도 불렸으며, 이 지역은 나중에 러시아, 벨라루스, 우크라이나의 역사적 기원이 됩니다. 올레그는 자신의 군사력을 활용하여 비잔티움을 겨냥한 여러 차례의 성공적인 공격을 주도했습니다. 그의 지배 기간 동안 키이우 공국은 엄청난 성장을 이루었으나, 그가 죽은 후에는 점차 약화되었어요. 이 틈을 타 반란을 일으킨 블라디미르 1세가 정권을 잡고 국력을 회복합니다.

블라디미르는 군사력을 활용해 영토를 확장하고 여러 종족과 소공국을 통합했는데요. 당시 키이우 공국은 여러 종족과 문화가 섞여 있어, 종교적인 통일이 필요한 상황이었습니다. 그는 다른 종교와 비교한 뒤 그리스정교회의 교리와 제도가 키이우 공국에 가장 적합하다고 판단해 이를 국교로 채택하기로 결정했습니다. 또한 비잔티움 황제의 누이와 결혼해서 그리스정교회와 견고한 관계를 맺었죠. 이 당시에는 비잔티움 제국의 영향을 크게 받았는데요. 시간이 흐르면서 러시아만의 특색을 갖게 되면서 점차 독립성을 갖게 됐고, 결국 러시아정교회가 그리스정교회에서 분리되어 독립된 교회로 발전하게 됩니다.

## 유일하게 러시아를 정복한 몽골군의 진격

블라디미르 1세는 12명의 아들에게 주요 도시를 통치하게 했는데, 1015년 블라디미르가 죽자 형제들끼리 권력 다툼을 하니, 결국 나라가 여러 공국으로 분열되어 혼란기를 맞이합니다. 엎친 데 덮친 격으로 저 멀리서 몽골, 타타르족의 말발굽 소리가 점점 가까워집니다. 무서운 기세로 세력을 확장하던 몽골군이 결국 키이우 공국까지 침략한 것인데요. 몽골군은 키이우를 침략하여 성공적으로 점령하였고, 이 기세를 유지하여 폴란드와 헝가리까지 공격했습니다.

몽골군에게는 아직 정복하지 않은 러시아 지역이 남아 있다는 게 영 찝찝했죠. 그래서 몽골은 정복 계획을 일단 멈추고 다시 돌아와서 1240년 킵차크칸국을 건설한 후에 러시아의 나머지 부분을 정복했습니다. 1240년부터 1480년까지 몽골의 지배

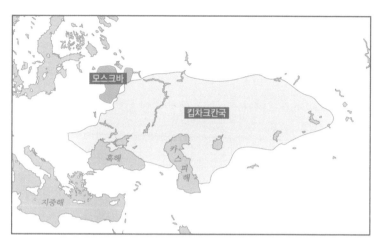

**몽골의 킵차크칸국을 피해 존재감을 키운 모스크바**

를 받은 시기를 '타타르의 멍에'라고 부릅니다. 당시 왕족은 소수의 몽골인이었지만 실제 통치 계급은 타타르인이었기 때문이죠. 몽골의 지배하에 러시아 문화와 사회는 큰 타격을 입게 됩니다.

한편 몽골의 침략으로 혼란스러워진 이 시기, 주목해야 할 한 작은 공국이 있습니다. 북동부에 위치한 이 소공국은 주변의 강력한 도시들 사이에 미미한 존재감을 지니고 있었으니, 그 이름은 바로 '모스크바'입니다. 당시에는 아무도 예상치 못했겠지만, 모스크바는 엄청난 가능성을 지닌 곳이었습니다. 주변을 둘러싸고 있는 힘센 도시들이 자연스레 보호벽이 되어준 덕분에, 모스크바는 몽골의 눈에 크게 띄지 않고 독립성을 지킬 수 있었습니다.

모스크바는 상업과 정치의 중심지로 빠르게 성장했고, 결국 키이우와는 별개의 왕조를 세우게 되었습니다. 모스크바의 이반 1세는 타타르인들에게 신임을 쌓아 '러시아의 대공'이라는 칭호를 얻었죠. 모스크바가 강력한 성장세를 보이는 사이에 킵차크 칸국의 내부 분열이 일어나 몽골 황제는 점점 지배력을 잃었고, 러시아인들은 몽골 타타르족의 지배를 거부하기 시작했습니다.

이때 조용히 힘을 키워온 모스크바가 타타르족과 맞서 싸웠고, 1380년 쿨리코보 전투에서 당당히 승리합니다. 이 쿨리코보 전투는 러시아인에게 굉장히 큰 의미를 지니는데요. 이 전투의 승리로서 민족의 재결합이라는 희망이 생겼기 때문입니다. 이제 모스크바의 지위는 단순한 도시를 넘어 러시아 민족의 진정한 중심지로 떠오르게 됩니다.

15세기 중반에 이르러, 모스크바 공국의 이반 3세는 주변 공국을 병합하고 영토를 확장했습니다. 이반 3세는 스스로를 황제라는 뜻의 '차르'라고 칭하면서, 멸망한 비잔티움 제국의 정통 후계자임을 주장했습니다. 그의 통치 아래, 모스크바는 더욱 강력한 성장세를 보이며 민족 정체성을 공고히 했습니다. 1480년에는 킵차크칸국에서 완전히 독립해서 240여 년에 걸친 타타르의 멍에를 끝내버립니다.

# 이반 뇌제부터
# 표트르대제까지

타타르의 지배는 러시아 사회와 정치에 깊게 영향을 끼쳤습니다. 예전 키이우 시대에 러시아인들이 추구했던 자유와 민주정치는 점차 사라지면서, 타타르의 중앙집권적 지배 방식에 영향을 받은 지배자들은 독재적인 경향을 보입니다. 이후 이반 3세의 아들 바실리Василий 3세는 280만 평방 킬로미터에 달하는 광대한 영토를 모두 합병하여 러시아를 통일시켰습니다. 하지만 통일보다 더 어려운 것은 통일을 유지하는 일이었지요.

1547년, 바실리 3세의 아들 이반 4세가 차르로 즉위하게 됩니다. 그의 공포 정치로 인해 '이반 뇌제'Ivan the terrible라는 별칭이 붙게 되었는데요. 그는 어릴 때부터 귀족들의 권력 다툼과 감당하기 힘든 사건들을 목격하며 정신적으로 불안정한 모습을 보였습니다. 유아 시절에는 작은 동물을 높은 곳에서 떨어뜨려 죽이기도 했으며, 13세 때에는 실세였던 귀족을 죽이기도 했습니다.

왕권을 우습게 아는 귀족에게 이를 갈던 이반 뇌제는 강력한 전제정치를 펼쳤습니다. 그는 통치 기간 동안 국내 문제를 과감히 정비하고 영토를 크게 확장하는 등 여러 업적을 이루었지만, 그의 난폭함은 결국 비극을 낳았습니다. 순간적인 광기 때문에 총명한 자기 아들을 쇠지팡이로 내려쳐 죽인 겁니다.

이처럼 난폭했던 독재자 이반 뇌제에게도 죽음은 찾아왔습니

아들을 지팡이로 패 죽이고 자신에게 놀란 이반 뇌제를 그린 일리야 레핀의 그림

다. 1584년 그의 사후에 마땅한 후계자가 없으니, 혼란의 시대가 찾아왔죠. 이때부터 차르를 사칭하는 자들이 출몰하고, 1610년 에는 이웃 나라 폴란드까지 쳐들어옵니다. 당당하게 모스크바에 들어앉아 주인 행세를 하던 폴란드는 반항하는 러시아 주민들을 무차별적으로 죽였습니다. 이웃의 죽음을 본 러시아인들은 분노 로 피가 끓었습니다. 결국 러시아 주민들은 대규모 국민군을 결 성하여 폴란드를 물리치고 모스크바를 되찾았습니다.

　1613년에는 귀족부터 농민까지 한자리에 모여 국민 회의를 열고 새로운 통치자를 선출하는데요. 이때 16세 소년 미하일 로 마노프Михаил Романов가 차르로 등극하면서 로마노프왕조가 시작됩니다. 혼란 속에서 출발한 로마노프왕조는 점차 안정을 찾아가며 러시아는 현대 국가를 향한 발돋움을 시작합니다. 이 기간 동안 군사 개혁과 서유럽 문화의 도입을 통해 러시아를 세계 무대로 끌어올린 인물이 있었는데, 러시아 역사에서 빼놓을 수 없는 표트르대제였습니다.

1689년에 즉위한 표트르대제는 자신의 신분을 감춘 채 사절단을 이끌고 서유럽을 탐방했습니다. 이 여정에서 서유럽의 선진 기술을 경험했고 이후 러시아를 대담하게 개혁합니다. 우선, 반란에 가담한 귀족들을 모두 처형하는 등 강력한 조치를 취했는데, 그중에는 자신의 황태자까지 포함되었어요.

또한 유럽의 강대국 중 하나인 스웨덴을 정복해서 발트해에 대한 지배권을 확립하고, 러시아의 새로운 수도인 상트페테르부르크를 건설했습니다. 상트페테르부르크는 황무지 위에 9년에 걸쳐 세워진 도시인데요. 인민의 뼈와 피 위에 세워졌다고 해서 '저주받은 도시'라고도 불립니다. 러시아의 작가들은 상트페테르부르크의 백야 현상을 신의 저주라고 표현하기도 했습니다.


## 유럽 최고의 국가로
## 우뚝 선 러시아제국

1721년, 표트르는 공식적으로 러시아제국을 선포했습니다.

표트르대제의 개혁으로 정규군이 되지 못한 친위병들의 반란의 결과로 실시한
친위병 공개 처형을 그린 바실리 수리코프의 그림

그는 국가의 발전을 위해 인재를 양성하는 전문학교를 설립하
고, 러시아에서 처음으로 신문을 발행하는 등 다양한 혁신을 추
진했어요. 또한 여성들이 남성 앞에서 자신을 표현하지 못했던
관습을 변화시키며 여제가 등장할 수 있는 환경을 마련했습니
다. 이러한 변화로 인해 이후 러시아에는 수많은 여왕들이 등장
하게 되었어요.

예를 들어, 1762년에 남편을 쿠데타로 몰아낸 예카테리나 2

세가 황제가 되어 러시아제국의 황금기를 이끌게 됩니다. 그녀는 표트르의 성과를 바탕으로 제국을 확장하고, 국민들의 교육을 강화하기 위해 무상교육을 실시했으며, 러시아 최초의 사범대학을 설립하여 교사를 양성했습니다.

당시 러시아의 농민들은 농노의 신분으로 살고 있었고, 농노는 땅을 소유한 귀족에게 종속되어 있었습니다. 예카테리나는 귀족들의 충성심을 얻기 위해 농노에 대한 지배력을 강화하는 정책을 시행하였습니다. 그러나 이로 인해 농민들의 고통은 더욱 심해지게 되었고, 1773년에는 러시아 역사상 가장 큰 농민 반란이 발생하게 됩니다. 이때 세상을 바꾸기 위해 들고 일어난 인물이 바로 예멜리얀 푸가초프입니다. 이로부터 약 60년 뒤에 러시아 문학의 아버지라 불리는 푸시킨이 이 사건을 소재로 소설을 쓰기도 합니다.

1801년에 알렉산드르 1세가 차르에 즉위합니다. 이 시기에는 자유주의의 영향으로 농노제에 대한 반발이 더욱 강해지고 있었습니다. 그러나 갑작스럽게 프랑스와의 전쟁이 발발하면서 개혁은 잠시 미뤄지게 됐습니다. 프랑스의 나폴레옹이 러시아를 침략한 것입니다.

나폴레옹은 러시아를 정복해 유럽 대륙을 통치하겠다는 야망을 품고 진군했지만, 러시아군은 큰 전투를 일부러 피하고 도시에 불을 지르며 후퇴하는 전술을 사용했습니다. 겨울이 오면서 추위와 물자 부족으로 나폴레옹군은 위기를 맞이하게 됐고, 러

모스크바에서 퇴각하는 나폴레옹을 그린 아돌프 노르텐의 그림

시아 원정은 비참한 종지부를 맞이하게 됩니다.

만만하게 봤던 러시아 침공은 결국 나폴레옹이 몰락한 결정적인 계기가 됐습니다. 이렇게 알렉산드르 1세가 유럽 최강자인 나폴레옹을 격파하면서, 러시아는 유럽을 이끄는 최고의 국가로 인정받게 되었습니다.

## 피의 일요일과
## 타오르는 혁명의 불꽃

이후 알렉산드르 1세가 죽고, 니콜라이 1세가 즉위합니다. 그는 군대까지 파견해 가면서 유럽 각국에 간섭을 일삼아서 '유럽의 헌병'이라는 별명까지 얻게 됩니다. 그와 더불어 반反정부 사상을 가진 문학에 대한 검열제도를 강화하는데요. 이런 억압 속에서도 역설적으로 러시아 문학은 황금기를 맞게 됩니다. 하지만 니콜라이 1세의 꺼질 줄 모르는 야심에 유럽 국가들의 불만이 폭발하고 마는데요. 이 대립의 절정에서 세계사의 큰 흔적을 남긴 '크림전쟁'이 시작됩니다.

흑해 연안의 아이스크림 모양으로 튀어나온 크림반도를 중심으로 펼쳐진 크림전쟁은 유럽 열강과 니콜라이 1세의 싸움이었는데, 전쟁에서 패배한 러시아는 큰 타격을 입게 됩니다. 이후 니콜라이 1세의 아들인 알렉산드르 2세가 즉위하면서 러시아에는 개혁의 시대가 열리는데요. 1861년에 농노들이 해방되었으며, 지식인들은 인민에 의한 변혁을 꿈꾸며 활발하게 활동하며 러시아에 사회민주주의가 유입되어 혁명의 씨앗이 싹트기 시작했습니다.

그러나 1894년에 황제로 즉위한 니콜라이 2세는 구시대적인 왕정을 그대로 이어가는데요. 이미 깨어난 지식인들에게 이런 구시대의 정책이 먹힐 리가 없습니다. 반정부 세력이 점점 조직적으로 확대되면서 러시아제국의 종말이 가까워집니다. 민주화와 산업혁명은 이미 시작되었고, 노동자계급의 혁명을 중요시하는 마르크스 신봉자들이 활발히 활동합니다. 사회주의 정당들이 성장함과 동시에 영국식 입헌군주제를 주장하는 자유주의 운동도 일어납니다.

이렇게 새 시대를 열기 위한 혁명의 분위기 속에서 여러 정당이 패권 싸움을 시작하는데요. 정치에 소질이 없던 니콜라이 2세는 이 모든 것이 벅차기만 했습니다. 게다가 바깥에선 자본주의 열강들이 동아시아에서 세력 싸움을 벌이고 있었습니다. 일본은 조선과 중국, 만주 등을 차지하려 하고, 러시아 역시 만주와 조선을 탐내고 있었어요. 결국 1904년 러일전쟁이 발발하고, 러시아는 일본에 패배하게 됩니다.

그 후 세계적인 생산과잉 현상이 러시아에도 영향을 미치게 되었습니다. 엄청난 양의 물건이 팔리지 않고 쌓여만가자, 자본가들은 노동자를 해고할 수밖에 없었어요. 게다가 러일전쟁으로 인해 세금 부담이 늘어나고 생필품 가격은 상승하여 민중의 삶이 한층 더 어려워지게 되었습니다.

결국, 1905년에는 노동자들이 가혹한 노동 조건을 개선하고자 20만 명의 시위대가 동궁으로 향했습니다. 이 시위대는 평화적인 시위를 위해 무방비 상태로 행진하며 자신들의 정당한 요구를 강력히 주장했습니다.

그때 갑작스런 나팔 소리와 함께 사격 명령이 내려지고, 2만 명의 병력이 시민들에게 총을 쏘기 시작했습니다. 순식간에 끔찍한 유혈 사태가 발생하고 맙니다. 이 사건을 '피의 일요일'이라고 부르는데요. 이 잔혹한 학살은 차르를 향한 전 국민의 분노를 증폭시켜, 44만 명의 노동자들이 파업에 동참하게 되었습니다.

러시아 국민들은 차르가 노동자들의 편을 들지 않고 오히려 자본가들과 결탁해 있다는 사실을 깨달았어요. 이후 어지러운 국내 상황은 총검에 의한 탄압 정책과 함께 점점 악화되어 갔으며, 러시아는 점차 파국으로 치닫게 됩니다.

## 세계 최초의
## 사회주의 국가의 탄생

1905년, 노동자와 농민, 병사의 대표로 구성된 '소비에트'가 만들어졌습니다. 이 조직은 절망한 노동자계급을 혁명으로 이끌었어요. 당시 러시아 내에서는 사회주의를 통한 점진적인 변화를 주장하는 온건파 멘셰비키와 공산주의로 바로 나아가자는 강경파 볼셰비키 사이에 갈등이 커졌습니다.

1914년, 제1차 세계대전이 발발하면서 이미 혼란스러웠던 러시아는 더욱 어려워졌습니다. 전쟁의 부담으로 노동자들의 삶은 더욱 엉망이 됐고 분노가 폭발합니다. 결국 1917년 2월, 혁명이 일어나고 니콜라이 2세가 퇴위하면서 300년간 지속된 로마노프 왕조의 역사가 막을 내렸습니다. 그 후에는 임시정부가 세워지고 알렉산드르 케렌스키가 수장이 되었죠.

하지만 2월 혁명으로 수립된 임시정부가 사회적인 문제 해결을 잘 못해내자 또다시 혁명의 분위기가 무르익어갑니다. 이때를 기회 삼아 해외로 망명한 혁명가들이 돌아오기 시작하는데요. 그

기운데 아주 중요한 인물인 블라디미르 레닌이 있었습니다. 대세는 레닌이 이끄는 볼셰비키로 기울어갔고, 1917년 10월 혁명으로 레닌은 손쉽게 정권을 잡습니다. 마르크스와 엥겔스의 사회주의 이론을 러시아에 접목한 레닌이 혁명에 성공한 것입니다.

1917년부터 1921년까지 내전 기간 동안 볼셰비키는 전시공산주의라는 비상 정책을 실시하는데요. 러시아에 사기업이 대부분 사라지고 강제 노동 제도가 생겨납니다. 민간 상거래가 금지되어 정부가 식량과 생필품을 분배하며, 러시아의 모든 토지를 국유화했습니다.

이런 급격한 공산화 정책이 경제적 혼란을 가중시키자 불만을 가진 세력이 백군이 되어 똘똘 뭉치는데요. 이로써 러시아의 정치적 미래를 결정지은 역사적인 전쟁 적백赤白 내전이 시작됩니다. 상류층과 중류층은 백군을 지지했고, 노동자와 농민 대부분은 레닌의 적군을 지지합니다. 결국 1922년 레닌이 이끄는 볼셰비키 세력이 승리하면서 소비에트사회주의연방 공화국이 수립됩니다. 러시아에서 세계 최초의 사회주의 국가가 탄생한 순간입니다.

볼셰비키 정부는 내전 후에도 계속 배급제를 이어갔는데요. 전체의 이익을 위해서 개인의 자유를 빼앗으니 국민의 불만이 고조됩니다. 전시공산주의 체제에서 강제로 물품을 거두어가는 징발과 산업국유화는 생활 의욕을 뚝뚝 떨어뜨렸죠. 경제적인 문제 때문에 전시공산주의 체제까지 위협받자 레닌은 신경제정책을 추진합니다. 제한적인 자본주의를 채택한 것인데, 국가 경제의 큰 틀을 차지하는 건 정부가 소유하되 일부 상업에 한해 사유화를 인정해주는 것입니다. 이러한 신경제정책이 성공하면서 러시아 경제가 안정을 되찾고 더불어 국민의 불만과 시위가 점차 줄어들자 볼셰비키의 일당 독재는 오히려 굳건해집니다.

1922년 이오시프 스탈린이 당에 서기장이 된 이후 레닌이 뇌졸중으로 쓰러지는데요. 뇌졸중으로 건강이 악화된 레닌은 스탈린에게 많은 업무를 위임하기 시작했습니다. 레닌은 점차 실권을 쥐어가는 스탈린을 견제했지만, 스탈린의 추종 세력은 이미 막을 수 없이 커지고 있었습니다. 1924년 레닌은 자신의 꿈을 마음껏 펼쳐보지도 못한 채 생을 마감합니다. 레닌이 죽고 3년 뒤, 본격적인 스탈린 시대가 개막하면서 소련의 강력한 독재 체제와 사회주의가 시작됩니다.

스탈린은 경제개발 5개년 계획을 통해 산업화에 의한 근대화를 주장하며 중공업 육성에 주력하죠. 그런데 스탈린은 왜 중공업을 중요시하며 공업화를 서둘렀을까요? 먼저 공산 정권의 권력을 탄탄하게 다지려면 마르크스주의를 지지하는 노동자계급이 많이 필요했고, 강력한 공산주의 국가가 되어서 다른 나라의 공산주의를 지원하기 위해서였습니다.

결국 스탈린의 제1차 5개년 계획은 성공합니다. 소련의 국민들은 배급제로 생활고에 시달려야 했지만 그래도 밝은 미래를 꿈꾸며 살아갑니다. 1933년 제2차 5개년 계획에 이어 제3차 5개년 계획이 쭉쭉 이어지며 1940년에는 소련의 생산량이 독일의 생산량과 비슷한 수준까지 올라가는데요. 유럽 국가들이 75년 동안 이룬 성과를 소련은 단 2년 만에 이룩하게 됩니다. 사실 소련이 워낙 낙후돼 있었기 때문에 급격한 상승 곡선을 탈 수 있었던 것도 한몫했지만요. 국가의 통제하에서 여러 정책이 펼쳐지자 자연스레 소련 국민은 직업 선택의 자유를 잃어버립니다.

공장은 노동 인력을 강제로 징발하고, 집단화에 반대하는 자는 강제 노동 수용소로 끌려갑니다. 특권을 누리던 귀족 계급은 사라졌지만 새로운 계급 제도가 다시 생겨나며 스탈린이 이끄는 소련은 마르크스가 꿈꾸던 이상과는 사뭇 다른 모습으로 흘러가는데요. 스탈린의 차등 임금제로 인해 공장 경영자, 기술자, 관료, 작가, 예술인들이 새로운 지배층이 되었고, 이들은 일반 노동자보다 훨씬 많은 봉급을 받았습니다. 마르크스가 꿈꾸던 평등은 능력에 따라 생산하고 필요에 따라 분배하는 것이었지만 이는 지켜지지 않았습니다. 대신 능력에 따라 생산하고, 노동에 맞춰 분배한다는 새로운 원칙이 생겨납니다.

경제개발 5개년 계획이 진행되는 동안, 스탈린은 인류 역사상 유례없는 피의 숙청을 시작합니다. 반혁명 분자를 색출한다는 명분으로 수백만 명의 인민이 사망했어요. 정치인들뿐 아니라 지식인들과 농민치고 너무 부자인 사람들까지 탄압합니다. 스탈린의 소련은 점차 러시아혁명의 정신에서 멀어져만 갔습니다.

## 히틀러를 물리치고
## 시작된 냉전 시대

    스탈린은 유럽의 반동 국가들이 결국 사회주의에 무너질 것이라고 확신했습니다. 이에 따라 1939년에는 독일의 히틀러와 독소불가침조약을 체결했으나, 제2차 세계대전을 피할 수는 없었습니다. 1941년, 독일 히틀러가 독소불가침조약을 일방적으로 파기하고 소련을 기습 공격했기 때문이죠.

    히틀러는 과거 나폴레옹이 저지른 실수를 반복하지 않기 위해 겨울에도 퇴각하지 않고 싸울 계획을 세웠으나, 이는 실패로 돌아갔습니다. 그리하여 1945년, 소련군이 독일의 국회의사당에 승리의 깃발을 꽂게 됩니다. 제2차 세계대전 이후 세계는 미국 중심의 자본주의와 소련 중심의 공산주의 두 진영으로 나뉘었고, 냉전 시대가 시작되며 긴장이 점점 고조되었습니다.

    1953년 스탈린이 사망한 후 니키타 흐루쇼프가 차세대 지도자로 등장합니다. 1957년 세계 최초의 인공위성 스푸트니크 1호를 쏘며 미국과의 우주 경쟁에서 앞서나가기 시작하고, 1960년 내에 들어서는 소련의 공산주의 진영이 자본주의 진영과 경제 격차를 좁혀나가다 심지어 앞지르기까지 합니다. 그는 1980년까지 유토피아적 공산국가를 만들겠다고 했지만, 결국 경제성장률은 뚝뚝 떨어집니다.

    이후 쿠데타에 성공한 레오니트 브레즈네프가 실권을 장악

스푸트니크 발사 이후 1957년 〈타임〉 올해의 인물로 선정된 흐루쇼프

하는데요. 그는 적대 관계에 있던 두 진영의 긴장을 풀고 화해의 분위기를 만드는 데탕트 노선을 선택했지만, 소련의 사회경제 체제는 마비되었습니다.

1985년 미하일 고르바초프는 개혁과 개방을 외치며 민주화를 추진했으나, 4년 뒤 동유럽의 사회주의 국가들이 하나둘 무너지기 시작하고, 마침내 1991년 소련이 붕괴되면서 15개 공화국이 독립하게 되었습니다. 소련 공산당의 마지막 서기장이자 대통령이던 고르바초프는 사임했고, 소비에트사회주의공화국연방은 역사의 뒤안길로 사라졌지요. 인류 최초의 사회주의 체제가 무너진 자리에 러시아연방이 성립되어 오늘날까지 이어지고 있습니다.

## 땅따먹기 싸움을 계속하는 진짜 이유

2022년 2월, 러시아가 우크라이나를 침공하면서 새로운 전쟁의 서막을 열어서 전 세계를 충격에 빠뜨렸지요. 러시아가 전쟁을 벌인 건 이번이 처음이 아닙니다. 이미 2014년, 러시아는 우크라이나에 있던 크림반도를 무력으로 병합했어요. 세계에서 가장 광대한 육지 면적을 가진 러시아가 여전히 땅따먹기를 멈추지 못하는 이유는 대체 무엇일까요?

먼저 우크라이나 침공의 핵심에는 북대서양조약기구, 나토NATO가 있습니다. 1949년에 설립된 나토는 냉전 초기에 미국과 유럽 주요 국가들이 소련의 팽창을 억제하기 위해 만든 군사동맹이죠. 우크라이나는 나토에 가입해서 친러가 아닌 친서방 진영에 들어가길 원했지만, 러시아는 이를 절대 두고 볼 수 없었습니다. 가뜩이나 1991년에 소련이 해체되고 냉전이 종식됐을 때 소련 편이었던 옛 소련권 국가들이 줄줄이 나토에 가입했는데,

이제 코앞에 있는 우크라이나까지 나토에 가입한다고 하니 푸틴은 심각한 안보 위기를 느낀 거지요. 나폴레옹이 러시아를 원정할 때도, 2차 대전 때 나치가 러시아를 침공할 때도 우크라이나를 지나갔듯, 서방과 러시아 사이에 끼어 있는 우크라이나는 러시아의 포기할 수 없는 전략적 완충지입니다.

러시아가 우크라이나에 집착하는 또 다른 이유는 우크라이나의 역사적 중요성 때문입니다. 우크라이나는 원래 옛 소련에 소속되어 있다가 소련이 해체되면서 독립한 국가이기도 하고, 두 나라의 공통적 뿌리는 키이우 공국에서 출발합니다. 현재 우크라이나 수도가 키이우고요. 푸틴과 많은 러시아인은 막강했던 옛 소련 시절의 영광을 되찾고 싶어 하며 언젠가 우크라이나와 벨라루스, 조지아를 잇는 과거 제국을 다시 세우겠다는 꿈을 품었습니다. 더불어 우크라이나는 '유럽의 식량 창고'로 유명할 만큼 기름진 흑토를 가지고 있으니, 그 자체로도 탐나는 땅이죠.

우크라이나뿐만이 아니라, 땅 부자 러시아가 예로부터 더 넓은 영토를 갈구해온 근본적인 이유는 바로 1년 내내 얼지 않아 배가 출입할 수 있는 항구인 '부동항' 때문입니다. 러시아의 영토가 아무리 넓다고 해도 대부분 혹독한 추위가 몰아치는 북쪽에 있으니, 수많은 항구가 겨울마다 얼어버려서 배가 다니지 못합니다. 그래서 러시아는 부동항을 얻기 위해 그토록 전력을 쏟아왔던 거지요. 부동항은 러시아가 연중무휴로 해상 무역할 수 있는 중요한 경제적 수단인 동시에 글로벌 패권을 쥘 수 있는 해군력의 전략적 이동에도 중대한 역할을 합니다.

현재 러시아가 유럽 쪽에 보유한 유일한 부동항은 폴란드 위쪽에 있는 발트해의 칼리닌그라드인데요. 칼리닌그라드는 원래 독일 땅이었다가, 제2차 세계대전 이후 소련에 편입되었습니다. 소련이 해체되면서 리투아니아, 라트비아, 벨라루스가 독립하자 러시아 본토와 뚝 떨어진 채 러시아의 중요한 부동항으로 자리하고 있어요.

칼리닌그라드는 독일의 역사에서도 중요한 위치를 차지하는데요. 독일의 전신인 프로이센의 중심지였기 때문에 왕이 즉위할 때마다 대관식을 치렀던 역사가 있고, 독일의 철학자 임마누엘 칸트의 고향이기도 합니다. 그래서 독일은 다시 칼리닌그라드를 되찾고 싶었지만, 1990년에 러시아가 동서 독일의 통일을 지지해주는 대가로 칼리닌그라드를 포기하게 됩니다. 그런데 러시아가 우크라이나를 침공한 이후 발트해를 공유하고 있던 핀란드가 나토에 가입하면서, 발트해도 사실상 나토의 영향을 받게 되었지요.

러시아의 또 다른 부동항은 2014년에 러시아가 크림반도를 병합하면서 차지한 세바스토폴입니다. 지중해를 지나 대서양으로 나갈 수 있는 중요한 부동항이죠. 하지만 우크라이나 전쟁이 진행되면서 크림반도의 부동항 역시 안전을 보장하기 힘든 상황이 되고 있습니다.

그렇다면 앞으로 러시아는 어디로 눈을 돌리게 될까요? 지구

온난화가 뜻밖에도 러시아에 새로운 돌파구가 되고 있습니다. 꽝꽝 얼었던 북극해의 얼음이 빠르게 녹고 있고, 소멸 시기는 10년이 빨라진 2030년으로 예측되고 있어요. 이미 푸틴은 북극해에서 제해권을 장악하려는 계획을 실행해왔습니다.

앞으로 해빙이 녹아 북극해가 활짝 열릴 경우, 러시아는 18세기 이후 그토록 온 탐해왔던 부동항을 손쉽게 얻게 되며 더 이상 서방 세력의 간섭 없이 강력한 해양 패권을 가질 수 있게 됩니다. 지구본을 위에서 내려다본다고 상상했을 때, 지구본 윗부분의 북극해를 곧장 지나가면 아시아 대륙과 유럽을 최단기간으로 연결해주는 새로운 항로가 만들어지죠. 그래서 북극 항로는 강대국들의 새로운 지정학적 경쟁 무대로 떠오르게 되었고, 미국과 중국도 이곳에서 열심히 기 싸움을 벌이고 있습니다.

과거 가난했던 러시아를 동유럽의 강자로 끌어올려 제국의 시대를 열었던 표트르대제는 푸틴의 대표적인 롤모델입니다. 푸틴은 표트르대제가 정복했던 러시아의 땅을 되찾겠다며 우크라이나 침공을 정당화했어요. 해상 교역로를 차지하기 위해 유럽 국가를 때려눕히던 표트르대제의 영토욕이 21세기 푸틴의 마음속에서 부활한 것을 보며, 인간의 본능은 역사 속에서 계속 반복됨을 알게 됩니다. 지도자의 야욕 뒤편엔 언제나 수많은 희생자의 피눈물이 동반되었음을 잊어선 안 될 것입니다. 앞으로도 러시아의 패권 야욕이 국제 정치에 어떤 파장을 일으킬지 주목해야겠습니다.

**882년**
루스인의 우두머리인 류리크가
키이우 공국 건국

**1015년**
블라디미르가 죽은 후 권력 다툼으로
여러 공국으로 분열

**1240년**
몽골의 지배를 받기 시작

**1480년**
몽골의 킵차크칸국에서 독립

**1547년**
'이반 뇌제'로 불린
이반 4세가 차르로 즉위

**1613년**
미하일 로마노프가 차르로 등극,
로마노프 왕조 시작

**1689년**
표트르대제 즉위

**1721년**
공식적으로 러시아제국을 선포

**1773년**
농민 반란인 푸가초프의 난 발생

**1905년**
러일전쟁에서 패배

**1905년 1월 22일**
상트페테르부르크에서 시위하던
노동자들이 학살당한
'피의 일요일' 발생

**1917년 2월**
2월 혁명으로 왕조 시대가 끝나고
임시정부가 세워짐

**1922년**
레닌의 지도 하에
소비에트 사회주의 연방공화국 수립

**1924년**
스탈린의 독재 체제로 전환

**1939년**
독일의 히틀러와
독소불가침조약을 맺음

**1941년**
히틀러가 독소불가침조약을
일방적으로 파기, 소련을 기습 공격

**1945년 2월**
얄타회담 개최,
냉전 시대 시작

**1953년**
스탈린 사망 후 흐루쇼프가
차세대 지도자로 등장

**1985년**
미하일 고르바초프가 사회주의
체제 안에서 민주화를 시작

# 영국의 식민지에서
# 초강대국이 될 수 있었던 이유

# 미국

1492년, 콜럼버스가 신대륙을 발견하겠다는 꿈을 안고 망망대해를 항해합니다. 대서양을 가로지른 그는 마침내 아메리카 대륙에 도착하게 됩니다. 신대륙을 발견했다는 소식이 전해지자 유럽의 정복자들이 아메리카 대륙으로 몰려들기 시작했지요.

16세기 초, 스페인은 신대륙 식민지의 주역으로 활약했고, 프랑스와 네덜란드도 식민지 건설에 뛰어들지만 큰 성과를 거두지는 못했죠. 영국도 이에 질세라 아메리카 대륙에 진출해서, 1607년 버지니아주에 최초의 영국 식민지 제임스타운을 건설합니다. 곧이어 본토에서 종교적 박해를 받던 영국 청교도인이 자유를 찾아 아메리카로 이주하기 시작합니다.

이때까지는 대부분의 이민자가 영국계였지만, 18세기부터는 점차 다양한 민족이 아메리카 대륙으로 들어오게 됩니다. 13개의 식민지는 자유롭게 자신들의 의회를 운영했지만, 영국의 대영제국 건설 정책으로 인해 1660년부터 제약을 받기 시작했습니다.

영국의 재정난과 프랑스와의 전쟁으로 증가한 세금 부담이 식민지 주민들의 반발을 불러일으켰고, 결국 1773년에는 미국 독립 전쟁의 불씨가 된 '보스턴 차 사건'이 발생합니다. 식민지 주민들이 영국의 차 수입을 막으려고 영국에서 수입되는 차 상자를 바다로 던진 사건이었어요.

대영제국과 13개 식민지 사이의 갈등이 고조되면서, 2년 뒤 독립 전쟁이 발발했습니다. 영국은 식민지의 독립을 막기 위해 약 4만 명의 군대를 대대적으로 파견했고, 이에 맞서 조지 워싱턴을 사령관으로 대륙군을 결성하며 영국과 8년 동안 대치했습니다.

전쟁이 시작되고 식민지인들의 독립선언 발표 후 대륙군은 세계 최강이던 영국군에 맞서 용감히 싸웠고, 결국 프랑스의 지원을 받아 승리를 거머쥡니다.

# 영국으로부터의 독립과 영토 확장

    1783년 독립 전쟁의 종료와 함께 공식 평화조약이 체결되어 13개 식민지는 독립을 인정받게 됩니다. 이후 다양한 국내외의 문제를 해결하기 위해 아메리카는 강력한 통일 정부의 필요성을 느껴 연방헌법을 제정했습니다. 이에 따라 1789년 조지 워싱턴이 미국의 초대 대통령으로 선출되었습니다.

    1803년 3대 대통령 토머스 제퍼슨은 루이지애나를 구매하며 미국의 국토를 거의 두 배로 확장했습니다. 프랑스 나폴레옹이 군사비를 조달하기 위해 프랑스 소유였던 광대한 루이지애나를 1,500만 달러에 매각한 것입니다. 루이지애나 매입은 미국의 팽창에서 매우 중요한 사건이었지만, 당시 미국의 가장 큰 위기는 영국과의 관계 때문이었지요. 당시 나폴레옹과 전쟁 중이던 영국은 프랑스를 압박하기 위해 해상을 봉쇄하고, 미국 항해사들을 영국 해군에 강제 복무시키기도 하는데요. 미국은 이것이 국제법을 위반하는 행위라며 계속 영국과 갈등을 빚었습니다. 결국 미국의 제임스 매디슨 대통령이 일으킨 미영전쟁이 3년간 이어졌습니다.

    1814년 미국 역사상 처음이자 마지막으로 워싱턴 DC가 함락되기도 했지만, 반대로 미국이 플래츠버그Plattsburgh 전투와 볼티모어 전투에서 영국군을 물리치기도 했습니다. 이 전쟁은

1867년 33개의 주로 확장한 미국의 영토

결국 명확한 승자 없이 평화 협상으로 끝났지만, 미국은 세계 최
강국 영국을 두 번이나 꺾었다는 사실에 자신감이 치솟았습니다.

1817년부터 제임스 먼로 대통령 시기에는 미국의 국제적 자
신감이 절정에 이르렀어요. 제임스 먼로는 1823년 '먼로독트린'
을 통해 유럽의 서반구 개입을 거부했는데, 이는 미국 외교의 중
요한 원칙으로 남게 되었습니다.

한편 미국의 영토 확장은 연방의 초창기부터 차근차근 진행
되었습니다. 3대 대통령 토머스 제퍼슨 때 루이지애나 매수로 미
국은 중앙까지 확대되고, 5대 대통령 제임스 먼로는 1819년에
스페인으로부터 플로리다를 얻어 미국의 남부 경계를 확실히 정

했지요. 11대 대통령 제임스 K. 폴크는 1845년에 멕시코와 전쟁을 해서 뉴멕시코와 캘리포니아를 획득하고, 영국과의 협정을 통해 북서부 지역의 경계를 확정했습니다.

1867년, 국무장관 슈워드의 추진으로 러시아로부터 알래스카를 구매했는데요. 처음에는 알래스카를 왜 구매하냐며 세상에서 가장 비싼 냉장고를 샀다는 조롱을 받았습니다. 당시 미국인들에게 알래스카의 현지 조건이 잘 알려지지 않았고, 지리적으로도 너무 멀리 있었습니다. 경제적 가치도 없는 땅을 720만 달러를 주고 구매하는 게 과하다는 거였죠. 하지만 나중에 알래스카에서 석유, 천연가스, 금과 같은 천연자원이 대거 발견되면서 현명한 투자였음이 입증됐습니다. 이렇게 미국은 대륙의 동부에서 서부까지 이르는 거대한 국가로 성장하게 됐습니다.

## 세계대전을 통해
## 최강국으로 떠오르다

19세기 전반, 미국은 북부와 남부 사이의 긴장간이 커지고 있었습니다. 북부는 자유로운 노동력과 산업화를 추구했지만, 남부는 농장에서 노예를 사용하는 방식을 고수했습니다. 노예제 폐지 기운이 점차 고조되던 1860년에는 에이브러햄 링컨이 대통령으로 당선되며 노예제를 폐지하려는 강한 의지를 보였습니다.

링컨이 노예해방 선언 초판을 내각 인사들에게 발표하는 모습을 그린 프랜시스 비크네 카펜터의 그림

이와 같은 행보는 노예제를 유지하려는 남부의 불만을 촉발시켰고, 그 결과로 미국의 남북전쟁이 시작됐습니다. 처음에는 남부 연합군이 잘 싸워 우세했지만 1863년, 링컨 대통령의 결단으로 모든 노예가 해방되며 북부군의 사기가 높아지면서 전쟁의 흐름이 바뀌었지요. 2년 뒤에는 북부군이 남부의 수도 리치먼드를 점령하면서 남부 연합이 해체됩니다. 이 남북전쟁에서 링컨이 남긴 유명한 말이 있습니다.

"국민의, 국민에 의한, 국민을 위한 정부는 지상에서 결코 사라지지 않을 것이다."

이 연설은 민주주의를 가장 압축적으로 설명하는 문장으로 오늘날에도 자주 회자 됩니다. 수백 년 노예 역사를 뒤집은 시대의 영웅 링컨. 하지만 안타깝게도 그는 전쟁이 끝난 지 6일 만에 암살당했고, 그의 죽음 이후에도 미국 내의 인종차별 문제는 오랫동안 해결되지 못했습니다.

남북전쟁 이후, 미국은 풍부한 천연자원과 넓은 국내시장을 바탕으로 비약적인 산업 발전을 이뤘습니다. 게다가 유럽으로부터 이민자들이 몰려들어서 공업화에 꼭 필요한 값싼 노동력까지 쉽게 얻을 수 있었고 정부는 이에 발맞춰 기업 활동을 촉진하는 정책을 펼쳤죠. 특히 주목할 만한 사건은 1869년 대륙횡단철도의 개통입니다. 이 철도는 북부와 서부를 잇는 중요한 교통로로서 물류와 이동의 혁신을 가져왔죠. 대륙횡단철도 이후 불과 30년 만에 미국 철도망은 전국 곳곳에 퍼져, 세계 철도의 40퍼센트를 차지하게 되었습니다. 이러한 변화는 미국을 세계적인 공업 대국이자 경제의 중심지로 만들었습니다.

하지만 빠르게 성장한 경제는 항상 부작용을 가져옵니다. 많은 이민자들이 도시로 몰리면서 일터의 경쟁은 치열해지고, 빈부격자가 거시면서 빈민가가 형성됩니다. 이를 해결하기 위해 1901년에 취임한 시어도어 루스벨트 대통령은 혁신주의 운동을 주도하게 됩니다. 루스벨트는 부정부패와 사회 불평등을 해결하려는 강력한 의지를 보이며, 미국을 진정한 민주사회로 개혁하는 방향으로 나아갔어요. 그의 정책은 고르고 건강한 경제성장을 촉진하면서 사회적 안정을 가져다주는 중요한 역할을 하게 됩니다.

1914년 유럽을 무대로 한 제1차 세계대전이 발발하면서 세계는 새로운 판도로 들어서게 됩니다. 이 시기, 미국은 전통적인 불간섭주의 외교 원칙을 따라 중립을 고수하며 전쟁에서 멀리 떨어져 있었죠. 그러나 상황이 180도 급변합니다. 독일이 미국 민간인이 타고 있는 상선을 무참히 공격하자 미국은 결국 1917년 연합국의 일원으로 전쟁에 참여하게 됩니다.

이때 미국은 유럽에 군수물자를 공급하면서 막대한 부를 쌓아 올립니다. 이를 계기로 미국의 산업 생산력은 영국을 앞지르며 세계적인 경제 대국으로 도약하게 되죠. 제1차 세계대전이 끝나갈 무렵, 1918년 우드로 윌슨 대통령은 전쟁의 상처를 치유하고 향후 전쟁을 방지하자며 '14개조 평화 원칙'을 발표합니다. 이 원칙은 전쟁 후의 국제 질서 재편을 위한 기반을 제공하게 됩니다.

1929년, 주식시장의 붕괴로 시작된 경제 대공황의 충격은 미국뿐만 아니라 유럽까지 퍼졌습니다. 미국의 실업률은 약 25퍼센트에 달했고 많은 이들이 음식과 기본적인 생필품을 구하는 것조차 어려워졌습니다. 식량을 배식받기 위해 길거리에 줄이 길게 늘어섰죠. 미국 내외의 수많은 가정이 파산하고 무너지는 동안, 사람들은 절망에 빠졌습니다.

1933년에 공황이 정점에 달하던 중, 프랭클린 루스벨트 대통령은 뉴딜 정책을 발표하며 미국을 위기에서 구하려는 강력한 노력을 기울였습니다. 그의 구호, 복구, 개혁의 추진으로 미국 경제는 수년 간의 치열한 고비를 겨우 넘기게 됩니다.

그러나 세계 정세는 여전히 불안했습니다. 1939년, 히틀러의 폴란드 공격으로 제2차 세계대전이 발발합니다. 초기에 미국은 1차 대전 때처럼 중립을 유지하려고 했지만 결국 1941년에 참전하게 되는데요. 이번에도 전쟁이 미국에 엄청난 부를 안겨줍니다. 폭주하는 군수품 주문이 산업 생산량 증가로 이어지면서 미국 경제에 활력이 넘쳤습니다. 전쟁이 휩쓸고 간 유럽은 폐허가 된 반면 미국 본토의 인프라와 도시는 직접적인 전쟁 피해를 입지 않았고, 세계적인 비극 속에서 홀로 막대한 부를 쌓던 미국은 명실상부한 초강대국으로 성장합니다.


## 소련 붕괴 후
## 미국의 국제 정세

원자폭탄을 맞은 일본이 항복함으로써 제2차 세계대전은 마무리되고, 국제사회의 평화와 협력을 촉진하기 위해 유엔이 공식적으로 출범하게 됩니다. 이러한 국제적 변화 속에서, 고립주의를 벗어난 미국은 유엔에서 주도적인 역할을 하며 '자유주의적 국제주의' 외교정책을 추진하게 됩니다. 제2차 세계대전 이후 서유럽이 세계 무대에서 후퇴하자, 그 빈자리는 미국과 소련이

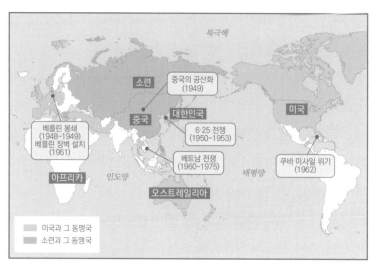

자유 진영과 공산 지역으로 양분화된 냉전 시대 지도

차지하게 됩니다. 그러나 이 두 강대국 사이에는 근본적인 이념의 차이가 있었고, 이는 결국 냉전 체제의 형성으로 이어지게 됩니다.

소련이 동유럽 점령 국가들을 공산주의 체제로 강제 전환시키자 미국은 이에 대응하기 위해 새로운 정책을 세우게 됩니다. 1947년에 미국 대통령 해리 트루먼은 '트루먼 독트린'을 선언하는데, 이는 공산주의의 세계적 확산을 막겠다는 의지를 밝히며 공산주의에 대항하는 자유세계 국가들에게 경제와 군사적 자원을 제공한다는 내용이었습니다.

냉전 시대에는 또 한번의 세계대전이 일어날 뻔한 일촉즉발의 순간도 있었습니다. 1962년에는 소련이 쿠바에 핵탄두 미사일을 배치하려 한 '쿠바 미사일 위기'가 발생하면서 미국과 소련은 핵전쟁의 직전까지 가기도 합니다. 다행히 미국 대통령 존 F. 케네디와 소련 수상 니키타 흐루쇼프 사이의 협상으로 위기를 벗어났지요.

또한, 미국은 공산주의의 확산을 막기 위해 전 세계에서 다른 국가들의 전쟁에도 개입하게 되었습니다. 1964년 통킹만 사건을 구실로 린든 존슨 대통령이 남베트남에 미군을 투입하면서 베트남전쟁이 시작됩니다. 1971년 〈뉴욕타임스〉는 미국이 베트남전쟁에 개입하기 위해 통킹만 사건을 조작했다고 폭로하기도 했죠. 1973년 마침내 미국은 베트남과 평화조약을 체결하고 베트남에서 군대를 철수합니다.

1990년에는 이라크의 쿠웨이트 침공으로 걸프전이 시작되었고, 미국은 다국적 연합군을 주도해 전쟁을 승리로 이끌었습니다. 1991년 소련의 붕괴로 냉전이 종식되고 미국은 유일한 초강대국으로 부상하게 되었습니다. 이후의 미국은 9·11 테러, 글로벌 금융 위기를 통해 세계에 지속적인 영향을 미치게 되었습니다. 미국의 역사는 상대적으로 짧지만, 단기간에 세계 최강대국에 오른 이 국가의 행보는 전 세계를 좌지우지할 만큼 중요합니다. 앞으로 미국은 세계의 역사에 또 어떤 영향을 미치게 될까요?

# 🎖 미국의 역사 🎖

**1492년**
콜럼버스가 아메리카 대륙 탐험

**1607년**
영국이 버지니아주에
최초의 식민지 제임스타운 건설

**1773년 12월 16일**
보스턴 차 사건 발생

**1775년**
미국 독립 전쟁 발발

**1783년**
영국과 평화조약 체결,
13개 식민지 독립

**1789년**
조지 워싱턴이
미국 초대 대통령으로 선출

**1803년**
루이지애나 구매로
미국의 국토를 두 배 이상 확장

**1823년**
유럽의 간섭을 거부하는
'먼로독트린'을 발표

**1861년**
에이브러햄 링컨이 대통령으로 당선,
남북전쟁 발발

**1863년 1월 1일**
링컨 대통령의 노예해방선언

**1869년**

북부와 서부를 잇는 대륙횡단철도 완공

**1901년**

시어도어 루스벨트 대통령의
혁신주의 운동 시작

**1917년**

제1차 세계대전 중
미국이 연합국에 가담

**1933년**

프랭클린 루스벨트 대통령의
뉴딜 정책 실행

**1941년**

제2차 세계대전 참전

**1947년**

트루먼 독트린 발표, 냉전 시작

**1988년**

조지 H.W 부시가 대통령으로 당선

**1991년**

소련 붕괴

**2001년**

9·11 테러를 계기로 테러와의 전쟁 선포

**2008년**

첫 혼혈 대통령으로 버락 오바마가 당선

**2016년**

도널드 트럼프가 대통령으로 당선

**2020년**

조 바이든이 대통령으로 당선

# PART 04

# 세상이 숨긴 비극의 역사,
# 잔혹사

# 좀비의 기원이 된
# 세계 최초 흑인 공화국의 탄생

## 아이티 혁명

수많은 공포물에 등장하는 살아 있는 시체인 좀비는 그저 여름날 더위를 식혀줄 허구의 소재일 뿐일까요? 놀랍게도 좀비의 유래는 북아메리카의 섬나라, 아이티공화국에서 찾아볼 수 있습니다.

최초의 흑인 공화국으로 탄생한 아이티는 잘 알려지지 않았지만, 위대한 혁명을 통해 독립을 쟁취한 다채로운 역사를 간직한 나라입니다. 하지만 지난 영예를 뒤로한 채 현재는 무법천지가 되어버린 곳이기도 하지요. 지금부터 좀비의 기원부터 현재의 아이티공화국의 실상까지, 이 신비로운 섬나라 이야기를 파

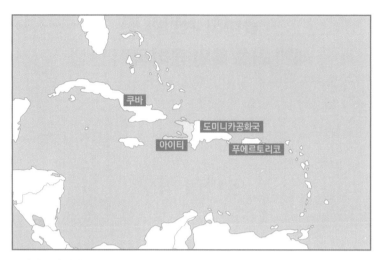

쿠바

도미니카공화국

아이티

푸에르토리코

좀비의 고향 아이티공화국의 위치

헤쳐봅시다.

1492년, 동양을 찾아 탐험을 시작한 콜럼버스는 대서양을 가로질러 한 섬에 도착했습니다. 콜럼버스는 그 섬을 '구세주의 섬'이라는 산살바도르라고 이름 붙이고, 이어서 쿠바와 히스파니올라섬에 도달했어요.

여기서 주목할 섬은 그가 제1차 항해에서 발 디딘 히스파니올라섬입니다. 현재 히스파니올라섬 오른쪽엔 도미니카공화국이 있고, 왼쪽에 아이티공화국이 위치해 있습니다.

콜럼버스가 도착한 이후, 원래 이곳에 살던 원주민들에겐 죽음의 그림자가 드리워졌습니다. 수많은 원주민은 스페인 점령군에게 학살되었고, 유럽에서 건너온 전염병까지 섬을 휩쓸었죠.

그 결과 원주민은 거의 전멸되고 말았습니다. 스페인은 신대륙을 통치하기 위해 새로운 인력을 충당해야 했어요. 부족한 노동력을 메꾸기 위해 저 멀리 아프리카에서 끌려온 흑인 노예들이 아이티에 새로 들어오게 됩니다.

1600년대 후반이 되자, 힘이 약해진 스페인의 식민지에 영국과 프랑스가 발을 딛고 세력을 키우기 시작했습니다. 그러다 프랑스가 영국을 내쫓고 1697년에 스페인과 레이스베이크Ryswick 조약을 맺으면서 히스파니올라섬의 3분의 1이 프랑스령이 됩니다. 프랑스는 생도맹그Saint-Domingue라는 이름으로 이 땅의 서부를 지배하게 되었는데, 우리나라 경상도 정도의 크기입니다. 이 지역이 훗날 아이티공화국이 되는데요. 우리는 편의상 이곳을 아이티로 통일해 부르겠습니다.

섬의 원주민들이 학살과 질병으로 몰살되자 유럽인들은 아프리카에서 흑인들을 데려와 노예로 삼았습니다. 아이티에 끌려온 아프리카 흑인 노예들은 설탕 생산 지옥에 빠졌습니다. 17세기 유럽인들은 쓴 커피에 달콤한 설탕을 꼭 넣어 마셨기 때문에 유럽에서 설탕 수요가 급격히 늘어났거든요.

설탕의 인기가 치솟는 동시에 노예무역 역시 절정으로 치달았습니다. 아이티에는 '플랜테이션'이라는 근대적 농업 시스템이 제일 먼저 들어섰죠.

# 프랑스 식민 통치 아래
# 아이티인을 결집한 부두교

플랜테이션이 시작되었다는 것은 곧 아이티에서 체계적인 대규모 노예노동이 시작됐음을 의미합니다. 아이티의 흑인 노예들의 평균 수명이 20세를 채 넘기지 못할 정도로 노동 착취는 심각했습니다. 설탕의 원재료인 사탕수수는 다 자라면 무려 4미터가 넘는데요. 사람 키의 두 배가 훌쩍 넘는 사탕수수를 베어내서 롤러로 압착해 즙을 짜내야 했어요.

여기서 끝이 아닙니다. 사탕수수를 고농도로 정제하기 위해 솥에서 오래오래 끓여야 했는데, 그 땔감도 노예들이 직접 산에서 베와야 했습니다. 이 모든 과정은 하나하나가 전부 사람의 힘으로 이뤄졌지요.

피곤함이 쌓인 노예가 사탕수수 압착 중에 잠깐 졸기라도 하면 롤러에 손가락이 빨려 들어가는 사고는 부지기수로 일어났어요. 여기서 팔이나 몸통까지 딸려 들어가면 꼼짝없이 목숨을 잃게 되니, 이런 사고를 방지하기 위해 언제든 자기 팔을 자를 수 있도록 손도끼를 지니고 있었습니다. 농장주들은 노예들이 더 빨리, 더 많이 일하길 원했고 제대로 일하지 못하는 노예에게는 때때로 가혹한 벌을 내렸습니다.

이런 극한의 노동환경 속에서 기댈 곳 없는 노예들의 유일한 안식처는 종교였습니다. 아이티로 팔려 온 흑인 노예들이 믿은

서양의 자본과 원주민의 값싼 노동력을 결합한 플랜테이션의 대표 작물인 사탕수수

종교는 바로 부두교인데요. 부두교는 가톨릭과 아프리카의 전통 종교가 뒤섞인 형태로 발전해 종교적으로 조금 독특한 특징을 갖고 있습니다.

이렇게 종교가 뒤섞이게 된 건 1685년에 프랑스 국왕 루이 14세가 종교적 자유를 허용했던 낭트칙령을 폐지하고 프랑스 유일 종교로 가톨릭을 채택하면서 프랑스의 지배를 받는 아이티 흑인들 역시 가톨릭의 영향을 받게 됩니다.

또 한편으로 고령의 노예들은 그들의 고향 아프리카에서 전승된 주술 문화를 젊은 노예에게 전해주었죠. 그 결과 가톨릭의 '죽음·부활·예배' 같은 요소와 아프리카, 특히 다호메이 왕국에서 건너온 토속신앙이 결합한 부두교 특유의 종교철학이 탄생했습니다. 부두교에서는 크리스마스에 성대한 의식을 치르는 것과 같은 가톨릭적인 요소가 많이 남아 있습니다.

농장주가 보기에 노예들은 가톨릭교를 믿고 있는 듯했지만 실제로 노예들은 그들만의 신앙 부두교를 계속 발전시키며 유대감을 형성해가고 있었습니다. 부두교는 노예제도에 대한 저항의 의미도 지녔고, 훗날 흑인 노예 반란에서도 중요한 역할을 하게 됩니다.

당시 부두교의 사제는 보코르Bokor라는 주술사로, 부두교에는 이 주술사가 죽은 자를 되살려서 통제할 수 있다는 믿음이 있었습니다. 아이티에서는 부두교 주술사에 의해 시체를 부활시키는 새 주술이 도입됐습니다.

부두교에서 행하는 죽은 이를 되살리는 의식은 정말 놀라운데요. 부두교의 사제 보코르는 농장주의 의뢰를 받아 이미 장례식까지 마친 시체를 무덤에서 꺼낸 다음 시체의 이름을 반복해서 부릅니다. 그러면 얼마 후 거짓말처럼 정말 시체가 벌떡 일어섰고, 두 손이 묶인 채 주로 백인 농장주에게 팔려 가게 됩니다.

아이티인들은 죽은 자를 좀비를 만드는 주술 행위를 두려워했습니다. 그래서 가족이 죽으면 시신을 매장한 후에도 36시간 넘게 지켜보거나 만약 고인이 주술에 의해 강제로 되살아나면 의식을 진행 중인 부두교의 사제인 보코르를 바로 공격할 수 있도록 고인의 손에 칼을 쥐어 주고 매장하기도 했습니다.

## 좀비를 만드는
## 주술의 실체

부두교의 주술사가 진짜 시체를 되살려서 좀비를 만들고, 게다가 이 좀비를 농장주에게 팔아 생업으로 삼았다? 이게 정말 말이 되는 이야기일까요? 대체 이런 일이 어떻게 가능했던 걸까요? 하버드대학교에서 인류학과 생물학을 전공한 인류학자 웨이드 데이비스Wade Davis는 이 말도 안 되는 이야기를 확인하고자 아이티에 직접 찾아가 좀비로 만드는 부두교의 의식을 연구했습니다.

조사 과정에서 밝혀진 주술의 실체는 그야말로 충격적이었죠. 부두교의 주술사는 종교의 주술적 힘으로 시체를 되살리는 게 아니라 오히려 그 반대로 살아 있는 사람에게 특정한 약물을 넣어 마치 죽은 시체처럼 만드는 거였어요.

데이비스의 주장에 의하면 좀비를 만들기 위해 '좀비 파우더'라는 약물이 사용됩니다. 좀비 파우더의 주성분은 주로 복어에게서 발견되는 천연 독성 성분인 테트로도톡신인데요. 테트로도톡신은 청산가리의 독성의 1,000배에 달해 단 1밀리그램만으로도 성인이 목숨을 잃을 수 있는 치명적인 성분입니다. 강한 독성을 가진 테트로도톡신을 살짝 넣어 만든 좀비 파우더를 살아 있는 사람에게 주입하면 일시적인 가짜 죽음인 가사假死 상태가 되게 됩니다.

이걸 이용해 살아 있는 사람에게 좀비 파우더를 몰래 수입하면 희생자의 몸은 산소 결핍으로 점점 파랗게 변해가고 심장 박동과 호흡이 점차 느려지다가 결국 거의 감지되지 않을 정도가 됩니다. 희생된 노예 자신도 죽어가고 있다고 믿게 되고, 이 모습을 본 사람들은 그가 사망했다고 판단해 장례식을 치르게 되죠.

그날 밤 비밀 조직에 속한 부두교의 사제는 무덤으로 가 약에서 조금 깨어난 희생자의 육신을 끌어 올립니다. 아직 정신이 온전치 못한 희생자에게 마취성 독소가 포함된 약을 또다시 먹입니다. 주로 '악마의 나팔'이라 불리는 독말풀을 먹였는데, 독말풀은 풀 내의 독을 잘 정제해 쓰면 마취나 진통에 효과가 있는 약재로 쓸 수 있지만, 독성이 강해 조심히 다뤄야 하는 식물입니다. 이 풀을 먹은 희생자에게 폭력을 가하면 그는 뇌에 손상을 입은 채 다시 가사 상태에 빠집니다. 사제는 정신이 오락가락 희미한 희생자에게 이런 말을 반복해서 속삭입니다.

**"당신은 좀비이고, 내가 시키는 대로 해야 한다."**

그러면 희생자는 모든 생각과 의지를 잃은 채 그저 시키는 대로 움직이는 충실한 노예가 되는 것이죠. 데이비스는 부두교 사제들이 희생자에게 환각과 어지럼증을 유발하는 약을 꾸준히 주입한다는 사실도 추가로 발견했습니다. 약물을 통해 희생자에게 스스로 좀비라는 환각을 계속 심어주는 거죠. 물론 한편으로는 이 좀비 파우더로 가사 상태를 만든다는 데이비스의 주장에 의혹을 제기하는 학자도 있습니다.

어떤 형태든 충실한 노예를 얻기 위해 멀쩡한 사람을 좀비처럼 만드는 행위는 그 자체로 끔찍한 범죄였습니다. 데이비스는 이런 좀비를 만드는 행위가 종교와 연관된 비밀 조직의 소행이며 그 뒤에는 농장주가 배후에 있다는 사실을 알게 됩니다.

대규모 플랜테이션 농장에서는 보통 백인 농장주 한 명이 200~500명가량의 흑인 노예를 관리하는데요. 노예의 수는 곧 농장주의 부를 상징하지만, 그와 동시에 농장주는 노예들의 반란을 언제나 노심초사 두려워했습니다. 흑인 노예들이 마음먹고 반란을 일으킨다면 그날은 곧 농장주의 제삿날이 되는 거니까요.

이런 이유로 백인 농장주는 수많은 흑인 노예를 효과적으로 통제하기 위해 자연스럽게 부두교 주술에 관심을 두기 시작한 것입니다. 좀비가 된 희생자들은 농장주에게 팔려가 영원히 복종하며 죽음보다 못한 노예노동을 계속하며 주인의 재산을 불려주었어요.

아이티의 음지에서 행해진 사람을 좀비로 만드는 행위는 죄인 혹은 증오하는 대상에게 사회적 죽음을 가하는 일종의 사형과 같은 형벌이었기에, 자신도 좀비가 될 수도 있다는 점은 아이티인이 가장 두려워하는 것이었죠.

# 프랑스 혁명에 영향을 받은
# 흑인 노예들의 투쟁

이런 암흑의 시대를 지나 아이티에서 놀랄 만큼 새로운 역사가 쓰이게 됩니다. 18세기 말에 아이티는 가장 번영했던 프랑스 식민지였는데요. 이것은 곧 흑인 노예의 노동 착취가 극에 달했다는 의미입니다. 당시 아이티에서 혹사당하던 흑인 노예는 50만 명에 달했습니다. 이렇게 살 수는 없다고 생각한 아이티의 흑인 노예에게도 저항 정신이 조금씩 싹트기 시작합니다.

1791년, 드디어 흑인 노예들의 거대한 반란이 일어나는데요. 이 혁명 세력의 구심점을 만든 지도자가 바로 투생 루베르튀르 Toussaint Louverture입니다.

**"우리는 삼색기 밑에서만 진정으로 자유를 누린다."**

1789년 프랑스대혁명이 일어났는데 이때 만들어진 게 자유, 평등, 박애를 상징하는 프랑스의 삼색기입니다. 흑인 노예들은 이 소식을 환영하며, 삼색기를 휘날리고 혁명가를 부르면서 프랑스혁명을 따라한 것이죠.

아이티섬 인구의 고작 5퍼센트에 불과한 백인들은 흑인 노예들의 압도적인 수와 거센 분노를 피해 도망칠 수밖에 없었습니다. 흑인 노예 출신인 투생은 혁명군을 이끌며 프랑스, 영국, 스

투생이 이끈 생도맹그 전투를 그린 제뉴어리 슈코돌스키의 그림

페인과 같은 당대 세계 최강국들을 격파해냈습니다. 이런 투생에게는 '검은 스파르타쿠스'라는 별명이 따라붙었죠.

이윽고 1804년, 투생이 이끈 혁명군은 중남미 최초의 흑인 공화국을 선포했습니다. 이때까지 프랑스에 의해 생도맹그라고 불렸던 국호를 아이티라고 정했습니다. 아이티는 '산악이 많은 지방'이라는 의미로 이곳에서 전멸된 원주민이 사용 하던 지명입니다.

세계 최초로 노예들이 스스로 해방을 쟁취하고 결국 자신들의 국가를 세운 아이티 혁명은 실로 대단한 역사였지만, 세상에 잘 알려지지 않았습니다. 서구 열강의 시선에 비친 아이티는 공포의 땅이었고 한편으로는 눈엣가시였어요. 당시 백인의 입장에서는 열등한 흑인 노예가 유럽 강국을 물리치고 스스로 자유를 쟁취했다는 사실을 받아들이기 힘들었습니다. 노예제를 유지하고 싶었던 유럽 각국에 아이티공화국의 존재는 그 자체로도 위협적이었죠.

게다가 독립선언 직후 백인과 물라토(흑인과 백인의 혼혈) 수천 명을 죽인 대학살이 있었는데, 이 학살로 아이티는 국제사회에서 철저히 따돌림을 당하고 말았습니다. 아이티의 지도자들은 국가 주권을 인정받고 외교적 고립에서 벗어나기 위해 20년 후 프랑스로부터 독립국임을 인정받는 대신 과거 학살에 대한 책임으로 1억 5,000만 불의 배상금을 지급하기로 약속하게 됩니다.

"손해배상을 요구하는 옛 식민지 백인을 위해 아이티는 프랑스에 1억 5,000만 프랑을 지불하라."

배상금은 한 차례 조정되어 1838년에 9,000만 프랑으로 줄었지만 9,000만 프랑의 가치는 지금의 300억 달러에 달하는 어마어마한 액수였죠. 이 돈은 당시 아이티 국내총생산의 10배에 달하는 거액이었고, 배상금을 지불하기 어려웠던 아이티는 미국 은행에 돈을 빌리게 됩니다.

사실 2003년 아이티 정부는 프랑스에 1943년까지 지불한 배상금을 돌려달라며 210억 달러를 요구했습니다. 하지만 이듬해

아리스티드 대통령은 열강의 압력 속에 국외로 쫓겨나 아프리카에서 망명 생활을 해야 했고, 힘없는 아이티는 외세의 개입과 심각한 경제적 위기에 직면하게 되었습니다.

이제 막 내부를 정비해야 할 신생국이 처음부터 막대한 국채를 떠안은 데다 근대화를 시도하면서 추가적인 빚까지 쌓여갔습니다. 이렇게 아이티는 120년 넘게 빚만 갚다가 1947년에서야 외채를 다 갚았는데요. 그사이에 9년간 미국에 점령당하기도 하고, 독일의 간섭에도 시달리는 등 여러모로 바람 잘 날이 없었습니다. 이렇게 20세기로 진입한 아이티는 '세계 최빈국'이라는 타이틀을 달게 됐습니다.

## 무법천지가 된
## 오늘날의 아이티

오늘날 아이티 국민들은 어떻게 살아가고 있을까요? 2007년에는 〈AP통신〉에 의해 경악스러운 뉴스가 전해졌습니다. 아이티인들이 흙으로 만든 진흙 쿠키를 먹는다는 내용이었는데요. 계속 먹으면 복통을 유발한다는 걸 알면서도 너무 허기가 져서 흙을 먹는다는 슬픈 내용이었죠.

또한 노예 혁명으로 당당하게 독립을 쟁취했던 아이티에서 아이러니하게도 아동 노예제도가 성행하고 있었습니다. 이른바

레스타베크restavek라고 불리는데, 프랑스어로 '함께'라는 뜻의 단어 avec와 '머문다'라는 뜻의 rester, 두 단어를 합성한 겁니다. 주로 4~15세 사이의 가난한 집안 출신의 아동과 청소년이 다른 집에 무급 가사도우미로 보내지는데요. 수십만의 레스타베크 중 대다수가 신체적인 학대와 성폭력에 노출되어 있다고 알려졌습니다.

그리고 현재 아이티는 인신매매, 살인, 납치와 같은 끔찍한 범죄들이 빈번하게 일어나고 있는 그야말로 살아 있는 지옥입니다. 2021년 7월, 아이티 대통령이 괴한에게 암살된 이후 정부 권력에 공백이 생겼고, 그 공백을 노린 갱단들에 의해 결국 국가가 폭력의 손아귀에 들어가고 말아요.

두 갱단이 지역 패권을 차지하기 위해 수도를 장악하고 유혈 충돌을 벌이면서 시내 한복판인 주거지에서도 총격전이 벌어집니다. 순식간에 온 나라가 전쟁터가 되어버리고, 아이티 국립 대학교는 휴교를 선언하고, 140채의 집이 완전히 박살이 나고, 3,000여 명의 주민이 도시를 탈출해요. 미처 도망치지 못하고 갱단에 잡혀 강제로 끌려간 소년들은 그들의 방패막이로 허무하게 생을 마감합니다.

생지옥에서 겨우 탈출한 목격자들의 진술에 의하면 사람이 산 채로 불타고, 소녀들은 끌려가 성폭행을 당하고, 민간인이 갱단의 칼에 맞아 죽는 일들이 비일비재하게 발생했다고 합니다. 유엔에 의하면 2022년 1월부터 6개월 동안 수도에서만 1,000명가량의 사망자가 발생했다고 하는데요. 아이티에서 활동하는 갱단의 수가 약 90개에 달하고 경찰과 군인들이 손쓰기 힘들 정도로 세력을 키운 상황이라고 합니다. 갱단이 전국의 40퍼센트 이상을 장악했다고 하니 온 나라가 아비규환에 빠진 상태죠. 일부 지역에선 갱단이 학교와 경찰서, 법원까지 장악해 정부 행세까지 하는 상황이 벌어졌죠.

미국에서 밀반입한 무기로 무장한 갱단을 피해 모든 걸 버리고 이민을 가려면 목숨을 걸어야 합니다. 아이티를 탈출하다가 인신매매 단체의 꼬임에 넘어가 팔려 갈 수도 있고요. 2022년 7월엔 아이티 이민자들이 탄 배가 미국으로 가던 중 뒤집혀서 17명이 사망한 일도 있었습니다. 아이티 정부가 무너져버린 상황에서 유엔의 도움은 한계를 보이는 실정입니다. 희망이 없는 나라가 된 아이티공화국, 이들은 또다시 스스로 운명을 개척해낼 수 있을까요?

**1492년**
콜럼버스가
히스파니올라섬 발견

**1697년**
'레이스베이크 조약'으로
섬의 3분의 1이 프랑스령이 됨

**1791년 8월 22일**
투생이 이끄는 혁명군 결성

**1793년 1월 21일**
프랑스 루이 16세 처형.
생도맹그 노예해방령 선언

**1794년**
투생이 스페인군과 영국군을 물리치고
평화를 쟁취

**1801년 11월**
나폴레옹이 아이티 식민지 재탈환과
노예제 부활 시도

**1804년 1월 1일**
프랑스 침공 격파,
정식 독립 선포

**1915년**
제1차 세계대전 중
침공한 미국의 점령

**1934년**
미군 철수

# 서양을 깔보던
# 우물 안 개구리 중국의 추락

# 아편전쟁

　18세기 청나라의 위세는 그야말로 하늘을 찔렀습니다. 중국의 마지막 제국인 청나라는 세계 최상위권 수준의 경제 대국으로 군림했어요. 영국의 경제사학자 앵거스 메디슨Angus Maddison의 조사에 따르면, 아편전쟁 발발 전인 1820년 무렵에도 청나라의 국내총생산은 세계 전체의 약 33퍼센트를 차지했습니다. 서구 열강은 청나라의 넓은 땅과 많은 인구에서 나오는 경제력과 수많은 전쟁을 거치며 쌓아온 잠재력을 내심 두려워했죠.

　한편으로 18세기는 산업혁명이 시작된 시기여서 영국과 일부 유럽 국가들은 경제적으로 급성장하고 있었습니다. 영국에서

면식물 생산량이 기하급수적으로 늘어나자 그 많은 물건을 팔 해외시장을 찾기 시작합니다. 그러다 보니 자연스레 인구 3억 명의 거대한 중국 시장이 눈에 들어왔어요. 하지만 청나라는 자국의 이익과 국가 안보를 위해 다른 국가와의 통상을 금하는 쇄국 정책을 고수했습니다. 무역하자는 서양 국가들에게 딱 한 곳, 광저우의 문만 열어주고 있었죠.

그런데 이상하게도 무역을 하면 할수록 중국은 흑자를 보고 영국은 적자만 쌓여갑니다. 그도 그럴 것이, 서양에서 중국산 도자기는 사회적 지위와 부의 상징이었고, 중국산 비단은 고대부터 알아주는 사치품이었잖아요. 특히 그 당시 영국인들 사이에서 중국산 차가 굉장한 인기를 끌기도 했고요.

반대로 영국 입장에서 중국에 갖다 팔 물건은 마땅치가 않았습니다. 방금 영국이 산업혁명으로 인해 대량생산한 면직물을 중국에 팔고 싶었다고 했죠? 하지만 중국의 수많은 인구가 미친 듯이 만들어내는 값싼 면직물과는 애초에 가격경쟁이 되지 않았습니다. 게다가 하필 광저우같이 따뜻한 남부 지역이 개항됐으니 면직물이 인기 있을 리 없었고요. 게다가 청나라가 사실 겉만 화려했지, 대다수의 백성들은 여전히 가난했거든요. 당시 청나라의 1인당 국민소득은 조선과 비슷한 600달러에 불과했어요. 그러니 영국의 피아노 같은 물건은 꿈도 못 꿀 사치품이었습니다.

이렇다 보니 청나라와 영국 사이에는 심각한 무역수지 불균형이 발생합니다. 당시 무역할 때 은으로 대금을 지불했는데요.

중국은 영국과의 무역을 통해 빨려 들어오는 엄청난 은으로 주머니를 두둑이 채웠습니다. 1792년, 이를 보다 못한 영국 왕 조지 3세는 무역 불균형 문제를 해결하기 위해 매카트니 사절단을 청나라로 보내 서로 동등한 조건으로 통상하자고 요구합니다. 그러자 청 황제 건륭제는 거만한 태도로 이렇게 답했습니다.

"우리에겐 물산이 풍부해 부족한 게 없다. 귀국이 만든 제품은 우리에겐 필요가 없다."

## 마약과의 전쟁을
## 선포한 청나라

이런 중국이 얼마나 얄미웠을까요? 영국은 재빨리 머리를 굴렸습니다. 대체 중국인들에게 뭘 팔아서 돈을 벌 수 있을까? 마침내 아주 강력한 물건 하나를 생각해냅니다. 아편, 즉 마약을 중국에 팔자는 거였죠.

양귀비에서 추출하는 아편은 환각과 혼수상태를 유발하는 마약의 일종으로, 순간의 쾌락이나 괴로운 현실을 잊기 위해 시작하지만 결국 인생을 파멸로 치닫게 합니다. 아편이 진짜 무서운 건 내성 때문인데요. 만성중독 때문에 점점 더 많은 양을 원하게 되고, 과도한 양을 투약하면 호흡이 마비되어 사망에 이르기도

아편을 싣고 중국으로 들어오는 영국 선박을 그린 윌리엄 존 허긴스의 그림

합니다. 영국은 식민지였던 인도에서 아편을 대량생산해 중국에 밀수출하기 시작합니다.

조정에서 무료한 일상을 보내던 만주족 관리부터 육체노동으로 먹고사는 하층민에 이르기까지, 청나라에서 아편의 인기는 상상을 초월했습니다. 당시 청의 아편중독자 수는 무려 4,000만 명에 육박했죠.

청나라 조정엔 비상이 걸렸습니다. 아편굴에 모여 폐인이 된 사람들이 일도 안 하고, 아편 때문에 해외로 엄청난 양의 은까지 빠져나가니 경제도 덩달아 휘청거렸습니다. 아편 문제를 어떻게 해결할 것인가로 청나라는 고민에 빠집니다. 여러 의견 중 극단적인 엄금파의 의견이 뽑혔는데, 그 내용은 아편 흡연자가 1년 안에 아편을 못 끊으면 사형에 처한다는 것입니다.

청 황제 도광제는 임칙서라는 유능한 인물에게 황제의 전권을 위임하는 '흠차欽差대신' 자리를 주고 아편을 근절하라고 명해요. 임칙서는 아편중독으로 고통받다 죽은 친동생을 생각하며 청나라에 퍼진 아편을 싹 다 없애겠다고 굳게 다짐합니다.

"아편 문제를 해결하지 못한다면 광저우를 떠나지 않겠다."

광저우에 도착한 임칙서는 서양 상인들에게 다시는 아편 무역을 안 한다고 약속하는 각서를 받아내고, 상인에게서 아편 약 2만 상자, 무려 1,300톤을 압수해서 바다에 폐기해버립니다. 이 소식을 들은 영국은 뚜껑이 열리고 말았습니다. 자신들의 돈줄이 걸린 아편 단속에 반발한 거지요. 단단히 화가 난 영국 의회는 청과의 전쟁에 대한 찬반투표를 실시합니다. 투표 결과는 찬성 여론이 압도적이었는데, 훗날 영국의 총리가 되는 당시 31세 젊은 평민 출신 하원 의원 윌리엄 글래드스턴이 뜨거운 연설을 펼치며 여론의 흐름을 바꿉니다.

"우리는 대영제국 국기가 펄럭이는 걸 보며 피가 끓어오르고 가슴이 두근거립니다. 그건 우리의 국기가 항상 민족의 영광, 공명정대한 상

임칙서의 아편 폐기를 그린 그림

업을 위해 싸웠기 때문입니다. 하지만 지금 그 깃발은 더럽혀졌고 추악한 아편 밀수를 보호하려고 나부끼고 있습니다. 이것만큼 대영제국을 불명예로 빠뜨릴 전쟁은 없습니다."

그러나 결국 찬성 271표, 반대 262표, 단 9표 차이로 아시아의 역사가 뒤바뀌게 됩니다. 그리하여 1840년 6월, 영국이 병력을 이끌고 광저우로 진격하며 본격적인 제1차 아편전쟁의 막이 오릅니다. 막강한 해군력으로 세계를 침탈 중이던 영국과 오랜 기간 세상의 중심이 자신이라고 자부해 온 중국의 전쟁이라니, 그야말로 동서양 문명의 대충돌이었습니다.

청나라군의 200년쯤 묵은 군사용품과 낡은 목선은 영국군의 최신식 군함과 대포를 막기엔 역부족이었습니다. 사태가 심각한데도, 청나라 관료들은 그저 일시적인 분쟁 정도로 치부했습니다.

'뭐, 영국 오랑캐들이 뺏긴 아편 돌려달라고 난리를 치는 모양인데, 우리의 은혜를 애걸한다니 적당히 배상 좀 해주고 타협하면 되겠지.'

황제의 눈과 귀를 막는데 도가 튼 청나라 관료들은 도광제에게 우리가 이기고 있다며 거짓 보고를 올리기 일쑤였죠. 청나라 군을 처참히 무너뜨리며 진격하던 영국군이 마침내 중국 남부 거대 도시, 난징에 도착해 성벽을 둘러쌌는데요. 그제야 사태를 파악한 도광제가 대노했지만 그저 굴복하는 수밖에 방법이 없었습니다.

이렇게 아편전쟁이 시작된 지 2년 만에 막이 내리면서 그 유명한 난징조약이 맺어집니다. 중국과 영국이 맺은 최초의 불평등조약이며 이 조약으로 홍콩섬이 공식적으로 영국에 넘어가고, 또한 다섯 개 항구를 강제로 개항하게 됩니다.

이렇게 아편전쟁으로 청의 무기력한 실체가 까발려졌으니, 서구 열강들은 너도나도 이빨을 드러내며 청과 조약을 맺자고 달려들었는데요. 이 틈을 타 미국과 프랑스는 자신들에게 유리한 내용을 신나게 추가했습니다. 그래도 영국은 딱히 걱정할 필요가 없었는데, 난징조약에 '최혜국대우' 조항을 넣어놨기 때문입니다. 최혜국대우란 다른 나라가 조약으로 추가 대우를 받으면 영국도

제1차 아편전쟁을 그린 에드워드 던컨의 그림

똑같이 추가 대우를 받겠다는 조항으로 이 조항으로 인해 중국은
외교 주권을 영국에게 짓밟히게 됩니다.


## 우물 안 개구리인
## 청나라의 붕괴

아편전쟁이라는 수치 속에서 중국 근대사의 문이 강제로 활
짝 열립니다. 지금까지 자신들이 최고인 세상에 우물 안 개구리
처럼 갇혀 살던 중국은 서구 열강에게 멱살 잡혀 혹독한 세계 무
대로 끌려 나옵니다. 중화사상은 뿌리째 흔들렸고 나라 안팎으

로 빨간 경고등이 번쩍댔죠.

성난 민중들이 부패한 청나라 만주족을 몰아내고 평등한 사회를 만들자며 '태평천국운동'을 벌이며 1850~1864년까지 14년 동안 대규모 내전이 발생합니다. 총 2,000만 명이 사망한 최악의 내전이었는데, 청나라는 서양의 도움으로 겨우 난을 진압하게 됩니다.

이렇게 어지러운 정국에 제2차 아편전쟁의 원인이 되는 애로호 사건이 터집니다. 중국 관리가 애로호에 탑승한 중국인 해적을 체포했는데, 이때다 싶은 영국은 애로호 선장이 영국인이라는 걸로 딴지를 걸며 또다시 청나라의 무릎을 꿇리기 위한 전쟁을 시작합니다. 이것이 1856년부터 5년 동안 벌어진 제2차 아편전쟁입니다.

영국이 제2차 아편전쟁을 일으킨 진짜 이유는 제1차 아편전쟁 이후, 또 무역적자가 발생했기 때문입니다. 청나라에 열심히 아편 팔아서 돈 벌려고 했더니, 자급자족의 국가인 청나라가 이제는 아편까지 직접 재배해서 피우는 게 아니겠어요? 제2차 아편전쟁의 특징은 프랑스까지 영국과 손잡고 나섰다는 건데요. 프랑스는 청나라에서 프랑스 선교사가 처형된 일을 구실로 삼았습니다. 결국 영·프 연합군 앞에 풀썩 쓰러진 청나라는 1858년, 톈진조약을 체결했습니다. 이제 영국 군함은 중국 모든 항구에 드나들 수 있게 됩니다.

그런데 영국군이 물러나자, 갑자기 청나라가 배 째라면서 톈진조약을 안 지키려는 겁니다. 기가 찬 영국과 프랑스 연합군은 수도 베이징으로 진격했고, 황제 함풍제는 도망가버렸죠. 황제가 떠난 베이징에서 영국군은 황제의 자존심이었던 거대한 황실 정원 '원명원'을 파괴했습니다. 중국 정원 예술의 극치였던 원명원을 폐허로 만든 건 그동안 서양을 우습게 알던 중국의 자존심을 건들기 위함이었죠.

더 이상 선택의 여지가 없어진 청나라는 1860년 베이징조약을 맺습니다. 이때 청나라는 현재 홍콩섬 건너편의 주룽반도까지 영국에 내줍니다. 이로써 홍콩섬과 주룽반도가 오늘날 세계 최고의 국제금융 중심지인 오늘날의 홍콩으로 성장하는 배경이 됩니다. 러시아는 베이징조약을 중재한 대가로 연해주를 넘겨받고 조선과 국경을 맞대게 됐죠.

양차 아편전쟁으로 서구 위력에 탈탈 털린 청나라는 1861~1894년에 서양에 대한 업무, 즉 양무운동으로 서양 문물을 받아들이며 개혁을 시도합니다. 하지만 양무운동은 처참히 실패하고 게다가 1894년에 동아시아의 패권을 둘러싼 청일전쟁에서도 패배하면서 자기 아래인 줄만 알았던 일본에게도 무릎을 꿇죠.

청나라가 일본에 패배한 이유는 분명했습니다. 근대화를 위해 뿌리부터 갈아엎은 일본과는 달리 청나라는 겉핥기식으로 서양의 기술만 도입했기 때문입니다. 제일 중요한 사상과 제도는 뜯어고치지 않고 청 황제나 서태후 같은 권력자들은 그저 자신의 권력 지키기에만 급급했습니다.

1894년의 청일전쟁으로 동아시아의 국제 질서는 이제 일본 중심으로 재편되었고, 일본은 아시아에서 제일 빠르게 제국주의 국가로 자리 잡게 됩니다. 이 시기 일본 제국주의에 무너진 조선은 1910년 8월 29일 경술국치를 맞으며 역사상 처음으로 국권을 상실하고 식민지로 전락해 최악의 암흑시대가 찾아오죠.

　　한심한 나라 꼴을 보며 청나라 민중들은 생각했습니다. '개혁이니 뭐니 해도 결국 이 나라는 뿌리부터 썩었다! 이놈의 만주족이 세운 청나라 자체를 없애버리자!' 그렇게 역사의 무대 위로 혁명가들이 쏙쏙 등장합니다. 대표적인 인물로는 중국의 국부, 쑨원이 있죠.

　　결국 1911년 신해혁명이 일어나면서 중국의 마지막 왕조 국가, 청나라가 멸망합니다. 그 후 쑨원에 의해 중화민국이 건국되고, 1949년 마오쩌둥이 중화인민공화국을 세울 때까지 중국 격동의 역사는 쭉 이어지게 됩니다.

## 🌺 아편전쟁의 역사 🌺

**1757년**
청나라가 광저우를
제한적으로 개항

**1773년**
동인도회사의
아편 독점권 획득

**1792년**
영국 왕 조지 3세가 무역 불균형 문제를
해결하기 위해 매카트니 사절단을 파견

**1798년**
청이 아편 밀수입과 거래를
금지하는 법령 반포

**1839년**
제1차 아편전쟁 발생

**1842년**
난징조약 체결

**1856년**
애로호 사건으로 제2차 아편전쟁 발생

**1858년 6월**
영·프 연합군에 패한 청이
톈진조약 체결

**1860년**
베이징조약 체결

**1911년**
신해혁명 발생,
이듬해 청나라 멸망

# 홀로코스트보다 잔인한
# 전 국민 4분의 1이 사망한 대학살극

## 캄보디아 킬링필드

　　노동자의 유토피아를 건설한다는 공산당이 외친 이 꿈같은 구호 아래 동남아시아에서 참으로 끔찍한 학살이 행해졌습니다. 1975년부터 불과 4년도 안 되는 기간에 캄보디아 국민 4명 중 1명이 죽임을 당한 참극이 벌어졌죠.

　　이 시기 글을 읽을 줄 알거나, 손이 하얗거나, 안경을 썼다는 이유만으로 무고한 사람들이 잔혹한 고문을 받았고, 광기에 휩싸인 혁명군은 총알도 아까워 농기구로 머리를 쳐서 사람들을 죽이기 일쑤였습니다. 전체 인구 약 800만 명 중 200만 명이 살육당해서 한때 캄보디아는 죽음의 땅, '킬링필드'라고 불렸지요.

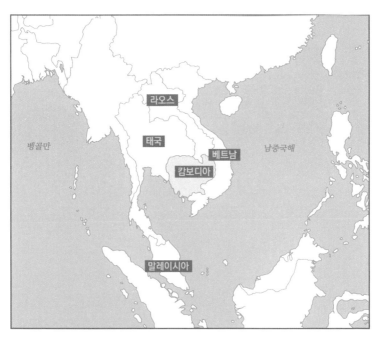

태국, 라오스, 베트남과 국경을 맞대고 있는 캄보디아의 위치

온통 피맺힌 절규로 가득한 생지옥, 그 꼭대기엔 동남아의 히틀러 '폴 포트'Pol Pot가 있었습니다.

    캄보디아는 세 국가에 둘러싸여 있습니다. 지도를 보면 왼쪽에 태국이 있고, 위쪽엔 라오스가 있으며, 남동쪽은 베트남과 맞닿아 있죠. 캄보디아 인구 중 90퍼센트 이상이 크메르인인데요. 과거 크메르인들은 오늘날의 캄보디아와 태국, 라오스, 베트남 대부분에 이르는 지역에 걸쳐 거대한 크메르 제국을 세웠고 12세기경에는 인류사의 위대한 유적이자 세계 최대의 사원인 앙코르와트를 건설했습니다.

그로부터 무수한 시간이 흐른 20세기는 한마디로 제노사이드, 살육의 시대였습니다. 냉전 체제의 거대한 그림자 속에서 강대국들의 이해관계는 복잡하게 얽혀 있었죠. 미국과 소련을 비롯한 양측 동맹국 사이의 긴장과 갈등, 대립이 끊이지 않는 시기였어요.

미국과 소련의 냉전에 가담하지 않고 중립을 표명한 개발도상국을 통틀어서 '제3세계'라고 불렀는데요. 제3세계에선 공산주의와 민족주의가 뒤섞이며 뜨거운 혁명의 열기가 가득했지요. 동남아시아의 캄보디아 역시 아주 혼란스러웠는데, 이데올로기가 대립하며 여러 파벌이 덩치를 키우고 있었습니다.


## 캄보디아의 영웅
## 폴 포트의 혁명 정책


캄보디아는 1863년부터 프랑스의 보호령이었다가 1953년 11월 9일에 완전한 독립을 합니다. 노로돔 시아누크Norodom Sihanouk 국왕은 독립운동의 중심인물로, 국제사회에 적극적으로 나서 프랑스로부터 독립을 이뤄냈어요. 독립 후 1955년에는 미국과 소련 사이의 총성 없는 전쟁에 발을 담그지 않겠다는 의지로 국가의 중립을 선언하는데요. 미국 정부는 동남아시아 지역에서 공산주의의 확산을 막으려는 입장이었으니 이러한 중립 외교정책이 상당히 거슬릴 수밖에 없었습니다.

그러다 1970년, 론 놀Lon Nol 장군이 시아누크를 무너뜨리고 쿠데타를 주도해 정권을 장악했는데요. 미국은 반공 성향의 론 놀 정권을 뒤에서 지원하게 됩니다. 그런데 당시 베트남전쟁 중이던 미군이 캄보디아에 북베트남군의 거점이 있다고 여겨 폭격을 퍼붓는 바람에 1969~1973년까지 수많은 민간인 사상자가 발생하게 되죠. 안 그래도 론 놀 정권이 무능하고 무책임했는데 이런 사건까지 있었으니 캄보디아에는 반미 정서가 더욱 거세집니다.

이때 캄보디아 수도 프놈펜을 점령한 인물이 캄보디아 공산 혁명의 인민 영웅인 폴 포트였습니다. 1975년 4월 17일 폴 포트가 이끄는 급진 좌익 무장 단체인 크메르루주가 프놈펜을 점령했죠. 크메르루주 정권은 강력한 민족주의 공산주의를 내세우며 민주 캄푸치아를 건국했어요.

시민들은 새 시대를 기대하며 혁명군에게 기대에 찬 눈빛을 보냈습니다. 하지만 그 희망의 불씨는 금세 꺼져버리고 맙니다. 정권을 장악한 크메르루주의 지도자 폴 포트가 집권하는 3년 7개월 동안 캄보디아를 그야말로 쑥대밭으로 만듭니다. 그의 혁명 정책이 급진적인 사회주의와 반베트남 민족주의를 두 축으로 하는 유례없이 급진적이었기 때문이죠.

이러한 사상의 배경이 된 그의 어린 시절을 살펴보면, 폴 포트는 파리 유학 시절에 사회주의 서클에서 자원봉사를 하다가 집단 노동력의 힘을 느끼고 공산주의 사상에 매료되어 귀국 후부터 공산당 활동을 해온 인물이었습니다. 1956년엔 프놈펜의 시립 고등학교 교사로 일하기도 했었어요. 마오쩌둥 사상에 심취한 그는 유토피아적 농경 사회주의국가 실험을 시작했습니다. 농업 생산량을 극대화해서 부국강병을 이루겠다는 계획 아래 전국적으로 200~300만 명의 도시민을 최대 곡창지대인 북서부 시골로 강제 이주시킵니다. 폴 포트 정권은 중산층 이상의 도시민들이 땅으로 돌아가서 도시에서 묻은 오물을 씻고 스스로를 개조해야 한다고 여겼습니다. 그래서 안보를 위협하는 반혁명 세력과 잠재적인 민족의 적을 뿌리 뽑아야 한다고 생각했죠.

**"낡은 사상을 고수하려는 자들이 혁명의 불길 속에 사라지고 나면 캄보디아는 더 강해지고 깨끗해질 것이다."**

캄보디아인들은 하루아침에 모든 신분과 직업을 버리고 농부가 됐습니다. 기나긴 이동 거리와 고된 행군 속에서 수많은 노인과 환자, 어린아이들이 말라리아나 풍토병 같은 질병으로 사망하고, 감히 셀 수조차 없는 대규모 이산가족이 발생했고요. 대열에서 누가 이탈했다 하면 혁명군은 그들을 짐승만도 못한 취급을 하며 잔인하게 대했습니다. 한때 프랑스식 건물이 들어서며 '아시아의 파리'라고 불렸던 프놈펜은 하룻밤 사이 유령도시로 변모했고, 이제 도시민들은 모두 시골 집단농장에서 일해야 했습니다.

캄보디아인들은 목표량을 채우기 위해 매일 14~18시간씩 일해야 했어요. 폴 포트는 육체노동은 프롤레타리아 의식을 연마하는 수단이라고 생각했어요. 그렇게 쉼 없이 일하며 배급받는 음식은 하루에 고작 죽 한 그릇이었습니다. 이러니 기아와 영양실조, 과로로 사망하는 자들이 속출했지요.

이뿐만이 아니었습니다. 집단 개념이 강조되면서 기존 가족 관계가 파괴되기도 했어요. 가족이 아닌 타인을 어머니, 아버지라고 불러야 했으며 공동 취사와 집단 거주 생활을 해야 했습니다. 강제 결혼정책이 시행되면서 자유연애도 금지돼 원치 않는 사람과 결혼해야 했고, 거부하면 그대로 죽임을 당했죠. 또한 정해진 의복만 입어야 했고 이동의 자유조차 허락되지 않는, 그야말로 자유가 박탈당한 삶을 캄보디아 사람들은 하루아침에 살게 되었어요.

국경이 폐쇄되면서 외부와 완전히 단절되고, 자본주의 경제 논리가 전면 폐지되면서 화폐경제도 없애버립니다. 하루아침에 개인의 사유재산도, 임금노동도 사라지고 시장과 구멍가게까지 없어져버렸죠. 주요 생산수단을 국유화하는 것을 이상적이라고 보는 정치 이론인 집산集産주의에 따른 거였어요.

그뿐 아니라 모든 학교가 폐쇄됐고 공산주의 선전 학습을 빼고는 모든 교육이 금지됐습니다. 이렇게 캄보디아인들은 모든 자유, 심지어 생각의 자유마저 잃었습니다. 폴 포트 정권이 진두 지휘하는 우민화 정책하에 전 국민은 정신 개조를 당하고 있었습니다. 폴 포트의 이러한 계획들은 구소련의 집단농장 제도, 중국의 대약진운동, 북한의 주체사상을 짬뽕시킨 것이었어요.

폴 포트 정권의 또 다른 타깃은 지식인 계층이었습니다. 론놀 정권 시절의 고위 관리, 의사, 약사, 교수, 중산층이 무차별적으로 처형당했어요. 베트남이나 외세와 관련된 자들도 죄다 숙청됐습니다. 게다가 복수를 방지한다는 이유로 자식들까지 끌려가 죽었어요. 혁명군은 그야말로 광기 그 자체였습니다. 어린아이가 커서 복수하지 못하도록 나무에 집어 던져 머리를 부숴버리기도 했고, 또한 총알을 아끼기 위해 농기구나 망치로 머리를 쳐서 죽이는 경우가 많았습니다.

이런 끔찍한 분위기 속에서, 본인이 유력한 학살 대상이다 싶으면 숨죽여 신분을 위장해 살거나 목숨을 걸고 탈출을 시도하기도 했어요. 국가 기반은 처참히 무너지고 캄보디아 땅에는 피맺힌 절규가 울려 퍼지고 있었습니다. 단지 글을 읽을 줄 알아도, 손이 하얗거나 안경을 쓰기만 해도 지식인으로 분류되어 고문을 받고 살해당했습니다. 죽기 전에 적출한 희생자의 쓸개는 고위 간부들의 보약으로 사용되기도 했습니다. 이토록 끔찍하게 학살당한 자들은 대부분 무고한 사람들이었지요.

이 시기 전국적으로 킬링필드가 약 300개에 달했는데요. 대표적인 장소는 '아시아의 아우슈비츠'라고 불리는 뚜얼 슬렝Tuol

캄보디아 킬링필드에 있는 표지판으로 약 8,900명 이상의 희생자가 집단 매장지에 묻혔다는 내용

Sleng입니다. 현재 학살 박물관이 된 이곳은 가장 악명 높은 보안 감옥 및 처형 장소였죠. 원래 고등학교였다가 끔찍한 학살장으로 개조된 이곳에 끌려온 사람은 2만여 명인데, 살아 나간 사람은 고작 12명이었습니다.

현재 뚜얼 슬렝 박물관은 당시 만행을 알리는 세계적인 장소가 됐는데요. 희생자들의 유골과 유품, 고문에 사용했던 철제 침대나 쇠고랑 등이 전시돼 있습니다. 게다가 당시의 자세한 살인 방법, 고문 기록, 눈 뜨고 보기 힘든 희생자들의 시신을 찍은 당시 사진들도 보관돼 있어요. 이곳을 방문하면 누구든 등골이 서늘해질 정도로 당시의 참혹함이 생생하게 느껴진다고 합니다.

예를 들어 한 희생자는 침대 위에 엎드린 상태로 목이 180도

돌아가 얼굴만 하늘을 향해 있는 모습이기도 하고, 또 다른 희생자는 삽으로 맞아 얼굴이 형체도 모를 수준으로 함몰돼 있기도 합니다. 또 다른 사진의 어린 희생자들의 경우 수감 번호가 쓰인 명찰 핀이 겉옷이 아닌 목에 꽂혀 있기도 하고요.

불과 3년 7개월 동안, 전체 인구 800만 명 중 약 200만 명이 사망했습니다. 그 짧은 기간에 인구 4분의 1을 살해한 것은 전쟁이 아니고서야 실현되기 어려운 수준으로, 정치 지도자들의 광기 어린 욕심으로 발생한 유례없는 기록이었어요.

## 혁명 끝에 최빈국으로
## 전락한 캄보디아

한편으로 폴 포트는 반베트남 인종주의자였습니다. 그는 빼앗긴 옛 땅을 회복하겠다는 명분하에 베트남을 무모하게 침공하고 베트남령 일부를 점령했는데요. 이는 곧 베트남군이 캄보디아를 침략할 빌미를 주게 되며 결국 정권 몰락의 원인 중 하나가 됩니다.

1978년 12월 24일, 베트남의 10만 군사가 캄보디아를 전면 공격했습니다. 베트남군은 미군이 철수하며 남기고 간 전투기와 별의별 첨단 장비로 무장하고 있었기 때문에 캄보디아군은 그저 획획 쓰러질 뿐이었습니다. 베트남군에게 이 전쟁은 식은 죽 먹기였지요.

결국 1979년 베트남군이 프놈펜에 도착하면서 폴 포트가 꿈꾸던 환상의 공산주의 세상은 종말을 맞이했어요. 폴 포트는 북부 산악 지대로 도망쳐 게릴라전을 이어갔습니다. 그러다 1998년 4월 15일 자신이 저지른 대학살에 대해 사과 한마디 없이 밀림 속에서 사망했어요. 폴 포트의 시체는 쓰레기와 함께 불태워졌습니다.

"나는 잔혹한 사람이 아니다. 양심적으로 거리낄 게 없다."
– 폴 포트가 생전에 남긴 인터뷰 중

폴 포트가 캄보디아를 100년 가까이 후퇴시키면서 인구는 대폭 줄어들고 말았습니다. 특히 고급 인력이 죄다 학살되면서 국력이 쇠락해 동남아 최빈국이라는 타이틀을 달게 됐죠. 폴 포트 정권 이후 1979년, 헹 쌈린Heng Samrin과 훈 센Hun Sen이 이끄는 친베트남 정권이 들어섰습니다. 캄푸치아 인민공화국 시대가 열린 거죠. 이후 인구 증대 정책을 펼친 결과 캄보디아는 국제사회에서 평균연령이 가장 낮은 나라 중 하나가 되었습니다. 어느 정도냐면 오늘날 평균연령이 27세, 전체 인구의 70퍼센트 이상이 35세 이하입니다.

1989년엔 베트남군이 철수하면서 1993년까지 캄보디아국 시대가 열렸습니다. 캄보디아 국민혁명당은 나라명을 캄보디아국으로 바꾸고 탈공산주의를 추진했고 1993년, 유엔의 도움을 받아 오늘날의 캄보디아왕국이 탄생했습니다.

그동안 끝없이 내전에 시달리느라 90년대 중반에도 캄보디아 땅속에 묻힌 지뢰가 무려 1,000만 개에 달했고, 매달 200~300명이 지뢰를 밟아 다쳤기 때문에 캄보디아는 불구자 비율이 가장 높은 나라로 꼽히기도 합니다. 주변 강대국 사이에서 힘없이 휘둘리는 약소국의 비애를 여실히 보여주는 캄보디아의 슬픈 현대사의 풍경입니다.

## 🎎 캄보디아의 역사 🎎

**802년**
크메르 제국 건설

**1200년경**
앙코르와트 건설

**1863년 8월 11일**
프랑스 보호령으로 편입

**1940년**
일본 인도차이나 침공

**1953년 11월**
시아누크 국왕의 독립운동 결과
캄보디아 독립

**1970년**
론 놀 장군이 쿠데타 후
크메르 공화국 수립 선포

**1975년**
폴 포트가 이끄는 크메르루주가
프놈펜 입성, 급진 혁명 추진

**1979년**
캄푸치아 인민공화국 시대 시작

**1989년**
베트남 철수 후
국명을 캄보디아국으로 변경,
탈공산주의 추진

**1993년**
유엔의 도움으로 입헌군주제
캄보디아왕국 탄생

# 20세기 최후의 무법지,
# 거대한 슬럼에서 일어난 일들

홍콩 구룡성채

축구장 세 개 면적도 안 되는, 약 9,000평도 안 되는 구역에 5만 명의 수상한 주민들이 모여 살던 특수한 지역. 수백 개의 불법 건축물로 기괴한 고층 슬럼을 형성한 이곳은 바로 홍콩의 구룡성채九龍城砦입니다. 살아 있는 마굴로 유명했던 구룡성채는 원래는 '구룡채성'九龍寨城으로 불렸는데요. 송나라 시대, 외적을 방어할 2층짜리 군사기지인 구룡성이 구룡성채의 시작입니다.

시간이 흘러 청나라 시대에 아편전쟁이 터지면서 청은 영국에 흠씬 두들겨 맞고 홍콩을 내줘야 했는데요. 홍콩은 중국 남동쪽에 위치한 특별행정구로, 홍콩섬, 주룽반도, 신계라는 세 구역

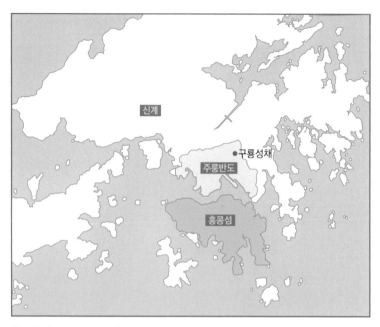
홍콩을 이루는 세 구역인 홍콩섬, 신계, 주룽반도와 구룡성채의 위치

으로 나눠져 있습니다. 그중 신계가 홍콩 영토의 약 90퍼센트를
차지해요. 청나라는 1842년의 난징조약, 1860년의 제1차 베이징
조약을 통해 홍콩섬과 주룽반도 일부를 영국에 영구적으로 넘겨
줬어요. 1898년 제2차 베이징조약에서는 신계 지역을 99년간 영
국에 빌려주기로 합니다.

이렇게 거대한 중국 영토 끄트머리 쪽에 영국령 홍콩이 완성
됐는데, 그 와중에 홍콩의 구룡성채만큼은 희한하게도 청나라에
서 관할했습니다. 청나라는 구룡성채를 통해 영국을 감시하고
싶었거든요. 하지만 영국은 구룡성채에 주둔하던 청나라 병사와

관리들을 내쫓아버렸어요. 그래도 어쨌거나 형식적인 주인은 청나라였으니 구룡성채는 영국령 홍콩 안의 유일한 청나라 땅이었습니다.

하지만 시간이 지나면서 구룡성채의 관할권은 애매해지고, 결국 그 어떤 정부도 이곳을 관리하지 않게 됩니다. 굳이 시간과 비용을 들여 관리하기 애매하니 다들 손 놓고 방치하게 되고, 이렇게 버려진 구룡성채는 무법지가 되기 시작합니다.


## 군사기지에서
## 고층 슬럼으로

제2차 세계대전이 터지고, 홍콩을 점령한 일본군이 카이탁 공항을 확장하겠다며 구룡성채 성벽을 철거하기도 했는데요. 이때 이곳의 주민은 약 5,000명 정도였습니다. 일본이 물러간 뒤에도 세상은 시끄러웠습니다. 장제스의 국민당과 마오쩌둥의 공산당 내전으로 수많은 전쟁 난민들이 홍콩으로 쏟아져 들어왔어요. 계속 무정부 상태였던 구룡성채에는 자연스레 갈 곳 없는 자들이 점점 몰려들었고, 순식간에 구룡성채에는 살인자, 인신매매범, 마약 중독자들이 바글바글해지면서 마굴의 기운을 내뿜기 시작합니다.

원래 구룡성채는 높아야 3층 정도 되는 아담한 단독주택 단지였습니다. 그런데 거주 공간은 제한돼 있고, 인구만 미친 듯이 늘어나니 사람들은 기존 주택 위로 증축에 증축을 거듭했습니다. 사람이 미어터지니까, 다음 건물에 또 건물을 짓고 벽을 뚫어서 계단을 놓고 또 지었죠. 그 결과 콘크리트 건물이 15층까지 불법 증축된 아주 기괴한 고층 슬럼이 탄생했습니다. 9,000평도 안 되는 면적에 약 5만 명이 빽빽이 모여 살았는데, 이 인구 밀도는 인류 역사상 최대규모여서 기네스북에 등재될 정도였어요. 어느 정도 수준인지 가늠하자면, 서울 면적에 약 11억 명이 끼어 사는 수준이라니 상상이 가시나요?

주민들이 살던 단칸방은 극악스럽게 비좁았는데 보통의 고시원 방보다 좁은 1.1평 정도였습니다. 옥상이나 가장 바깥쪽 집을 빼고는 거의 모든 집에 햇빛이 들지 않아 주민들은 늘 습한 공기 속에서 대낮에도 집이 어두워 형광등 불빛에 의존해야 했습니다. 미로 같은 건물 사이로 으스스한 골목이 생겼고 건물 여기저기서 물이 새니 우산 쓸 일이 잦았습니다. 애초부터 정상적인 도시계획이나 설계가 없었던 터라 전선들은 지저분하게 뒤엉킨 데다 하수 시설도 없고, 위생 상태는 최악이었어요.

무정부 상태인 이곳에선 쓰레기가 수거되지 않아서 언제나 심각한 악취가 코를 찔렀습니다. 부피 큰 가구나 낡은 전자제품들은 옥상에 방치됐는데요. 한편으로 이런 창고 같은 옥상은 아이들이 뛰어노는 놀이터이자 어른들이 그나마 숨 좀 돌리는 휴식 공간이 되기도 했죠. 또한 구룡성채엔 불법 업소와 무면허 의

사가 많기로 유명했는데, 특히 치과의사의 비위생적인 무면허 진료는 심각한 문제였습니다. 얽히고설킨 건물 사이를 지나다 보면 온갖 금지된 것들이 행해지는 현장을 만날 수 있었지요.

1970년대 후반부터 1980년대 초반에 도시의 팽창은 절정으로 치달았습니다. 사실 구룡성채에 가해진 유일한 규제가 하나 있다면 건물 높이를 14층 이하로 제한한다는 거였는데요. 비행기가 근처 카이탁 공항으로 진입할 수 있도록 비행경로를 확보하기 위한 규제였습니다.

그러나 무법지대인 구룡성채, 이쯤이야 가뿐히 무시하고 계속 건물을 올려댔으니 남은 건 비행기를 조종하는 파일럿의 몫이었어요. 카이탁 공항에 착륙하기 위해선 거의 곡예 수준으로 비행기를 조종해야 해서 조종사들에게 매우 악명 높은 공항이었다고 해요. 비록 구룡성채 주민들은 아주 심각한 비행기 소음 속에서 살아갔지만, 고층 건물 사이로 비행기가 아슬아슬하게 지나가는 모습은 홍콩 영화에서 빠지면 섭섭한 클리셰가 되었지요.

한편 이 구역에 실질적인 통치자가 등장하니, 그 유명한 삼합회입니다. 삼합회는 중국, 홍콩, 대만, 마카오 같은 중화권 나라에 포진한 폭력 조직으로 일본의 야쿠자, 유럽의 마피아와 함께 세계 3대 조직으로 꼽힙니다. 구룡성채에선 삼합회의 말이 곧 법이어서 그들에 의해 주민들 사이의 갈등이 해결되기도 하고, 자체적으로 쓰레기 치우는 당번이 정해지기도 했습니다.

구룡성채는 사채와 밀수, 도박, 매춘, 마약으로 대표될 만큼

빽빽하게 불법 증축된 건물 위를 아슬아슬하게 지나가는 비행기

홍콩 최대의 범죄 구역이 됐는데요. 한편으로는 삼합회가 홍콩 특유의 문화에 영향을 주었는데, 1980~1990년대에 〈영웅본색〉 같은 홍콩 누아르 명작들이 대표적인 예입니다.

그런데 여기도 사람 사는 곳이라 범죄자들 외에도 평범하게 살아가는 보통의 사람들이 있었습니다. 구룡성채 안에서는 수많은 사업체와 작은 공장들이 운영됐고, 홍콩 정부가 제공하는 우편배달 서비스를 받을 수도 있었어요. 주민들은 물을 얻기 위해 우물을 팠고, 건물을 관통하는 수천 개의 수도관을 직접 설치하기도 하고, 원활한 전력 공급을 위해 서로 돌아가며 전기를 절약하기도 했지요. 특이하게도 구룡성채의 중앙만큼은 증축되지 않았는데 이곳에는 유치원이나 양로원, 대형 상점이 들어섰습니다.

## 홍콩 반환과 함께
## 철거된 구룡성채

1980년대, 슬슬 홍콩 반환 날짜가 임박하기 시작했는데요. 영원히 무법지대일 것 같던 구룡성채에도 새로운 바람이 붑니다. 1984년 중화인민공화국과 영국 정부가 홍콩의 이양을 결정한 홍콩 반환 협정이 체결되자 홍콩 정부는 여길 더 이상 방치할 순 없겠다 싶었어요. 그래서 이곳으로 경찰도 보내고 슬슬 주권을 행사한 겁니다. 정부가 개입하자 범죄자도 잡혀가고 치안이

좋아지면서 슬슬 사람이 살 수 있을 만한 위생 환경도 갖춰갔죠.

결국 1987년에 영국과 중국은 구룡성채를 철거하겠다고 공식 발표했습니다. 여기서 흔히 하는 오해가 영국이 중국에 홍콩을 돌려준 건 99년의 조차<sub>조약에 따라 타국의 영토를 유·무상으로 빌리는 것</sub> 기간이 지나서라는 건데요. 정확히는 영국이 조차하기로 했던 신계뿐만 아니라 원래 영구적으로 갖기로 했던 홍콩섬, 주룽반도까지 합쳐서, 홍콩 전체를 중국에 돌려주겠다고 합의한 1991년부터 1992년 사이에 수만 명의 주민들은 적은 보상을 받으며 이곳을 떠났고 이듬해 철거가 시작되어 1년 만에 마무리됐습니다.

이렇게 구룡성채는 역사 속으로 사라졌지만 여전히 수많은 작품 속에서 그 생명력을 이어가고 있어요. 구룡성채 특유의 기묘한 분위기가 수많은 사이버펑크 작가에게 영감을 줬기 때문입니다. 〈배트맨 비긴즈〉의 고담시나 〈공각기동대〉에 나오는 도시도 구룡성채를 모티프로 삼았습니다. 홍콩 누아르의 걸작이라 불리는 〈아비정전〉이나 〈성항기병〉 같은 영화는 실제 구룡성채에서 촬영하기도 했죠.


"아편굴투성이에 쥐가 득실거리고, 치외법권인 매우 위험한 곳입니다. 말 그대로 홍콩의 범죄 도시<sub>Sin city</sub>예요."

– 〈아비정전〉 출연 배우 양조위가 했던 인터뷰 중


1997년 7월 1일 홍콩의 주권이 영국에서 중국으로 반환됐습니다. 이로써 홍콩은 156년에 걸친 식민 지배에서 벗어났는데요. 그동안 동서양의 문화가 뒤섞인 홍콩이 자본주의와 공산주의 사이에서 어떻게 운영될지 전 세계가 주목한 순간이었습니다.

당시 중국은 홍콩에 몇 가지 약속을 했습니다. 대표적으로는 영국이 만든 사회 시스템을 유지하는 일국양제1국가 2체제와 중국 간섭을 받지 않는 고도 자치가 있습니다. 이렇게 홍콩은 중화인민공화국의 특별행정구가 되어 오늘날에 이르게 되었고, 과거 구룡성채가 존재했던 자리에는 현재 공원이 자리하게 됩니다.

**1842년**
난징조약으로 홍콩섬을
영국에 할양

**1860년**
제1차 베이징조약으로
주룽반도 일부를 영국에 할양

**1898년**
제2차 베이징조약으로
신계 지역을 99년간 영국에 조차
(구룡성채는 제외되어
청의 관할 지역으로 남음)

**1984년 12월 19일**
홍콩 반환 협정 체결

**1987년**
영국과 중국의 구룡성채 철거 공식 발표

**1993년**
구룡성채 철거 시작

**1997년 7월 1일**
홍콩의 주권이
영국에서 중국으로 반환됨

# 이제는 사라진
# 옛 국가를 찾아서

🏛 🗿 🗽 ⚓ 🌐

# 오키나와 류큐 왕국

맑은 바다에 따뜻한 햇볕이 쏟아지는 동양의 하와이, 일본 남쪽 끝자락에 있는 오키나와가 원래는 독립국이었다는 걸 모르는 분들이 많을 텐데요. 비록 짧은 시간 번영을 누리다 영원히 사라지고 말았지만, 오키나와는 한때 찬란한 역사를 꽃피운 한 해상 왕국이었습니다. 평화로운 풍경 뒤에 슬픈 역사를 간직한 나라, 오키나와가 잃어버린 옛 이름은 '류큐 왕국'입니다.

일본의 주요 네 개 섬을 제외한 면적이 가장 넓은 섬인 이 화산섬에는 약 3만 년 전부터 사람이 살고 있었습니다. 오키나와의 고대사는 안타깝게도 현재 전해지는 것이 없어 대부분 백지상태인데요. 몇 안 되는 기록에 따르면 13세기 전후로 농경이 활발해지며 각지 세력이 성장하게 됩니다. 이렇게 힘을 모은 세력이 합쳐져 '북산, 중산, 남산국'이라는 세 나라가 형성됩니다. 이 시대를 삼국시대 혹은 삼산三山시대라고 부르기도 합니다.

삼국이 아웅다웅 겨루던 시기를 지나 1429년에 중산국의 두 번째 왕인 쇼하시尚巴志 왕이 북산국과 남산국을 정복해 삼국을 통일하고 슈리성을 수도로 정하니, 이때부터 본격적인 류큐 왕국의 역사가 시작됩니다.

그런데 류큐 왕국의 건국 과정에 결정적으로 기여한 세력이 바로 고려의 삼별초라는 연구가 있다는 사실, 알고 계셨나요? 삼별초는 고려 무신정권 시대의 특수 군대로 고려에 쳐들어온 몽골에 맞서 끝까지 항복하지 않고 싸운 것으로 유명한데요. 진도와 제주도로 근거지를 옮기며 항쟁하다가 결국 1273년에 섬멸당하며 역사에서 사라졌습니다.

그런데 한 가지 놀라운 사실은 한국사에서 삼별초가 사라지자마자, 오키나와의 각지 세력이 '구스쿠'御城라는 큰 성을 건축하며 초기 국가 체제를 갖추기 시작했다는 점입니다. 큰 성을 지을 수 있는 건축 기술이 하늘에서 뚝 떨어진 것도 아니고, 대체 어디서 유입되었는지에 대한 질문에 삼별초 이동설이 제기된 거죠.

이 주장을 뒷받침하는 증거는 류큐의 성에서 출토된 고려 기와입니다. 특히 슈리성에서 많이 출토된 이 기와에는 '계유년고려와장조'癸酉年高麗匠人瓦匠造라고 선명히 새겨져 있는데요. 이 명문은 '계유년에 고려 장인이 기와를 만들다'는 의미입니다. 기와의 탄소 연대를 측정해보니 여기서 말하는 계유년 시기가 1273년이 유력하다는 주장이 일본에서도 제기됐습니다.

오키나와에서 출토된 기와는 진도 용장산성에서 출토된 기와랑 제작 기법이 같다고 판명되었는데요. 진도 용장산성의 기와는 진도에서 대몽항쟁을 벌인 삼별초가 만든 것입니다. 따라서 삼별초가 제주에서 궤멸한 것이 아니고 일부는 류큐로 건너가 성 쌓는 기술인 축성술을 전파하며 류큐 왕국의 건국 과정에 중요한 역할을 했다고 볼 수도 있는 것입니다. 삼별초는 비록 패전하여 오키나와로 이동했지만, 그렇기에 한일 교류의 가교 역할을 수행할 수 있었지요.

오키나와는 제주도 남쪽으로 700킬로미터 정도 떨어져 있는데, 해류를 타면 제주도에서 며칠 만에 도착할 수 있을 정도로 가까운 거리입니다. 후대 조선인 표류 기록에도 '애월읍 출신 장한철이 1770년 12월 25일 과거시험을 보러 가다가 풍랑을 만나서 3일 만에 류큐에 표착했다'는 기록도 남아 있어요.


## 해상무역으로
## 전성기를 누리다

15세기부터 새 역사를 써내려간 류큐 왕국은 주변 국가들과 어떻게 지냈을까요? 류큐는 중국의 책봉국으로써 2년에 한 번 중국에게 조공을 했습니다. 당시 명나라의 5대 황제인 선덕제宣德帝가 '류큐'라는 국호도 내리기도 했죠. 류큐는 조공의 대가로 명과의 무역 독점권을 획득했습니다. 명에서 물건을 수입해 조선과 일본, 동남아 국가들에 수출하거나 반대로 여러 국가의 특산품을 수입해 명나라에 수출했습니다.

이렇게 류큐는 지리적인 이점을 활용한 해상 중개무역으로 부를 축적했고, 독자적인 문화를 발전시키며 찬란한 전성기를 누리게 됩니다. 류큐 왕국과 친밀하게 교류하며 지낸 조선은 류큐를 '유구국'琉球國 또는 '류구국'이라고 불렀습니다.

> 류큐는 땅은 좁고 인구가 많기 때문에 바다에 배를 타고 다니며 무역하는 것으로 생업을 삼는다. 서쪽으로는 남만(동남아시아) 및 중국과 통하고, 동으로는 일본 및 우리나라와 통하고 있다. 류큐 백성들은 수도 주변에 점포를 설치하고 무역을 한다.     －《해동제국기》

당시 일본은 전국시대의 혼란 속에서 각 지역끼리 세력 싸움을 하느라 정신이 없었기 때문에 멀리 떨어진 섬나라인 류큐 왕국에는 딱히 관심이 없었습니다. 또한 따뜻한 날씨 속에서 평화로운 일상을 누리던 류큐인은 무력 전쟁이나 국가의 힘을 키우는 국방력에는 별 관심이 없었어요. 이렇듯 독자적인 문화로 번영하던 것도 잠시, 영원할 것만 같던 평화가 깨진 건 한순간이었

**류큐 왕국의 번영을 잘 보여주는 슈리성**

습니다. 류큐의 황금기는 일본에 의해 종말을 고했어요.

　1590년 일본을 통일한 도요토미 히데요시가 대륙 정벌에 눈을 돌리면서 조선을 침략하기 위해 일본 각지에 군역을 요구합니다. 현재의 가고시마현은 당시 '사쓰마'로 불렸는데요. 도요토미가 사쓰마번藩에 군역 1만 5,000명을 요구합니다. 하지만 사쓰마 지역은 전쟁을 치른 직후라 사람을 보낼 여력이 없었어요.

　이에 도요토미는 사쓰마 대신 류큐에 군역을 내놓으라고 요구합니다. 하지만 류큐 왕국은 이를 단칼에 거절합니다. 류큐는 명나라와 조선과 친하게 지내고 있었기 때문에 조선을 정복하기 위한 요구 사항을 들어줄 수가 없었어요. 오히려 류큐는 명나라에 사신을 보내서 '지금 도요토미가 조선을 침략하려 한다'고 전해주기도 했습니다.

하지만 도요토미의 압박은 점점 커져만 가고 1593년에 사쓰마번이 류큐에 또 조선에 주둔한 일본군에게 보급할 식량을 달라고 요구합니다. 하지만 류큐 왕국 입장에서는 날강도가 따로 없는 요구 사항이기에 류큐 왕은 또다시 이를 묵살합니다. 이제 자존심이 구겨질 대로 구겨진 사쓰마번은 류큐를 침략해 본때를 보여주어야겠다고 이를 갈게 됩니다.

## 일본의 침략에
## 맥없이 무너지다

1592~1598년에 벌어진 임진왜란에서 조선에 패배한 일본에서는 도쿠가와 이에야스가 새로운 막부 시대를 열게 됩니다. 사쓰마번은 기회를 노리다 1609년에 도쿠가와의 허락을 받고 그동안의 설욕을 갚아주기 위해 류큐 왕국을 침공합니다.

약 100척의 함선에 올라탄 3,000여 명의 사무라이가 4월 1일 류큐에 도착하자 전쟁은커녕 오랫동안 평화 속에서 살아온 류큐 왕국은 제대로 저항조차 못 해보고, 너무도 손쉽게 짓밟히고 말았습니다. 침략자들은 류큐의 수도 슈리성을 불과 닷새 만에 점령하고, 류큐 국왕과 고위 관리 100여 명을 사쓰마번으로 끌고

갑니다. 시쓰마에 집혀간 류큐 왕과 신하들이 온갖 수모를 겪게 되는데, 끔찍하게도 류큐의 충신들은 펄펄 끓는 기름 솥에 던져지기도 했습니다.

류큐 왕과 신하들은 모진 고초를 겪다 류큐 왕국이 사쓰마의 속국임을 인정하고서야 2년 반 만에 류큐로 돌아올 수 있었습니다. 이제 류큐의 분위기는 완전히 뒤바뀌어버렸죠. 사쓰마번은 류큐 수도인 슈리성에 감독관을 보내서 본격적으로 내정을 간섭하기 시작합니다.

> 사쓰마번은 류큐에 재번봉행이라는 감독관을 슈리성에 주재하게 하여 내정을 간섭했다. 사쓰마번에 막대한 세금과 공물을 바칠 것과 사쓰마의 허가 없이 제3국과의 무역을 금하도록 했다.
>
> – 류큐 역사서 《구양球陽》

그런데 사쓰마는 이 사실을 중국에 알리지 않고 중국과 류큐가 계속 교역을 이어가도록 했는데요. 사실 류큐를 침략한 진짜 이유는 류큐와 중국 사이의 중개무역 이익을 중간에서 빼먹겠다는 속셈이었어요. 그래서 청과의 관계에서 문제가 생기지 않게 신경 쓰면서, 청나라 황제가 보낸 사절단이 류큐에 도착할 때마다 일본의 지배 흔적을 전부 숨겼습니다. 실제로 중국은 청나라 말엽이 될 때까지도 류큐가 이미 예전부터 이중 속국 신세였단 사실을 전혀 알지 못했어요.

설상가상으로 류큐는 1693년, 류큐 북부의 다섯 개 섬까지 사쓰마에 빼앗겼습니다. 그래서 현재 류큐 열도에 있는 북쪽 섬들이 오키나와현이 아니라 사쓰마의 현재 이름인 가고시마현에 속해 있게 되지요. 이렇게 류큐 왕국은 중국 몰래 일본과 중국을 동시에 섬기게 됐는데요. 일본은 대외적으로 애매한 태도를 유지하며 이 문제를 피했습니다. 하지만 언제까지 이런 식으로 피할 수 있을까요? 결국 시간이 흐르며 사건이 터지게 됩니다.

1853년, 시커먼 미국 군함 네 척이 일본 도쿄 앞바다에 떡하니 나타나 개항을 요구했습니다. 일본은 전통적으로 쇄국정책을 취하고 있었는데요. 미군 함대의 위세에 눌려버린 에도막부는 결국 항구를 열게 되고, 1854년 미일 화친조약을 맺게 됩니다. 이 과정에서 미국은 류큐의 항구도 개방하라고 요구합니다. 중국의 눈치를 보며 애매한 태도를 취하던 일본은 난감한 상황이었지요. 그래서 미국에게는 류큐는 일본으로부터 아주 멀리 떨어진 독립국이기 때문에 일본에겐 류큐 항구의 개방권이 없다고 대충 둘러댑니다.

그러자 포기를 모르는 미국의 페리 제독이 흑선 함대를 몰고 직접 류큐에 찾아갑니다. 결국 류큐는 페리 제독과 '미류 화친조약'을 체결하게 되는데요. 이 조약은 엄연히 독립국의 자격으로 류큐가 국제조약을 맺었다는 의의가 있습니다. 그 뒤에도 류큐는 프랑스, 네덜란드, 이탈리아와 같은 서구 열강과 줄줄이 조약을 맺습니다. 일본은 이를 잠자코 지켜만 보고 있었는데요. 일본은 류큐를 독립국으로 내심 인정한 걸까요? 물론 아니었습니다.

근대화 열차에 탑승한 메이지유신의 흐름 속에서 1872년, 일본은 류큐 왕국을 일본의 류큐번으로 편입하고 류큐의 국왕을 일본 귀족과 같은 지위로 격하시킵니다. 서구 열강이 이룩한 근대화를 미친 듯이 흡수하기 시작하면서 더 이상 중국 눈치나 보던 예전의 일본이 아니었습니다. 반면 이 시기 청나라는 점점 이빨 빠진 호랑이 신세로 전락하게 됩니다.

## 류큐를 나눠 먹으려는
## 열강들의 싸움

1875년에 류큐는 충격적인 명령을 받습니다. 이제 청나라 연호도 쓰지 말고 청나라에 바치는 조공도 중단하라는 거였죠. 또한 일본이 정한 형법을 써야 하며, 일본군을 류큐에 주둔시킬 수 있다는 등의 10개 조항을 공포하라는 겁니다. 이것은 기존의 류큐 왕국이 만든 시스템을 죄다 박살 낸다는 의미이자, 사실상 류큐 왕국을 멸망시키겠다는 의미였지요.

류큐인들은 일본의 요구에 반발하며 폭동을 일으켰죠. 류큐 왕은 류큐의 운명이 정말 경각에 달렸음을 깨달았어요. 그래서 일본 몰래 청나라에 세 명의 밀사를 긴급하게 보냅니다. 세 명의 류큐 밀사는 나라의 무거운 운명을 짊어지고 당시 청나라 실세였던 이홍장을 찾아갑니다. 밀사들은 류큐를 구해달라며 간절한 마음으로 혈서까지 썼죠.

청나라의 이홍장은 고민에 빠집니다. 일본이 류큐를 먹어 치우는 것을 가만히 보고만 있다가는 일본이 대만, 조선, 청나라까지 차차 눈독을 들일 수도 있겠다 싶은 겁니다. 그렇다고 저 멀리 있는 류큐를 구하자고 전쟁을 먼저 일으킬 수는 없는 노릇이었지요.

결국 청은 일본에 항의하는 말을 몇 마디 던져보았지만 당연히 씨알도 안 먹혔습니다. 더 세게 나가기로 결심한 일본은 류큐를 아예 정복하겠다고 다짐하고, 결국 1879년 4월 4일이 류큐 왕국의 마지막 날이 되었습니다. 일본 정부는 500여 명의 병력을 류큐로 보내서 슈리성을 무력으로 점령하고, 류큐번을 폐지하고 오키나와현을 설치합니다. '류큐 처분'을 통해 오키나와를 일본이 강제 병합하며 류큐 왕국은 멸망하고 오키나와현이 됩니다. 이로써 류큐는 일본에 완전히 통합되어 공식적으로 멸망했고, 류큐인들은 이날부터 일본인으로 살아가게 됩니다.

이 소식은 멀리 퍼져 미국 18대 대통령 율리시스 그랜트의 귀까지 들어갔는데요. 그랜트는 농북아시아의 모든 바닷길을 차지한 일본이 대륙까지 야망을 뻗칠 것이라는 시커먼 속내를 내다봅니다. 소식을 듣자마자 그랜트는 청나라로 건너가 이홍장을 설득하기 시작했어요. 미국의 제안은 '류큐 3분안'이었어요. 류큐의 북부는 일본이, 남부는 청나라가 맡고, 중부는 망했던 류큐 왕국을 부활시켜 일본과 청나라가 함께 관리하자는 것이었지요. 이에 이홍장은 망설였습니다. 류큐를 일본에 넘기는 건 보기 싫지만, 청나라가 막기엔 힘에 부친다는 이유였어요.

결국 그랜트는 직접 중재하기 위해 도쿄에 가서 이토 히로부미를 만납니다. 그랜트가 류큐 3분안을 제시하자, 일본은 이를 2분안으로 수정해서 제안하는데요. 중부와 북부는 일본이 지배하고 남부는 청나라가 관리하라는 내용입니다. 1880년 청나라에 이 제안이 도착했지만, 이홍장은 도저히 서명할 수가 없었습니다. 동의하자니 본인 주장에 대한 명분이 사라지고, 거부하자니 일본이 보복할까 두려웠습니다. 그래서 이홍장은 아무런 답변도 하지 않고 시간만 질질 끌기로 선택합니다. 하지만 이렇게 침묵의 시간이 길어지자 이 제안은 결국 청나라의 묵시적 승인으로 처리되고 류큐의 독립 기회는 날아가고 말았습니다.

오키나와인은 일본 본토와 차별 대우를 받으며 열등한 존재, 식민지 취급을 받으며 살아가게 됩니다. 대표적인 예가 1945년에 벌어진 오키나와 전투인데요. 태평양전쟁 속에서 일본은 사활을 걸고 미국에 맞섰습니다. 그중 가장 치열했던 전투 중 하나인 오키나와 전투는 일본 땅에서 벌어진 유일한 지상전입니다. 일본은 평소 식민지 취급을 하던 오키나와 땅에서 자신들의 총알받이로 오키나와인들을 내세웁니다. 가장 가혹한 것은 오키나와 주민들에게 내려진 집단 자살 명령으로, 오키나와인은 일본군의 강압에 의해 목숨을 끊어야 했습니다. 이를 행하지 않으면

오키나와 전투를 치르는 미국군

수류탄에 맞는 등 집단 학살을 당했고요.

이 전쟁으로 전사한 미군은 약 1만 2,000명, 일본군 전사자는 약 6만 5,000명, 그리고 사망하거나 행방불명된 오키나와 주민 수는 약 12만 명입니다. 일본군 사망자보다 학살당한 오키나와 주민 수가 더 많은 그야말로 아비규환이었죠. 상황이 점점 불리해지자 일본군은 자폭 공격까지 불사하며 전쟁을 치렀고, 결국 전쟁을 끝내기 위해 미국은 히로시마와 나가사키에 원자폭탄을 투하합니다.

1945년 8월 15일, 일본이 항복하면서 마침내 제2차 세계대전이 끝나자 오키나와는 일본에서 분리되어 미군정의 지배를 받게 되는데요. 오키나와는 한국전쟁과 베트남전쟁 기간을 지나는 동안 미국의 중요한 군사기지로 쓰이게 됩니다.

1972년, 미국이 오키나와를 일본에 반환하면서 오키나와인들이 공식적인 일본 국민이 된 이후로 오늘날에 이르게 됩니다. 류큐 왕국부터 미국의 지배까지, 이러한 기나긴 역사의 풍파 속에서 오키나와인의 정체성에는 여러 면이 생기게 됩니다.

## 여전히 이어지는
## 류큐 특유의 문화

19세기 말부터 20세기 초반에 일본 정부는 류큐어 사용을 제한하고 류큐의 전통문화를 없애려고 했습니다. 이러한 정책은 류큐 제도를 통합하고 현대화하기 위한 과정이었다고 하지만 일부에선 류큐인들의 정체성을 침해했다며 비판하기도 했어요. 류큐는 독립국으로 지낸 세월이 훨씬 길었기 때문에 일본 본토와는 문화나 언어 등 모든 면에서 달랐지만, 시간이 흐르며 류큐인들은 점차 일본의 문화와 제도에 동화되었습니다.

"독특한 민족성, 역사, 문화, 전통을 가진 오키나와, 류큐 사람들을 일본 정부가 선주민족으로 인정하지 않는 것이 유감이다."

- 유엔인권위원회

오키나와에는 여전히 류큐의 흔적이 남아 있습니다. 특히 독자적인 식문화와 류큐 특유의 낙천적 특성 덕분에 오키나와는 세계 최고의 장수촌으로 유명해졌습니다. 2004년 〈타임스〉에서는 '100세까지 건강하게 살고 싶다면 오키나와를 배워라'라는 기사가 실리기도 했어요.

장수의 첫 번째 비결은 1년 내내 쾌적한 날씨인데요. 사계절이 있긴 하지만 1년의 절반은 따뜻한 여름이 지속되며, 1월이면 일본에서 가장 먼저 벚꽃이 만개합니다. 한겨울에도 20도 정도의 기온이 유지돼서 언제나 온화한 날씨를 만끽할 수 있는 환경은 류큐인 특유의 긍정적이고 느긋한 천성을 만들었습니다.

'모아이' 전통도 빼놓을 수 없는 류큐의 특징 중 하나입니다. 모아이는 5~10명으로 구성된 일종의 운명 공동체 같은 모임인데요. 평생에 걸쳐 서로 궂은 일을 돕고 기쁜 일을 공유하며 서로를 보살펴주면서, 나이가 들어서도 계속 우정을 나누고 공동체 활동을 이어갑니다. 모아이를 통해 서로가 고립되지 않고 건강한 인간관계를 유지하는 것은 100세 전후 고령의 노인들이 살아가는 데 큰 도움이 되었죠.

캐나다의 발달심리학자 수잔 핀커 박사에 따르면, 모아이와 같은 인간관계는 운동, 금연, 금주보다 더 중요한 수명 연장 수단이라고 합니다. 누군갈 만나러 가는 행동, 얼굴을 맞대고 나누는 대화는 뇌의 인지기능을 자극하고 치매를 예방해서 건강을 오래도록 유지하게 만든다고 해요. 낙천적인 삶의 태도가 생활화된 오키나와의 노인들은 자주 모여서 춤과 노래를 즐기고, 최근엔

게이트볼과 같은 새로운 운동도 함께 즐기기노 합니다.

그러나 류큐 특유의 슬로 라이프도 점점 무너지는 중입니다. 여전히 80대 연령층의 기대 수명은 일본 최고 수준이지만 그 아래 세대로 내려올수록 기대 수명이 뚝뚝 떨어집니다. 이제 패스트푸드점도 많아진 데다 자동차도 늘어나면서, 여느 현대인이 그렇듯 운동량이 줄었고 또한 핵가족이 급격히 증가하면서 모아이 전통도 점점 사라지고 있지요. 무엇보다도 오늘날의 젊은 세대는 그들의 모국어인 류큐어를 거의 하지 못하게 됐습니다. 유네스코는 오키나와 전통 언어인 류큐어를 2009년 소멸 위기 언어로 등재했습니다. 유구한 세월이 쌓이며 빚어진 류큐의 정체성은 후대에도 계속 이어질 수 있을까요?

## 🎋 류큐 왕국의 역사 🎋

**1429년**
중산국의 쇼하시 왕이 삼국을 통일,
슈리성을 류큐 왕국의 수도로 정함

**1609년**
사쓰마번이 도쿠가와의 허락을 받고
류큐 왕국을 침공

**1693년**
류큐 북부의 다섯 개 섬
사쓰마번이 점령

**1854년**
미국 페리 제독과
미류 화친조약 체결

**1872년**
일본이 류큐 왕국을
일본의 류큐번으로 편입

**1879년 4월**
류큐 처분으로 류큐 왕국 멸망,
오키나와현이 됨

**1945년 8월 15일**
제2차 세계대전이 끝난 후
미군정의 지배를 받음

**1972년**
미국이 오키나와를 일본에 반환

# 참고자료

## 1. 참고 도서

강준만, 《미국사 산책 10》, 인물과사상사, 2010

김경묵, 《이야기 러시아사》, 청아출판사, 2006

김현수, 《이야기 영국사》, 청아출판사, 2006

김형오, 《다시 쓰는 술탄과 황제》, 21세기북스, 2016

김훈, 《세계사를 뒤흔든 스페인의 다섯 가지 힘》, 유노북스, 2020

김희영, 《이야기 중국사 1》, 청아출판사, 2006

노용석, 최명호, 구경모, 《라틴아메리카의 이해》, 한국학술정보, 2019

맥세계사편찬위원회, 《맥을 잡아주는 세계사 6 영국사》, 느낌이있는책, 2014

맥세계사편찬위원회, 《맥을 잡아주는 세계사 3 이집트사》, 느낌이있는책, 2014

박태균, 《베트남 전쟁 잊혀진 전쟁, 반쪽의 기억》, 한겨레출판, 2015

배정호, 《사이공 패망과 내부의 적》, 비봉출판사, 2018

서희석, 호세 안토니오 팔마, 《유럽의 첫 번째 태양, 스페인》, 을유문화사, 2015

송동훈, 《세계사 지식향연》, 김영사, 2016

썬킴, 《썬킴의 거침없는 세계사》, 지식의숲, 2021

안정애, 《중국사 다이제스트 100》, 가람기획, 2012

양승윤, 《캄보디아·라오스》, 한국외국어대학교출판부, 2005

유종선, 《미국사 다이제스트 100》, 가람기획, 2012

이강혁, 《라틴아메리카역사 다이제스트 100》, 가람기획, 2008

이강혁, 《스페인역사 다이제스트 100》, 가람기획, 2012

이강혁, 《한 권으로 보는 스페인 역사 100 장면》, 가람기획, 2003

이만적, 《한 권 서양사》, 2018

이성주, 《미국 vs 일본 태평양에서 맞붙다》, 생각비행, 2017

이희수, 《위대한 아시아》, 황금가지, 2003

이희수, 《인류 본사, 휴머니스트》, 2022

정동연, 《고대 문명의 탄생》, 살림, 2018

정토웅, 《세계전쟁사 다이제스트 100》, 가람기획, 2010

정혜주, 《멕시코 시티 아스테카 문명을 찾아서》, 살림, 2011

존 키건, 《1차세계대전사》, 청어람미디어, 2016

지소철, 《역사의 터닝포인트: 베트남 전쟁》, 북이십일, 2012

진원숙, 《오스만제국: 지중해의 세 번째 패자》, 살림, 2007

최용호, 《베트남전쟁과 한국군》, 국방부 군사편찬연구소, 2004

컬툰스토리, 《아편전쟁, 근대 중국의 운명을 결정짓다》, 태믹스, 2015

허진모, 《전쟁사 문명사 세계사 2》, 미래문화사, 2020

황수현, 《독일제국과 제1차 세계대전의 기원》, 좋은땅, 2016

노나카 이쿠지로, 《일본 제국은 왜 실패하였는가?》, 주영사, 2009

위텐런, 《대본영의 참모들》, 나남출판, 2014

로런트 듀보이스, 《아이티 혁명사》, 삼천리, 2014

앨리스터 혼, 《베르됭 전투》, 교양인, 2020

오스카 베겔, 《인도차이나: 베트남,캄보디아,라오스》, 주류성, 1997

웨이드 데이비스, 《나는 좀비를 만났다》, 메디치미디어, 2013

이언 커쇼, 《히틀러 I》, 교양인, 2010

제임스 헨리 브레스테드, 《고대 이집트의 역사 1》, 한국문화사, 2020

존 톨랜드, 《일본 제국 패망사》, 글항아리, 2019

클라이브 크리스티, 《20세기 동남아시아의 역사》, 심산, 2004

## 2. 참고 논문

곽민수, 《신왕국 이집트의 누비아 식민화와 신전 도시》, 2020

권윤경, 《프랑스 혁명과 아이티 혁명의 역사적 유산, 그리고 프랑스의 식민지 개혁론:
   프랑수아앙드레 이장베르의 정치 경력을 통해 본 프랑스의 노예제폐지론》, 2013

김기련, 《히틀러의 유대인 정책과 고백교회의 투쟁》, 2015

김남균, 《2차 세계대전 연구동향과 전망》, 2016

김달관, 《카리브 해에서 인종과 정치의 혼종성: 도미니카공화국과 아이티를 중심으로》, 2005

김봉중, 《베트남 전쟁이 기어과 미국 외교》, 2011

김재명, 《공습과 내전, 강대국 대리전으로 얼룩진 크메르루즈의 '킬링 필드'》, 2008

김정배, 《베트남전쟁과 미국, 그리고 냉전체제》, 2011

김준석, 《1차 세계대전의 교훈과 동아시아 국제정치》, 2014

김희영, 《빌헬름시대 독일의 세계정책과 대중 민족주의》, 2006

김희영, 《제국주의와 빌헬름시대 독일의 급진적 민족주의》, 2007

박구병, 《16세기 초 에스파냐인들의 아스테카 정복의 역사 다시 쓰기》, 2022

박병규, 《아스테카 인신공희의 최근 연구 동향》, 2013

손지연, 《류큐·오키나와(인)의 아이덴티티 형성사-문학 텍스트를 중심으로》, 2011

송경근, 《우라비의 저항운동과 이집트 민족주의 세력의 등장(1879-1882)》, 2002

신상구, 《1960년대 한국군의 베트남전 참전과 대게릴라전 경험의 수용과정》, 2020

오인환, 《7월 위기와 1차 세계대전 발발 원인에 대한 재고찰》, 2014

오카모토 다카시, 《일본의 류큐 병합과 동아시아 질서의 전환-청일수호조규를 중심으로-》, 2011

이상호, 《19세기 미국의 해군력 확장과 태평양 시대의 개막》, 2018

이상환, 《세계화와 탈세계화 그리고 국제관계의 변화》, 2022

이지원, 《오키나와의 아이덴티티 문제와 자문화인식》, 2008

이혜정, 《미국의 베트남 전쟁》, 2006

정승희, 《중남미 지명과 국가명의 어원》, 2009

조영희, 《크메르루즈 재판을 중심으로 본 캄보디아 과거청산의 정치동학》, 2011

최용성, 《게릴라전 양상의 변화과정 고찰》, 2004

최형식, 《나치의 유대인 탄압과 저항》, 2017

## 3. 본문에 사용된 이미지 출처

p.18 ©shutterstock 268163165, ©shutterstock 1524513956

p.25 ©shutterstock 149441180

p.31 작자 미상, 〈에르난 코르테스〉, 캔버스에 유화, 58×49cm, 18세기

p.34 ©shutterstock 2209481397

p.36 후네페르, 〈사자의 서〉, 파피루스, 39.8×550cm, 영국 대영 박물관, 기원전 1275년

p.43 요한 베른하르트 피셔 폰 에를라흐, 〈파로스 등대〉, 1721년

p.44 장 레옹 제롬, 〈카이사르 앞의 클레오파트라〉, 캔버스에 유화, 183×129.5cm, 1866년

p.52 ©shutterstock 266356247

p.53 오귀스트 쿠더, 〈이집트의 무하마드 알리〉, 캔버스에 유화, 93×75cm, 프랑스 베르사유궁전, 1841년

팔마흐군, 〈예루살렘으로 가는 길에 불에 탄 트럭과 아랍의 변절자들〉, 사진, 1948년

p.60 ⓒshutterstock 114300169

p.64《社会历史博物馆》

p.66 ⓒshutterstock 1721169895

p.67 고야바시 기요치카, 〈풍도 전투〉, 판화, 1894년

p.73 로셔, 〈오토 폰 비스마르크〉, 사진, 독일연방 기록보관소, 1871년

p.75 안톤 폰 베르너, 〈독일제국 선포〉, 캔버스에 유화, 독일 비스마르크 박물관, 250×250cm, 1885년

p.93 https://anna-moscowriuo.livejournal.com/772125.html

p.94 알킬레 벨트라메, 〈사라예보 사건을 묘사한 일러스트〉, 1914년

p.97 작자 미상, 〈아돌프 히틀러〉, 사진, 독일연방 기록보관소, 1937년

p.101 작자 미상, 〈히틀러-푸치, 뮌헨, 마리엔플라츠〉, 독일연방 기록보관소, 1923년

p.114 Kershaw, Hitler: Hubris 1889-1936, Penguin Books, p.127

p.115 작자 미상, 〈아돌프 히틀러와 에바 브라운〉, 사진, 독일연방 기록보관소, 1942년

p.122 작자 미상, 〈불타는 애리조나 전함〉, 사진, 워싱턴 국립 공문서관, 1941년

p.133 찰스 레비, 〈일본 나가사키 상공에 떨어진 원자폭탄〉, 사진, 워싱턴 국립 공문서관, 1945년

p.136 http://www.trumanlibrary.org/photographs/view.php?id=550

p.140 George Esper, The Eyewitness History of the Vietnam War, Associated Press, 1983

p.151 http://www.defenseimagery.mil/imagery.html#a=search&s=vietnamese&n=90&guid= a45d0e57024cd2956364804b61f4e30a02c8042e

p.154 크누센 로버트, 〈파리 평화협정 체결〉, 사진, 워싱턴 국립 공문서관, 1973년

p.160 ⓒshutterstock 1258444003

p.163 도미니크 파페티, 〈1291년 아크레를 방어하는 기욤 드 클레르몽〉, 캔버스에 유화, 프랑스 베르사유궁전, 1845년

p.171 에른스트 요셉손, 〈다윗과 사울〉, 캔버스에 유화, 스웨덴 국립 박물관, 1878년

제임스 티소, 〈포로의 이동〉, 22.7×29.7cm, 석고판에 과슈, 미국 유대인 박물관, 1896-1902년

p.172《La court sainte》by Nicolas Caussin, 17세기

p.173 https://www.flickr.com/photos/ciagov/8413628531/in/set-72157632588891070

p.186 ⓒshutterstock 2316671257

p.194 장 프루아사르, Chroniquesb Flandre, Bruges, XVe s. (Bibliothque nationale de France, FR

2646) fol. 220

p.195 H. 레터, 〈레판토해전〉, 캔버스에 유화, 127×232.4cm, 영국 해양 박물관, 16세기

p.200 조제프 노엘 실베스트르, 〈야만족에 의한 로마의 함락 410년〉, 프랑스 폴 발레리 박물관, 1890년

p.202 ©shutterstock 197706776

p.206 ©shutterstock 2171743535

p.215 ©Heinrich Leutemann

p.216 장 랑크, 〈펠리페 5세〉, 캔버스에 유화, 144×115cm, 스페인 프라도 미술관, 1723년

p.225 장 오귀스트 도미니크 앵그르, 〈샤를 7세 대관식의 잔 다르크〉, 캔버스에 유화, 240×178cm, 프랑스 루브르 박물관, 1854년

p.229 앤드류 캐릭 고우, 〈던바의 크롬웰〉, 캔버스에 유화, 120.6×151.1cm, 영국 테이트 갤러리, 1886년

p.232 영국왕 해롤드가 노르만 군에게 죽임을 당하는 모습, 〈바이외 태피스트리〉, 1070년경

p.233 작자 미상, 〈엘리자베스 1세〉, 판넬에 유화, 127.3×99.7cm, 영국 국립 초상화 미술관, 1559년

p.240 일리야 레핀, 〈이반 뇌제와 그의 아들〉, 캔버스에 유화, 199.5×254cm, 러시아 트레치야코프 미술관, 1883-1885년

p.242 바실리 수리코프, 〈친위병 사형 날의 아침〉, 캔버스에 유화, 218×379cm, 러시아 트레티야코프 미술관, 1881년

p.244 아돌프 노르텐, 〈나폴레옹의 패배〉, 캔버스에 유화, 120×95cm, 1851년

p.252 〈타임〉, Volume 71 Issue 1

p.257 http://www.wellesley.edu/Russian/tzars.html
폴 들라로슈, 〈표트르대제〉, 캔버스에 유화, 130.6×97cm, 독일 함부르크 미술관, 1838년

p.258 https://www.history.navy.mil/photos/pers-us/uspers-l/wd-leahy.htm

p.264 프랜시스 빅널 카펜터, 〈링컨 대통령의 해방 선언문에 대한 첫 번째 낭독〉, 캔버스에 유화, 274.3×457.2cm, 미국 포드 극장 국가 유적지, 1864년

p.270 https://springfieldmuseums.org/collections/item/the-destruction-of-tea-at-boston-harbor-nathaniel-currier/

p.279 https://www.africanexponent.com/post/10712-the-bitter-history-of-african-slaves-and-sugar-production

p.285 제뉴어리 슈코돌스키, 〈생도맹그 전투〉, 폴란드 군사 박물관, 1845년

p.290 Schomburg Center for Research in Black Culture, Photographs and Prints Division, The New York Public Library p.294 윌리엄 존 허긴스, 〈중국에 들어오는 아편선들〉, 캔버스에 유화, 109×158cm, 1824년

p.296 http://ocw.mit.edu/ans7870/21f/21f.027/opium_wars_01/ow1_gallery/pages/1839_
LinDestrOp_165pc_hkma.htm

p.298 http://ocw.mit.edu/ans7870/21f/21f.027/opium_wars_01/ow1_gallery/pages/1841_
0792_nemesis_jm_nmm.htm

p.302 ©Hong Kong Polytechnic University

p.310 ©shutterstock 1133987

p.314 ©Store norske leksikon

p.320~321 ©shutterstock 276321731

p.330 ©shutterstock 1935528022

p.337 Research at the National Archives: Pictures of World War II

p.341 http://ids.si.edu/ids/deliveryService?id=NPG-8200262B_1

그 외의 본문 사진 ©Wikipedia

# 요즘 어른을 위한
# 최소한의 세계사

**초판 1쇄 발행** 2023년 9월 22일
**초판 102쇄 발행** 2024년 12월 20일

**지은이** 임소미
**펴낸이** 이경희

**펴낸곳** 빅피시
**출판등록** 2021년 4월 6일 제2021-000115호
**주소** 서울시 마포구 월드컵북로 402, KGIT 19층 1906호

ⓒ 임소미, 2023
ISBN 979-11-93128-42-8 03900